■2025年度中学受験用

本庄東高等学校附属中学校

3年間スーパー過去問

●収録内容一覧

入試問題と解説・解答の収録内容

2024年度　1回	算数・社会・理科・国語
2024年度　2回	算数・社会・理科・国語
2023年度　1回	算数・社会・理科・国語
2023年度　2回	算数・社会・理科・国語
2022年度　1回	算数・社会・理科・国語
2022年度　2回	算数・社会・理科・国語

～本書ご利用上の注意～　以下の点について，あらかじめご了承ください。

★別冊解答用紙は巻末にございます。本書に収録している試験の実物解答用紙は，弊社サイトの各校商品情報ページより，一部または全部をダウンロードできます。

★編集の都合上，学校実施のすべての試験を掲載していない場合がございます。

★当問題集のバックナンバーは，弊社には在庫がございません（ネット書店などに一部在庫あり）。

合格を勝ち取るための
『スーパー過去問』の使い方

本書に掲載されている過去問をご覧になって，「難しそう」と感じたかもしれません。でも，多くの受験生が同じように感じているはずです。なぜなら，中学入試で出題される問題は，小学校で習う内容よりも高度なものが多く，たくさんの知識や解き方のコツを身につけることも必要だからです。ですから，初めて本書に取り組むさいには，点数を気にしすぎないようにしましょう。本番でしっかり点数を取れることが大事なのです。

過去問で重要なのは「まちがえること」です。自分の弱点を知るために，過去問に取り組むのです。当然，まちがえた問題をそのままにしておいては意味がありません。

本書には，長年にわたって中学入試にたずさわっているスタッフによるていねいな解説がついています。まちがえた問題はしっかりと解説を読み，できるようになるまで何度も解き直しをしてください。理解できていないと感じた分野については，参考書や資料集などを活用し，改めて整理しておきましょう。

このページも参考にしてみましょう！

◆どの年度から解こうかな　「入試問題と解説・解答の収録内容一覧」

本書のはじめには収録内容が掲載されていますので，収録年度や収録されている入試回などを確認できます。

※著作権上の都合によって掲載できない問題が収録されている場合は，最新年度の問題の前に，ピンク色の紙を差しこんでご案内しています。

◆学校の情報を知ろう!!「学校紹介ページ」

このページのあとに，各学校の基本情報などを掲載しています。問題を解くのに疲れたら息ぬきに読んで，志望校合格への気持ちを新たにし，再び過去問に挑戦してみるのもよいでしょう。なお，最新の情報につきましては，学校のホームページなどでご確認ください。

◆入試に向けてどんな対策をしよう？「出題傾向＆対策」

「学校紹介ページ」に続いて，「出題傾向＆対策」ページがあります。過去にどのような分野の問題が出題され，どのように対策すればよいかをアドバイスしていますので，参考にしてください。

◇別冊「入試問題解答用紙編」

本書の巻末には，ぬき取って使える別冊の解答用紙が収録してあります。解答用紙が非公表の場合などを除き，（注）が記載されたページの指定倍率にしたがって拡大コピーをとれば，実際の入試問題とほぼ同じ解答欄の大きさで，何度でも過去問に取り組むことができます。このように，入試本番に近い条件で練習できるのも，本書の強みです。また，データが公表されている学校は別冊の１ページ目に過去の「入試結果表」を掲載しています。合格に必要な得点の目安として活用してください。

本書がみなさんの志望校合格の助けとなることを，心より願っています。

株式会社　声の教育社　編集部

本庄東高等学校附属中学校

所在地	〒367-0025 埼玉県本庄市西五十子大塚318
電　話	0495-27-6711
ホームページ	https://www.honjo-higashi.ed.jp
交通案内	JR高崎線「岡部駅」南口よりスクールバス8分 森林公園，南河原，藤岡，伊勢崎，籠原よりスクールバス

くわしい情報は
ホームページへ

トピックス

★職業調べや企業訪問を積極的に行ない、進路への関心を喚起します。
★なぜこの教科書を採択したか、採択理由を公表しています。

創立年
平成18年

男女共学

高校募集
あり

2024年度応募状況

募集数			応募数	受験数	合格数	倍率
① 80名	2科	男	19名	18名	16名	1.1倍
	4科	男	25名	25名	24名	1.0倍
	2科	女	23名	22名	20名	1.1倍
	4科	女	10名	10名	10名	1.0倍
② 40名	2科	男	19名	18名	15名	1.2倍
	4科	男	23名	21名	18名	1.2倍
	2科	女	25名	16名	15名	1.1倍
	4科	女	12名	7名	7名	1.0倍

※試験当日の科目変更が可能。

2024年春の大学合格実績

＜国公立大学＞

東京工業大，北海道大，東北大，筑波大，千葉大，埼玉大，群馬大，東京学芸大，東京農工大，電気通信大，大阪大，名古屋大，東京都立大，横浜市立大

＜私立大学＞

慶應義塾大，早稲田大，上智大，東京理科大，明治大，青山学院大，立教大，中央大，法政大，学習院大，成蹊大，成城大，明治学院大，津田塾大，東京女子大，日本女子大，國學院大，武蔵大，獨協医科大(医)，埼玉医科大(医)，昭和大(歯)，順天堂大(薬)

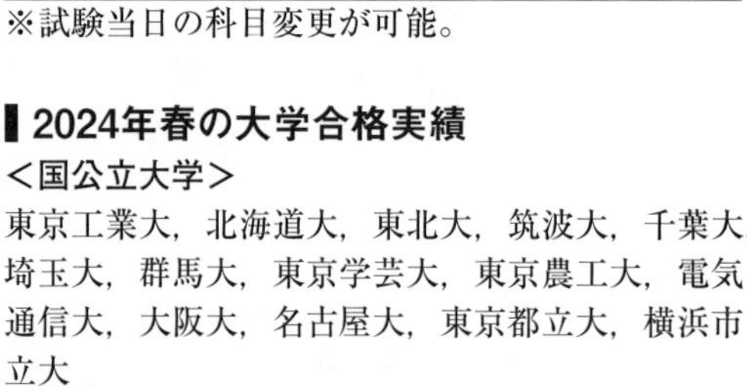

本校の特色

自分で考え判断できる，知と心を備えた聡明な21世紀のリーダーを育成します。

自分のまわりのあらゆる人や物に対して，素直な気持ちで向き合ってみる。すべての物語はそこから始まります。「素直な心」は，「感謝」の気持ちと「謙虚」な姿勢を生み出し，さらには「学ぶ心」を育てます。この「学ぶ心」があれば,「学力」はおのずと向上していくのです。6年間の一貫教育を通してこれを体現していく生徒たちは，豊かな人間性と確かな知性を身につけて，それぞれの未来へとはばたきます。

1．心の教育
2．6年間一貫教育
3．ライフプランニングとしての進路指導
4．国際理解教育
5．知的作業能力の育成

現代社会を生き抜く「人間力」を醸成

・考える力
　ジグソー学習やディベート，ワークショップなどを通じて，生徒の「主体的に考える力」を養います。
・学内外での体験
　各種の研修や行事などを通じて, 知識の詰め込みだけでは得られない柔軟な対応力を養います。
・学ぶ意欲
　実験や調べ学習, 発表学習などを通じて, 成果を出した時の達成感を高め, 学ぶ意欲を養います。
・知識
　質の高い授業を通じて，大学受験まで使える知識の定着を図ります。

編集部注―本書の内容は2024年4月現在のものであり，変更されている場合があります。正確な情報は，学校のホームページ等で必ずご確認ください。

算数 出題傾向＆対策

◆基本データ（2024年度１回）

試験時間／満点	50分／100点
問題構成	・大問数…６題 計算１題（４問）／応用小問１題（５問）／応用問題４題 ・小問数…20問
解答形式	すべて解答のみを記入する形式になっている。必要な単位などは解答用紙にあらかじめ印刷されている。
実際の問題用紙	Ａ４サイズ，小冊子形式
実際の解答用紙	Ａ４サイズ

◆出題傾向と内容

▶過去３年の出題率トップ３
１位：四則計算・逆算19％　２位：角度・面積・長さ11％　３位：体積・表面積９％
▶今年の出題率トップ３
１位：場合の数18％　２位：四則計算・逆算，体積・表面積15％

計算問題では，小数・分数の四則計算，逆算のほか，単位の換算もあります。

応用小問では，濃度，角度，面積，体積，つるかめ算，旅人算，和差算，周期算などが見られます。

応用問題では，速さ（旅人算），場合の数といった数量分野がメインになっています。基本的な公式などをしっかりと整理しておきましょう。また，図形分野も角度，長さ，面積，体積を求めさせる基本的な問題のほかに，図形の移動など応用力を必要とする問題もありますが，それほど複雑な図形が出るわけではありません。

◆対策～合格点を取るには？～

まず，計算力を毎日の計算練習で身につけましょう。計算の過程をきちんとノートに書き，答え合わせのときに，どんなところでミスしやすいかを発見するように努めること。

数の性質，割合と比では，はじめに教科書にある重要事項を整理し，類題を数多くこなして，基本的なパターンを身につけましょう。

図形では，特に求積問題を重点的に学習すること。

特殊算については，参考書などにある「○○算」というものの基本を学習し，公式をスムーズに活用できるようになりましょう。

分野＼年度		2024		2023		2022	
		1回	2回	1回	2回	1回	2回
計算	四則計算・逆算	●	●	●	●	●	●
	計算のくふう						
	単位の計算	○	○	○	○	○	○
和と差	和差算・分配算	○				○	
	消去算				○		
	つるかめ算		○	○			○
	平均とのべ						
	過不足算・差集め算						
	集まり						
	年齢算						
割合と比	割合と比		○				
	正比例と反比例						
	還元算・相当算						
	比の性質						
	倍数算						
	売買損益						
	濃度	○		○	○	○	○
	仕事算						
	ニュートン算						
速さ	速さ					○	○
	旅人算			◎			
	通過算				●		
	流水算						
	時計算						
	速さと比			○			
図形	角度・面積・長さ	◎	●	○	◎	○	◎
	辺の比と面積の比・相似	◎	◎	●		○	
	体積・表面積	●	●		◎	◎	○
	水の深さと体積			◎			○
	展開図						○
	構成・分割	○			○		○
	図形・点の移動				●	○	
表とグラフ		◎	◎	○	○	○	○
数の性質	約数と倍数			○			
	N進数						
	約束記号・文字式						
	整数・小数・分数の性質						
規則性	植木算						
	周期算			○			
	数列		○		○	○	
	方陣算						
	図形と規則						
場合の数		●	●	●	◎	○	○
調べ・推理・条件の整理							
その他							

※　○印はその分野の問題が１題，◎印は２題，●印は３題以上出題されたことをしめします。

社会 出題傾向＆対策

◆基本データ（2024年度１回）

試験時間／満点	30分／50点
問　題　構　成	・大問数…３題 ・小問数…24問
解　答　形　式	記号選択と適語の記入のみの出題となっている。短い記述問題も出題されている。
実際の問題用紙	Ａ４サイズ，小冊子形式
実際の解答用紙	Ａ４サイズ

◆出題傾向と内容

●地理…日本の自然，人口，産業について，語句の穴うめや資料の読み取りなどが出題されています。はば広い分野から問われることが多いので，日本の自然や気候、産業などはもちろん，時事や歴史的なできごとにも注意が必要です。総合的な地理の知識を高めましょう。

●歴史…各時代の重要なできごとについての記述から，それに関わる人物や事件などに関する問題が出題されています。特にテーマ性は見られませんが，政治，外交，文化とかたよりなく，基本的な歴史の知識が問われています。あつかわれている時代も，古代から近代まではば広くなっています。

●政治…憲法や政治に関して，語句記入を中心に出題されています。内容も歴史から時事まではば広く，用語を説明する記述問題もあり，基本的な問題ながらしっかりとした知識が必要です。今後も憲法や政治，経済などの基本的知識から，国際政治や時事まで視野の広い問題が出されることが予想されます。

分野＼年度			2024		2023		2022	
			1回	2回	1回	2回	1回	2回
日本の地理		地図の見方						
		国土・自然・気候	○	○		○	★	★
		資源			○	○		
		農林水産業	★	★		○		○
		工業	○			○		
		交通・通信・貿易			★			
		人口・生活・文化	○					
		各地方の特色						
		地理総合						
世界の地理							○	
日本の歴史	時代	原始～古代	○	○	○	○	○	
		中世～近世	○	○	○	○	○	
		近代～現代	○	○	○	○	○	○
	テーマ	政治・法律史						
		産業・経済史			○			
		文化・宗教史						
		外交・戦争史				★		
		歴史総合	★	★	★		★	★
世界の歴史								
政治		憲法	○	○		★		
		国会・内閣・裁判所	★			○		
		地方自治			★		○	
		経済						
		生活と福祉		★				
		国際関係・国際政治						★
		政治総合						
環境問題							★	
時事問題					○			○
世界遺産								
複数分野総合				○				

※　原始～古代…平安時代以前，中世～近世…鎌倉時代～江戸時代，近代～現代…明治時代以降
※　★印は大問の中心となる分野をしめします。

◆対策～合格点を取るには？～

はば広い知識が問われていますが，問題のレベルは標準的ですから，まず，基礎を固めることを心がけてください。教科書のほか，説明がていねいでやさしい標準的な参考書を選び，基本事項をしっかりと身につけましょう。

地理分野では，地図とグラフが欠かせません。つねにこれらを参照しながら，白地図作業帳を利用して地形と気候をまとめ，そこから産業のようす(もちろん統計表も使います)へと広げていってください。

歴史分野では，教科書や参考書を読むだけでなく，自分で年表をつくって覚えると学習効果が上がります。できあがった年表は，各時代，各分野のまとめに活用できます。本校の歴史の問題にはさまざまな分野が取り上げられていますから，この作業はおおいに威力を発揮するはずです。

政治分野では，日本国憲法の基本的な内容と三権についてはひと通りおさえておいた方がよいでしょう。また，時事問題については，新聞やテレビ番組などでニュースを確認し，国の政治や経済の動き，世界各国の情勢などについて，ノートにまとめておきましょう。

理科 出題傾向&対策

◆基本データ(2024年度1回)

試験時間／満点	30分／50点
問題構成	・大問数…4題 ・小問数…16問
解答形式	記号選択，適語(数値)の記入が中心。短い記述問題なども見られる。
実際の問題用紙	A4サイズ，小冊子形式
実際の解答用紙	A4サイズ

分野＼年度		2024		2023		2022	
		1回	2回	1回	2回	1回	2回
生命	植物		★	★			★
	動物					★	
	人体				★		
	生物と環境	★					
	季節と生物						
	生命総合						
物質	物質のすがた	★			★		
	気体の性質						
	水溶液の性質			★			
	ものの溶け方			○			
	金属の性質						
	ものの燃え方		★				★
	物質総合						
エネルギー	てこ・滑車・輪軸						★
	ばねののび方						
	ふりこ・物体の運動			★			
	浮力と密度・圧力				★	★	
	光の進み方	★				★	
	ものの温まり方						
	音の伝わり方					★	
	電気回路						
	磁石・電磁石		★				
	エネルギー総合						
地球	地球・月・太陽系	★					
	星と星座			★			
	風・雲と天候						
	気温・地温・湿度					★	
	流水のはたらき・地層と岩石		★				
	火山・地震				★		★
	地球総合						
実験器具							
観察							
環境問題							
時事問題							
複数分野総合							

※　★印は大問の中心となる分野をしめします。

◆出題傾向と内容

以下でのべる各分野の出題のほか，実験・観察をもとにした問題では，実験や観察のために用いる器具や計器の使い方について出題されています。

●**生命**…こん虫の分類，花のつくり，生物の体のつくりとはたらき，生物どうしのつながりなどが取り上げられています。学校のしき地で見られる生物など，身近なことがらについての観察をもとにした出題も見られます。

●**物質**…物質のすがた，ものの燃え方，金属と酸・アルカリの水溶液の反応，金属を加熱したときの反応，水溶液の性質などが出されています。

●**エネルギー**…光や音，ふりこ，浮力と密度，てこ，電磁石などが取り上げられています。特に，グラフを使った計算問題も見られるので注意が必要です。

●**地球**…湿度，地震，星と星座，火山，地層，月の満ち欠けに関する問題などが出されています。

◆対策〜合格点を取るには？〜

各分野からまんべんなく出題されていますから，すべての内容について基礎的な知識をはやいうちに身につけ，そのうえで問題集で演習をくり返しながら実力アップをめざしましょう。

「生命」は，身につけなければならない基本知識の多い分野ですが，楽しみながら確実に学習する心がけが大切です。

「物質」では，気体や水溶液，金属などの性質に重点をおいて学習してください。そのさい，中和反応や濃度など，表やグラフをもとに計算する問題にも積極的に取り組んでください。

「エネルギー」は，かん電池のつなぎ方や方位磁針のふれ方，磁力の強さなどの出題が予想される単元ですから，学習計画から外すことのないようにしましょう。

「地球」では，太陽・月・地球の動き，季節と星座の動き，天気と気温・湿度の変化，地層のでき方などが重要なポイントです。

なお，環境問題や身近な自然現象に日ごろから注意をはらうことや，テレビの科学番組，新聞・雑誌の科学に関する記事，読書などを通じて多くのことを知るのも大切です。

国語 出題傾向＆対策

◆基本データ(2024年度１回)

試験時間／満点	50分／100点
問題構成	・大問数…３題 文章読解題２題／知識問題１題 ・小問数…20問
解答形式	記号選択や文中からの書きぬきに加え，記述問題も数問出題されている。
実際の問題用紙	Ａ４サイズ，小冊子形式
実際の解答用紙	Ａ３サイズ

◆出題傾向と内容

▶近年の出典情報(著者名)
説明文：佐々木俊尚　平野啓一郎　稲垣栄洋
小　説：佐藤まどか 中川なをみ まはら三桃

●読解問題…説明文・論説文と小説・物語文から１題ずつ出題されています。設問内容は多様で，説明文・論説文では論旨の展開を正しく理解しているかどうかを問うもの，小説・物語文では場面や動作・行動の理由，心情を問うものが中心となっています。具体的には，内容の読み取りはもちろん，適語・適文の補充，指示語の内容，語句の意味，接続語の補充，脱文のそう入，本文の内容に合う発言を選ぶものなどがはば広く出題されます。

●知識問題…漢字の書き取りと読み，類義語，対義語，四字熟語，ことわざ・慣用句，漢字の知識などが取り上げられています。

◆対策～合格点を取るには？～

読解力をつけるために，まず，読書に慣れることから始めてみましょう。そのさい，①指示語のさす内容，②段落・場面の構成，③登場人物の性格と心情，④読めない漢字，意味のわからないことばについて，つねに注意しながら読み進めてください。

表現力を養うためには，読書の後に，要旨や感想を50～100字程度でまとめてみるのが効果的です。書き終えたら，主述の対応は問題ないか，漢字や接続語は正しく使えているかなどを確認し，先生や親に読んでもらいましょう。

また，知識問題は，漢字・語句(四字熟語，慣用句，ことわざなど)の問題集を一冊仕上げるとよいでしょう。

分野 ＼ 年度			2024		2023		2022	
			1回	2回	1回	2回	1回	2回
読	文章の種類	説明文・論説文	★	★	★	★	★	★
		小説・物語・伝記	★	★	★	★	★	★
		随筆・紀行・日記						
		会話・戯曲						
		詩						
		短歌・俳句						
解	内容の分類	主題・要旨		○	○	○		○
		内容理解	○	○	○	○	○	○
		文脈・段落構成	○	○	○	○	○	○
		指示語・接続語	○	○	○	○	○	○
		その他	○	○	○	○	○	○
知	漢字	漢字の読み	○	○	○	○	○	○
		漢字の書き取り	○	○	○	○	○	○
		部首・画数・筆順	○		○		○	
	語句	語句の意味	○					
		かなづかい						
		熟語	○	○	○	○	○	○
		慣用句・ことわざ		○		○		○
	文法	文の組み立て						
		品詞・用法						
		敬語						
識	形式・技法							
	文学作品の知識							
	その他							
	知識総合		★	★	★	★	★	★
表現	作文							
	短文記述							
	その他							
放送問題								

※　★印は大問の中心となる分野をしめします。

2024年度

本庄東高等学校附属中学校

【算　数】〈第１回試験〉（50分）〈満点：100点〉

1　次の$\square$にあてはまる数を求めなさい。

(1)　$6 \times 14 - 152 \div (71 - 69) = \square$

(2)　$\left\{\frac{3}{4} \div (2 + 0.7) + \frac{5}{6}\right\} \times \frac{3}{5} + \frac{1}{3} = \square$

(3)　$9.4 \div \left(\square \times \frac{15}{16} + \frac{1}{8}\right) - 4.3 = \frac{2}{5}$

(4)　$20.24\,\mathrm{m} - 202.4\,\mathrm{cm} + 784\,\mathrm{mm} = \square\,\mathrm{m}$

2　次の問いに答えなさい。

(1)　長さ6mのひもを，長さの差が40cmとなるように２本に切り分けました。このとき，長い方のひもの長さは何cmですか。

(2)　200gの水に，50gの食塩を混ぜてできた食塩水の濃度《のうど》は何％ですか。

(3)　グレープフルーツ２個とキウイフルーツ３個の合わせて５個のくだものがあります。この中から，３個のくだものを選ぶ選び方は全部で何通りありますか。ただし，同じ種類のくだものには区別はないものとします。

(4) 右の図で，三角形ＡＢＣと三角形ＤＥＦは，それぞれ２種類の三角定規を表しています。辺ＤＦと辺ＥＦの長さが等しく，辺ＡＣと辺ＤＥが平行のとき，㋐の角の大きさは何度ですか。

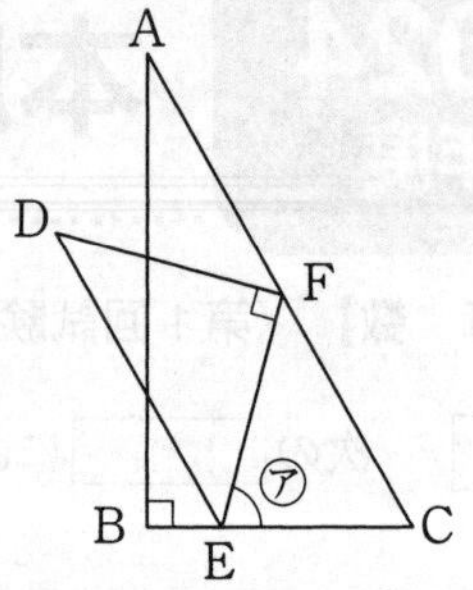

(5) 右の図で，三角形ＡＢＣを辺ＢＣを軸《じく》にして１回転させてできる立体の表面積は何 cm^2 ですか。ただし，円周率は3.14とします。

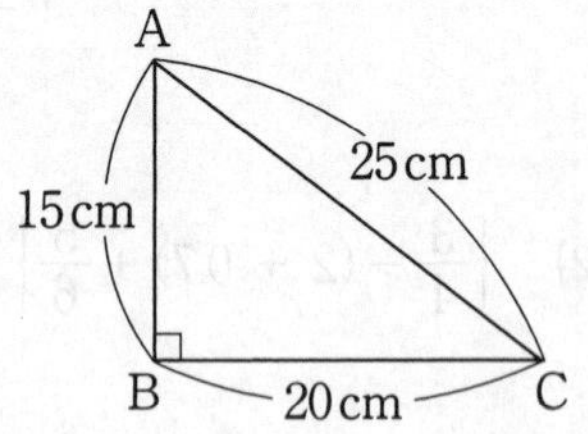

3 下の図のように，Ａ，Ｂ２つの箱があり，同じ大きさの玉が，Ａの箱の中には４個，Ｂの箱の中には３個入っています。Ａの箱の玉には，それぞれ2，3，6，7の番号が１つずつ書かれており，Ｂの箱の玉には，それぞれ1，4，9の番号が１つずつ書かれています。

Ａ，Ｂ２つの箱の中から玉を１個ずつ取り出すとき，次の問いに答えなさい。

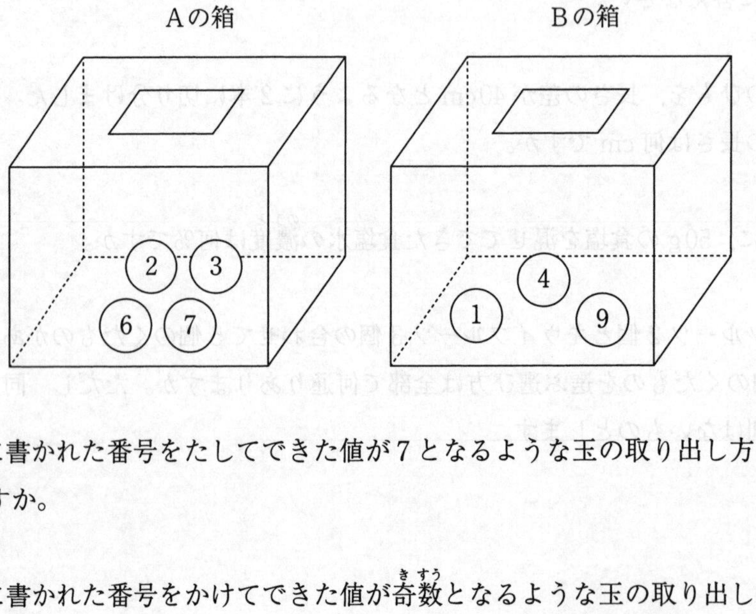

(1) ２つの玉に書かれた番号をたしてできた値が７となるような玉の取り出し方は，全部で何通りありますか。

(2) ２つの玉に書かれた番号をかけてできた値が奇数《きすう》となるような玉の取り出し方は，全部で何通りありますか。

(3)　Ａの箱からＢの箱に７の番号が書かれた玉と，Ｂの箱からＡの箱に４の番号が書かれた玉を，それぞれ入れ替えます。このあとＡ，Ｂ２つの箱の中から１個ずつ玉を取り出すとき，２つの玉に書かれた番号をかけてできた値が偶数《ぐうすう》となるような玉の取り出し方は，全部で何通りありますか。

4　右の図１の四角形ＡＢＣＤは台形で，この台形に，直線ＥＧと直線ＦＨをひき，３つの四角形に分けます。また，辺ＡＥの長さはわかっていません。このとき，次の問いに答えなさい。

図１

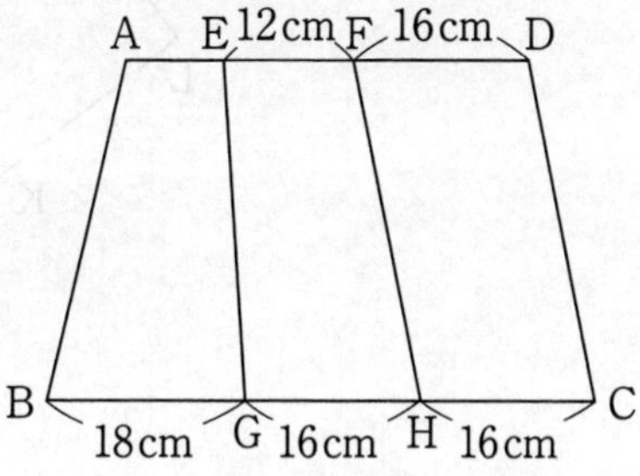

(1)　辺ＡＥの長さが2cmのとき，四角形ＡＢＧＥの面積は台形ＡＢＣＤの面積の何倍ですか。

(2)　四角形ＡＢＧＥの面積と四角形ＥＧＨＦの面積の比が３：４のとき，辺ＡＥの長さは何cmですか。

(3)　右の図２のように，２つの直線ＡＨとＥＧの交わる点をＩとします。辺ＡＥの長さが8cmのとき，三角形ＡＥＩの面積は，四角形ＥＦＨＩの面積の何倍ですか。

図２

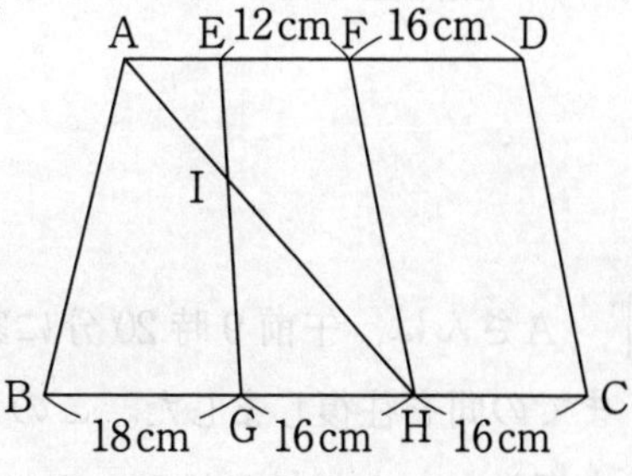

5 下の図のような展開《てんかい》図《ず》を組み立ててできる立体について考えます。４つの四角形ＡＢＣＮ，ＣＤＥＪ，ＥＨＩＪ，ＫＬＭＮは，すべて４つの角が直角であるものとして，次の問いに答えなさい。

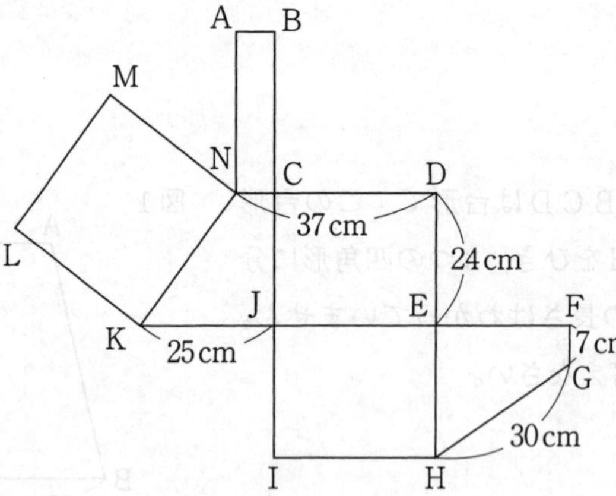

⑴ この展開図を組み立ててできる立体について，辺ＩＪと平行な位置にある辺の数は全部で何本ありますか。

⑵ この展開図を組み立てたときにできる立体の表面積は何 cm^2 ですか。

⑶ この展開図を組み立てたときにできる立体の体積は何 cm^3 ですか。

6 Ａさんは，午前９時20分に家を出て駅までの間を往復しました。このときの様子を表したものが右のグラフです。Ａさんが家から駅に向かうときの速さを分速75ｍとして，次の問いに答えなさい。

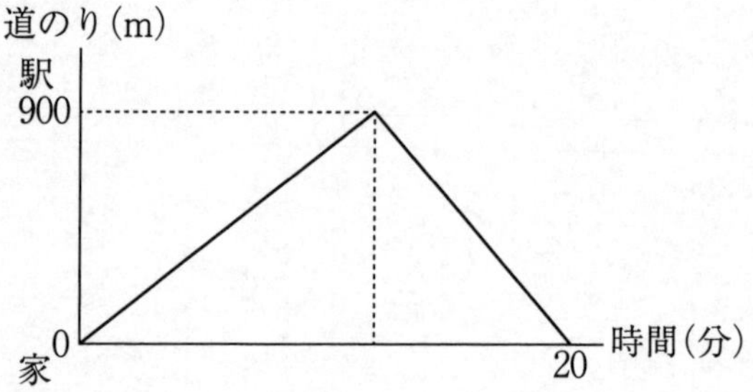

⑴ Ａさんが駅に到着するのは，午前何時何分ですか。

⑵ Ａさんが駅から家に戻るときの速さは，家から駅に向かうときの速さの何倍ですか。

【社　会】〈第１回試験〉（30分）〈満点：50点〉

１　次の地図と文章を見て，あとの問いに答えなさい。

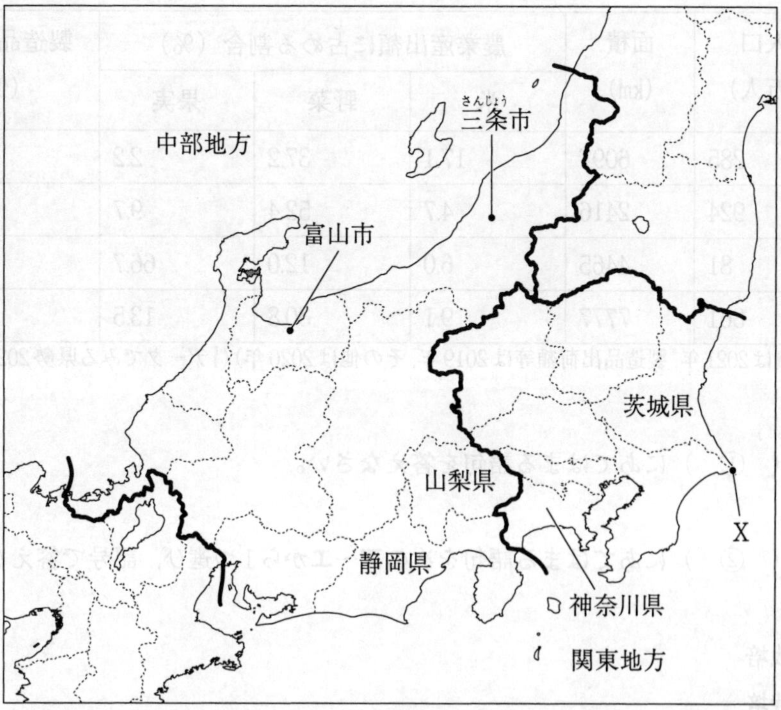

上の地図は，日本を７つの地方に分けたときの関東地方と中部地方を示している。

中部地方はさらに東海《とうかい》地方，中央高地《ちゅうおうこうち》，北陸《ほくりく》地方の３つに分けることができ，それぞれの地方によって気候や産業に違《ちが》いが見られる。中央高地には3000 m級の山々が連なり，特に飛驒《ひだ》山脈，木曽《きそ》山脈，赤石《あかいし》山脈はまとめて（　①　）と呼ばれている。また，中央高地ではキャベツやレタス，白菜など，（　②　）による野菜の栽培《さいばい》がさかんにおこなわれており，他の地域と時期をずらして出荷《しゅっか》する工夫《くふう》をおこなっている。東海地方に属する愛知県の豊田《とよた》市では，かつて製造された自動織機《しょっき》の技術を用いた（　③　）の生産がさかんになり，現在では（　③　）に関連する工場が多くつくられている。北陸地方では，富山市の製薬や三条市の金物などの④地場産業，輪島塗《わじまぬり》や越前《えちぜん》和紙などの伝統工業がさかんになっている。

関東地方には政治や経済，文化の中心となっている東京都がある。東京都に隣接《りんせつ》する県から通勤，通学をする人数は多く，東京都は夜間人口よりも昼間人口のほうが多くなっている。都心部ではビルが多く立ち並び，道路の多くがアスファルトでおおわれているため，（　⑤　）現象と呼ばれる，周辺の県と比べて気温が高くなる現象が起きている。また，関東地方では臨海部を中心に⑥工業地帯や工業地域が形成されており，外国から輸入した原料や材料で製造した製品を輸出する加工貿易で発展してきた。

問１　次の表は，地図中の静岡県，山梨県，神奈川県，茨城県の統計を示している。静岡県と山梨県を示したものを表中の**ア～エ**からそれぞれ１つずつ選び，記号で答えなさい。

	人口（万人）	面積（km²）	農業産出額に占《し》める割合（％）			製造品出荷額等（億円）
			米	野菜	果実	
ア	285	6097	17.1	37.2	2.2	126383
イ	924	2416	4.7	52.4	9.7	178722
ウ	81	4465	6.0	12.0	66.7	25053
エ	361	7777	9.1	30.8	13.5	172749

（人口と面積は2021年，製造品出荷額等は2019年，その他は2020年）（『データでみる県勢2023年版』より）

問２　空らん（　①　）にあてはまる語句を答えなさい。

問３　空らん（　②　）にあてはまる語句を次の**ア～エ**から１つ選び，記号で答えなさい。

ア．促成《そくせい》栽培
イ．抑制《よくせい》栽培
ウ．施設《しせつ》園芸農業
エ．近郊《きんこう》農業

問４　空らん（　③　）に共通してあてはまる語句を答えなさい。

問５　下線部④について，次のグラフは，地図中の富山市と三条市の雨温図を示している。グラフを参考にして，北陸地方で地場産業がさかんになった理由を，「農業」の語句を用いて簡潔に答えなさい。

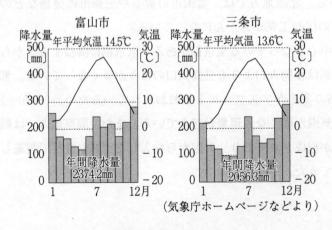

（気象庁ホームページなどより）

問６　空らん（　⑤　）にあてはまる語句を，カタカナで答えなさい。

問７　下線部⑥について，次のグラフは，2020 年における京浜《けいひん》工業地帯，中京《ちゅうきょう》工業地帯，阪《はん》神《しん》工業地帯，北九州工業地帯（地域）の製造品出荷額等の工業別出荷額割合を示している。京浜工業地帯を示したものをグラフ中の**ア**～**エ**から１つ選び，記号で答えなさい。

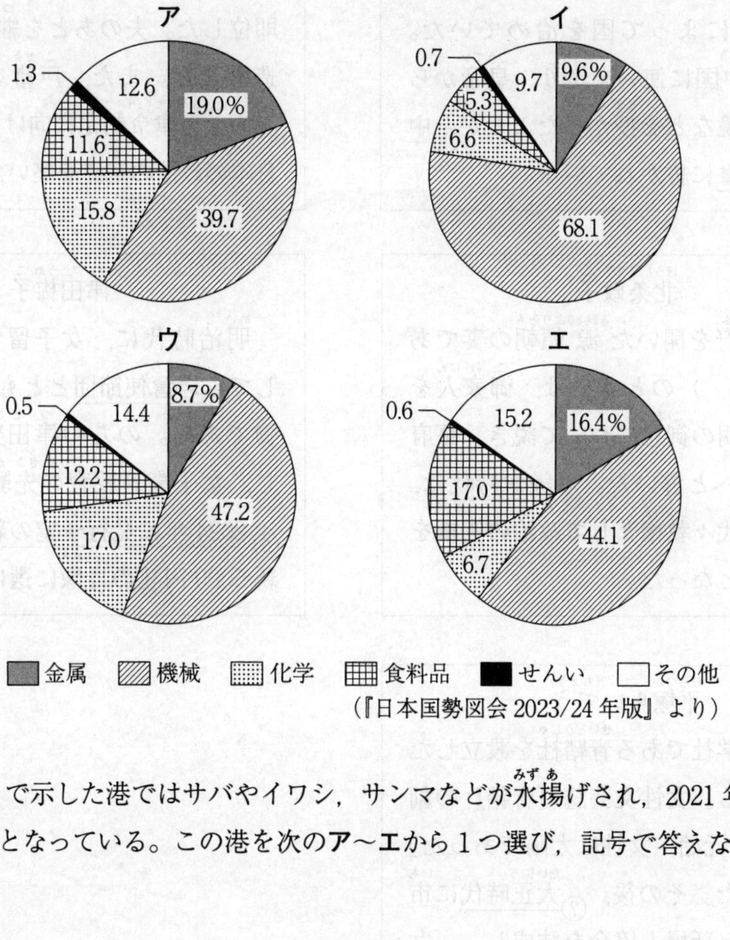

（『日本国勢図会 2023/24 年版』より）

問８　地図中のＸで示した港ではサバやイワシ，サンマなどが水揚《みずあ》げされ，2021 年における水《みず》揚《あげ》量が日本一となっている。この港を次の**ア**～**エ**から１つ選び，記号で答えなさい。

ア．石巻《いしのまき》港
イ．焼津《やいづ》港
ウ．三崎《みさき》港
エ．銚子《ちょうし》港

2　次の５枚のカードは，歴史上の女性についてまとめたものである。これを見て，あとの問いに答えなさい。

卑弥呼《ひみこ》

弥生《やよい》時代に邪馬台国《やまたいこく》を治めていた人物である。30ほどの小国をまとめ，まじないによって国を治めていた。239年に中国に使いを送り，皇帝《こうてい》から金印や銅鏡などを授《さず》かったことが①中国の歴史書に書かれている。

持統天皇《じとう》

672年の壬申《じんしん》の乱に勝利して即位《そくい》した（　②　）天皇の妻であり，夫の死後に即位した。夫のあとを継《つ》いで藤原京《ふじわらきょう》を造営した。また，戸籍《こせき》を整備し，701年の大宝律令《たいほうりつりょう》制定に向けて力をつくし，日本の政治の基礎《きそ》を築いた人物である。

北条政子《ほうじょうまさこ》

鎌倉幕府《かまくらばくふ》を開いた源頼朝《みなもとのよりとも》の妻である。（　③　）のときには，御家人《ごけにん》を集めて頼朝の御恩《ごおん》について説き，幕府側を勝利へと導いた。④鎌倉時代は，北条氏が代々執権《しっけん》として政治の実権を握《にぎ》ることとなった。

津田梅子《つだうめこ》

明治《めいじ》時代に，女子留学生の一人として⑤岩倉《いわくら》使節団とともに渡米《とべい》した人物である。のちの津田塾《つだじゅく》大学を創立し，女子高等教育の先駆《さきが》けとなった。⑥2024年に発行予定の新紙幣《しへい》のうち，新5000円札の肖像《しょうぞう》に選ばれている。

平塚《ひらつか》らいてう《（ちょう）》

女流文学社である青鞜社《せいとうしゃ》を設立した人物である。女性文芸誌『青鞜』の創刊号で，「元始，女性は太陽であった」と執筆《しっぴつ》した。その後，⑦大正《たいしょう》時代に市《いち》川房枝《かわふさえ》らと新婦人協会を結成し，⑧女性参政権運動に力をつくした。

問１　下線部①の名称《めいしょう》を次の**ア**～**エ**から１つ選び，記号で答えなさい。

ア．『漢書《かんじょ》』地理誌《ちりし》　　**イ**．『後漢書《ごかんじょ》』東夷伝《とういでん》
ウ．『魏志《ぎし》』倭人伝《わじんでん》　　**エ**．『宋書《そうじょ》』倭国伝《わこくでん》

問２　空らん（　②　）にあてはまる人物の名を，漢字２字で答えなさい。

問３　空らん（　③　）にあてはまる戦乱を次の**ア**～**エ**から１つ選び，記号で答えなさい。

ア．承久《じょうきゅう》の乱　　**イ**．平治《へいじ》の乱　　**ウ**．保元《ほうげん》の乱　　**エ**．文永《ぶんえい》の役《えき》

問４　下線部④について，このころに武士や民衆の間で広まった仏教の宗派のうち，親鸞《しんらん》が開いた宗派を次の**ア**～**エ**から１つ選び，記号で答えなさい。

ア．臨済宗《りんざいしゅう》　　**イ**．時宗《じしゅう》　　**ウ**．浄土宗《じょうどしゅう》　　**エ**．浄土真宗《じょうどしんしゅう》

問５　下線部⑤について，岩倉使節団には，のちの初代内閣総理大臣となる人物も参加していた。この人物の名を，漢字で答えなさい。

問６　下線部⑥について，津田梅子の他に新紙幣の肖像に選ばれている人物の組み合わせとして正しいものを次の**ア**～**エ**から１つ選び，記号で答えなさい。

ア．板垣退助《いたがきたいすけ》と北里柴三郎《きたさとしばさぶろう》　　**イ**．板垣退助と与謝野晶子《よさのあきこ》

ウ．渋沢栄一《しぶさわえいいち》と北里柴三郎　　**エ**．渋沢栄一と与謝野晶子

問７　下線部⑦のころ，国民の間に民主主義を求める意識が高まった。この風潮の名称を，漢字とカタカナで答えなさい。

問８　下線部⑧が認められ，女性が初めて選挙に参加した年を次の**ア**～**エ**から１つ選び，記号で答えなさい。

ア．1925年　　**イ**．1937年　　**ウ**．1946年　　**エ**．1951年

3　次の文章を読んで，あとの問いに答えなさい。

第二次世界大戦後，戦前に定められていた大日本帝国憲法に代わって，日本国憲法が制定された。現在，公布された日は文化の日，施行された日は憲法記念日という祝日になっている。

日本国憲法は国民主権，平和主義，基本的人権の尊重という３つの基本原則のもと，前文と11章103条の条文によって成り立っている。この日本国憲法は，国の(　①　)法規であるため，憲法の改正には慎重《しんちょう》な手続きが必要である。

日本の政治は立法，行政，司法の３つに分けられ，その役割を果たしている機関が，それぞれ国会，内閣，裁判所となっている。権力を分散させることで，お互《たが》いの権力の行き過ぎを防ぎ，バランスの取れた政治をおこなうことができる。

国会の主な仕事は，法律をつくることである。国会は②衆議院と参議院に分かれているため，国民の意見を反映させながら審議《しんぎ》を慎重におこなうことができる。衆議院には参議院よりも強い権限が与《あた》えられている。これを③衆議院の優越《ゆうえつ》という。

内閣の主な仕事は，国会で定められた法律に従って政治をおこなうことである。その最高責任者は内閣総理大臣であり，(　④　)とともに閣議を開いて，内閣の方針を決定している。国会と内閣の関係は密接であり，内閣は国会の信任にもとづいて成立しているため，国会に対して連帯して責任を負っている。このような制度は(　⑤　)と呼ばれている。

裁判所の主な仕事は，法律にもとづいて争いごとを解決することである。そのため，裁判官は自己の良心に従い，憲法と法律にのみ拘束《こうそく》される。裁判所は⑥最高裁判所と⑦高等裁判所などの下級裁判所に大きく分けることができる。裁判所では，⑧裁判を受ける人の権利を守り，裁判を公正におこなうことが大切である。また，法テラスの整備がおこなわれた他，2009年からは国民の中から選ばれた裁判員も裁判に参加する裁判員制度が始まり，裁判が国民にとって身近なものとなってきている。

問１　空らん(　①　)にあてはまる語句を，漢字２字で答えなさい。

問２　下線部②の違いの説明として正しいものを次の**ア**～**エ**から１つ選び，記号で答えなさい。

ア．衆議院の被《ひ》選挙権は満30歳《さい》以上であるが，参議院の被選挙権は満25歳以上である。
イ．衆議院には解散があるが，参議院には解散はない。
ウ．衆議院議員の任期は６年であるが，参議院議員の任期は４年である。
エ．衆議院議員の議員数は248名だが，参議院議員の議員数は465名である。

問３　下線部③の説明として正しいものを次の**ア**～**エ**から１つ選び，記号で答えなさい。

ア．内閣総理大臣の指名の際，両院協議会《りょういんきょうぎかい》を開いても意見が一致《いっち》しないときなどは，衆議院の議決が国会の議決となる。

イ．特別国会は内閣が必要と認めたとき，または衆議院の総議員の４分の１以上の要求があるときに開かれる。

ウ．天皇の国事行為《こくじこうい》に対して，衆議院は助言と承認を与えることができる。

エ．最高裁判所の長官の指名とその他の裁判官の任命は衆議院によっておこなわれる。

問４　空らん（　④　）にあてはまる語句を，漢字４字で答えなさい。

問５　空らん（　⑤　）にあてはまる語句を，漢字５字で答えなさい。

問６　下線部⑥は，「憲法の番人」とも呼ばれている。その理由を，30字程度で簡潔に答えなさい。

問７　下線部⑦について，高等裁判所が置かれている都市としてあてはまらないものを次の**ア**～**エ**から１つ選び，記号で答えなさい。

ア．仙台《せんだい》市　　**イ**．名古屋《なごや》市　　**ウ**．広島市　　**エ**．鹿児島市

問８　下線部⑧について，右の図は，裁判を受ける人の権利を守るために採用されている制度の一部を示している。この制度の名称を，漢字で答えなさい。

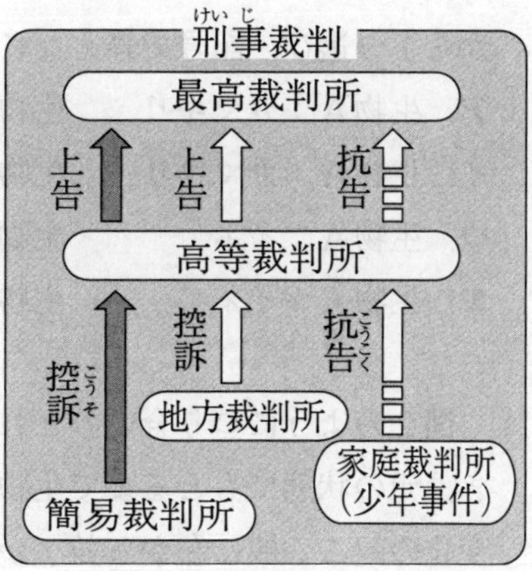

【理　科】〈第１回試験〉（30分）〈満点：50点〉

1　**図１**は，生物どうしの「食べる・食べられる」の関係のつながりをまとめたものです。ただし，**図１**の──→は「食べる・食べられる」の関係を，⋯⋯→は二酸化炭素のやりとりを表しています。また，**図２**は，ある地域《ちいき》における生物の数量関係を表したものであり，生物Ａ～生物Ｃは植物，草食動物，肉食動物のいずれかを表しています。以下の(1)～(4)に答えなさい。

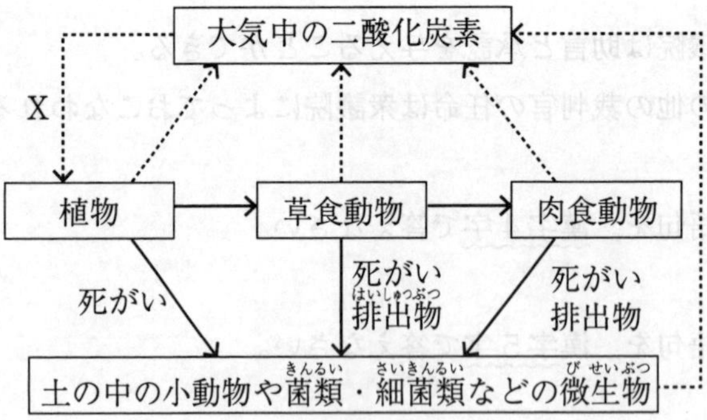

図１

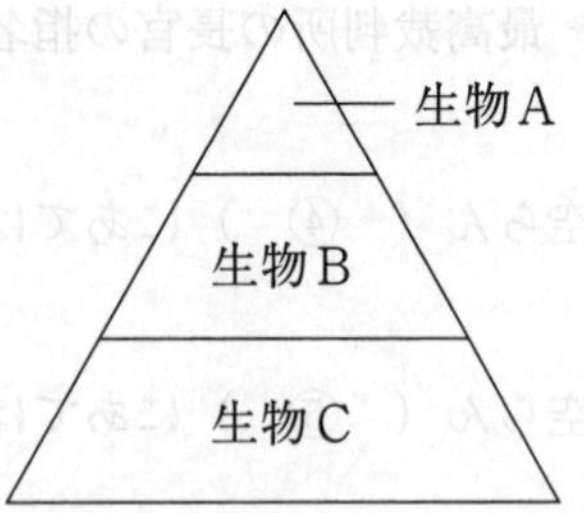

図２

(1)　**図１**のような，「食べる・食べられる」の関係のつながりを何といいますか。名前を答えなさい。

(2)　**図１**で，Ｘの矢印が表す二酸化炭素のやりとりは，植物の何というはたらきによるものですか。名前を答えなさい。

(3)　**図２**で，生物Ａ～生物Ｃにあてはまる生物の例の組み合わせはどれですか。次の**ア**～**エ**から１つ選び，記号で答えなさい。

ア．生物Ａ：カマキリ　　生物Ｂ：イネ　　生物Ｃ：イナゴ
イ．生物Ａ：カマキリ　　生物Ｂ：イナゴ　　生物Ｃ：イネ
ウ．生物Ａ：イネ　　生物Ｂ：イナゴ　　生物Ｃ：カマキリ
エ．生物Ａ：イネ　　生物Ｂ：カマキリ　　生物Ｃ：イナゴ

(4)　**図２**のようにつり合いのとれた状態から，何らかの原因で生物Ａの数が突然《とつぜん》増加したとき，元の状態にもどるまで生物Ａ～生物Ｃの数はどのように変化しますか。次の**ア**～**エ**を変化の起こる順に左から並《なら》べかえなさい。ただし，図の点線は，**図２**で示した数量のつり合いのとれた状態を表しています。

ア
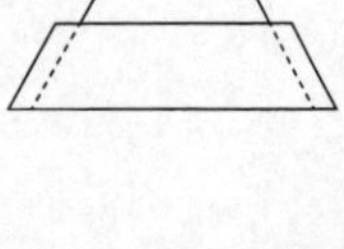

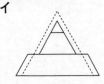

イ
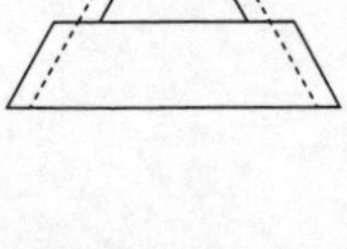

ウ
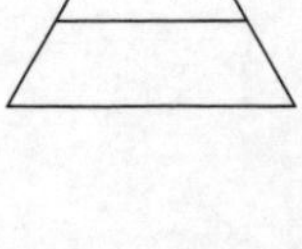

エ
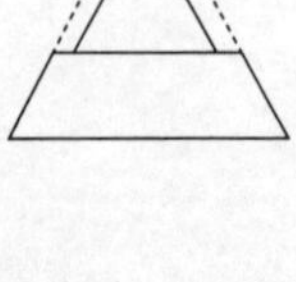

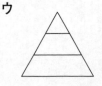

2　**図１**のように，光源《こうげん》，透明《とうめい》なガラスにＦと書いた物体，凸《とつ》レンズ，スクリーンを光学台上に一直線上に並べ，光源と凸レンズの位置を固定しました。物体を動かして凸レンズの中心とのきょりＡを変え，そのつどスクリーンにはっきりとしたＦの字の像がうつるように凸レンズの中心とスクリーンのきょりＢを調節して，像の大きさについて調べました。表は，その結果をまとめたものです。以下の(1)～(4)に答えなさい。

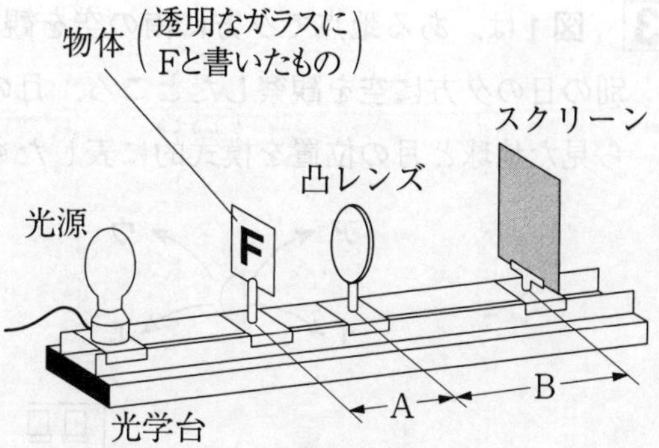

図１

きょりＡ〔cm〕	30	24	18
きょりＢ〔cm〕	20	24	36
実物と比べた像の大きさ	a	同じ	b

(1)　スクリーンに像がうつったとき，その像を光源の方から見ると，どのように見えますか。次の**ア**～**エ**から１つ選び，記号で答えなさい。

ア

イ

ウ

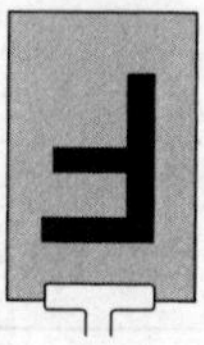

エ

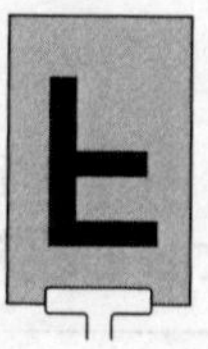

(2)　**図１**で用いた凸レンズの焦点《しょうてん》きょりは何 cm ですか。

(3)　次の文は，実験の結果について説明したものです。Ｐ，Ｑにあてはまる適当な言葉をそれぞれ答えなさい。

> 表のＡ＝30cm，Ｂ＝20cm のときの像の大きさａは実物より［　Ｐ　］。また，Ａ＝18cm，Ｂ＝36cm のときの像の大きさｂは実物よりも［　Ｑ　］。

(4)　実物と同じ大きさの像がスクリーンにうつっているとき，凸レンズの上半分を**図２**のように光を通さない黒い紙でおおうと，スクリーンにうつる像はどのようになりますか。次の**ア**～**エ**から１つ選び，記号で答えなさい。

ア．形と明るさは変わらず，小さくなる。

イ．形と大きさは変わらず，暗くなる。

ウ．明るさは変わらず，上半分が消える。

エ．明るさは変わらず，下半分が消える。

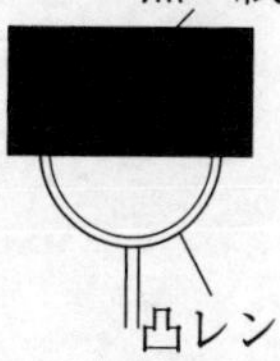

図２

3 **図1**は，ある地点で夕方に南の空を観察したときの月のようすを表したものです。また，別の日の夕方に空を観察したところ，月の形が**図1**と変わっていました。**図2**は，北極側から見た地球と月の位置を模式的《もしきてき》に表したものです。以下の(1)〜(4)に答えなさい。

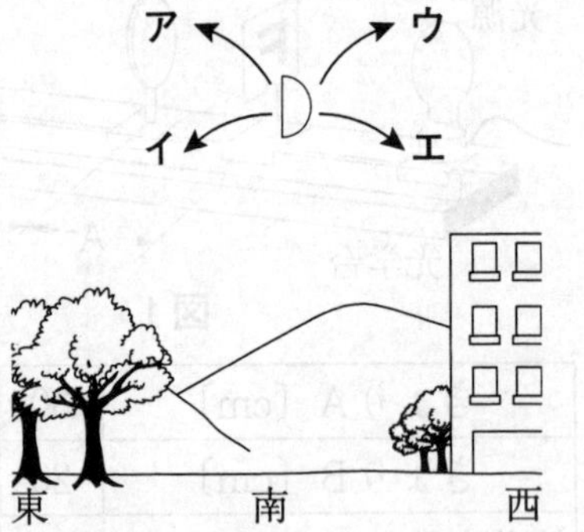

図1

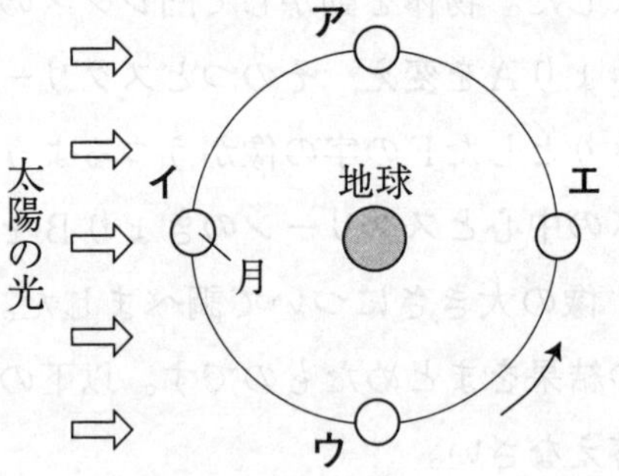

図2

(1) **図1**で観察された半月を何といいますか。名前を答えなさい。また，この日観察を続けると，**図1**の月はどの方向へ動きますか。**図1**の**ア**〜**エ**から1つ選び，記号で答えなさい。

(2) 日によって，月の形が変わって見える理由について説明した以下の文の（　　）にあてはまる適当な言葉を答えなさい。

月が地球のまわりを（　　　）していて，月と太陽の位置関係が変わるから。

(3) **図1**の観察をしてから，次に月が**図1**で観察した形と同じ形に見えるようになるには，およそ何日かかりますか。次の**ア**〜**ウ**から1つ選び，記号で答えなさい。

ア．23.4日　　**イ**．27.3日　　**ウ**．29.5日

(4) 月が**図1**のように夕方に南の空に見えたとき，月の位置はどこですか。**図2**の**ア**〜**エ**から1つ選び，記号で答えなさい。

4 **図1**のように，ポリエチレンの袋《ふくろ》に液体のエタノールを入れて密閉《みっぺい》し，熱湯をかけたところ，袋が大きくふくらみました。このとき，エタノールはすべて気体になっていました。**図2**は，袋に入れた液体のエタノールの粒子《りゅうし》を模式的に表したものです。以下の(1)〜(4)に答えなさい。

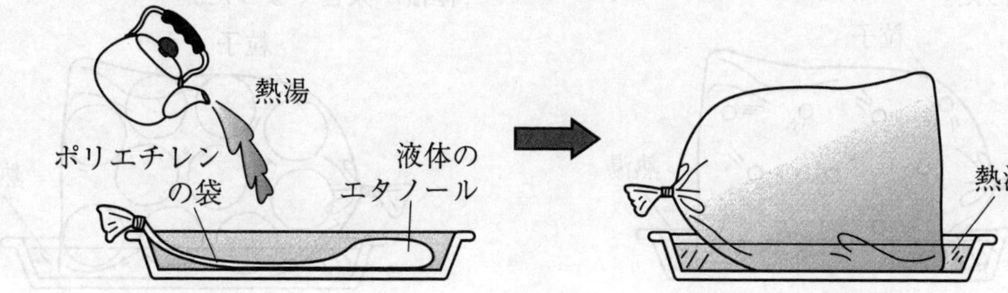

図1

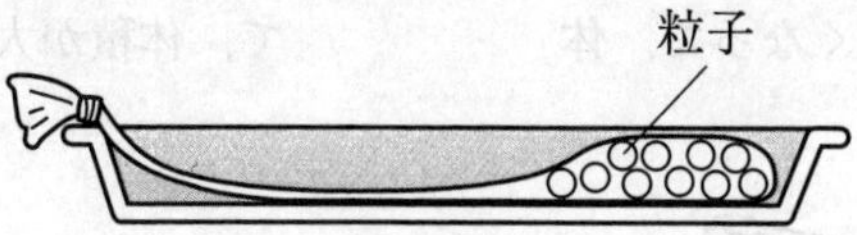

図2

(1) エタノールが液体から気体になったように，物質が温度によってすがたを変えることを何といいますか。名前を答えなさい。

(2) **図1**で，熱湯をかけたあと，袋の中のエタノールの重さはどうなりましたか。次の**ア**〜**ウ**から1つ選び，記号で答えなさい。

ア．エタノールの重さは変わらなかった。

イ．エタノールの重さは軽くなった。

ウ．エタノールの重さは重くなった。

(3)　**図１**で，ふくらんだ袋の中のエタノールの粒子を表した図はどれですか。次の**ア**〜**エ**から１つ選び，記号で答えなさい。

ア　粒子の数や大きさは変わらないが，粒子の運動が激《はげ》しくなって，体積が大きくなった。

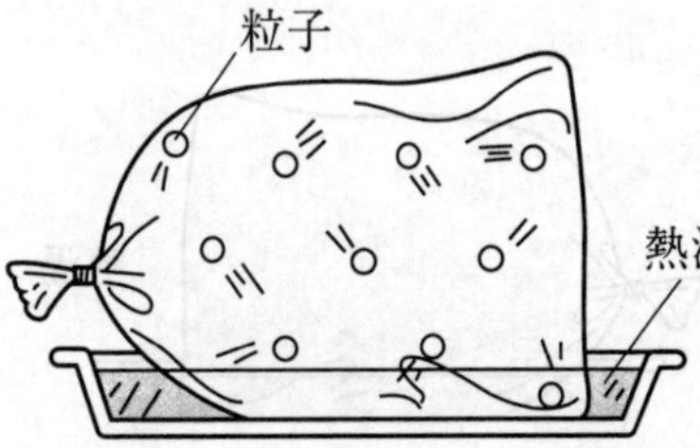

イ　粒子の数や運動のようすは変わらないが，粒子の大きさが大きくなって，体積が大きくなった。

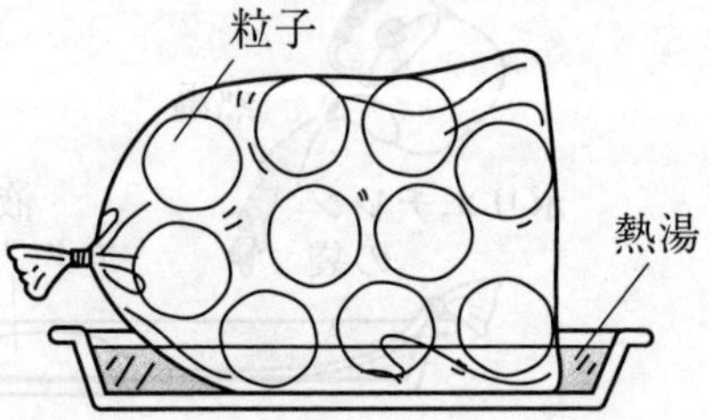

ウ　粒子の運動のようすや大きさは変わらないが，粒子の数が多くなって，体積が大きくなった。

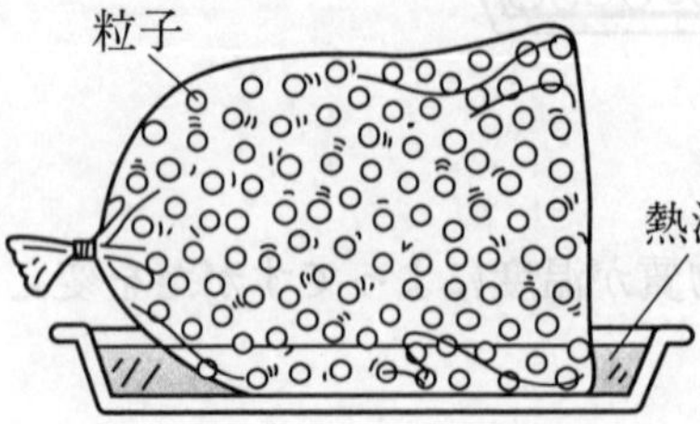

エ　粒子が雲や霧《きり》のようなものに変化して，体積が大きくなった。

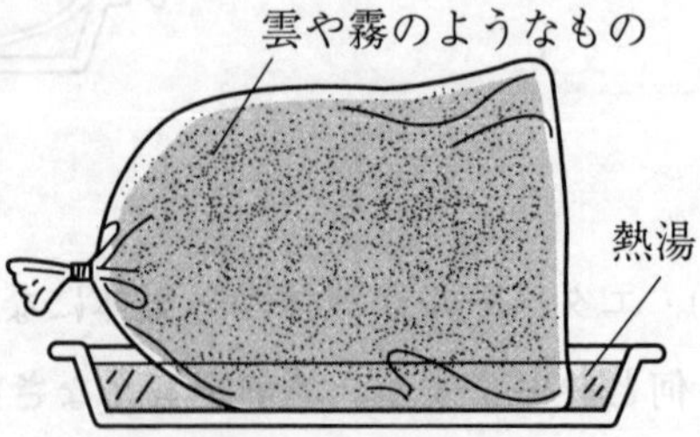

(4)　この実験と同じように，液体が気体に変化することによって起こる現象はどれですか。次の**ア**〜**エ**から１つ選び，記号で答えなさい。

ア．氷水を入れたガラスのコップを置いておくと，コップの外側に水てきがつく。

イ．ふろに入っているとき，ふろ場の鏡がくもる。

ウ．冬の寒い日に，はいた息が白く見える。

エ．雨が上がってしばらくすると，水たまりが小さくなっていた。

問二　次の意味になる四字熟語を、あとの語群の漢字を組み合わせて、それぞれ書きなさい。

①　非常に待ち遠しく思うこと。

②　不足したところがなく、非の打ちどころがないこと。

一	万	完	春	無	全	決	日
十	千	円	秋	有	満	欠	月

問三　次の熟語について、（　）の指示にあてはまる言葉をあとの語群から選び、漢字に直して書きなさい。

①　動機（類義語）

②　公然（対義語）

きょうせい	きけん	げんいん	きょうりょく	ひみつ	たんじゅん

問四　次の①・②の□に入る漢字は部首がすべて同じです。共通する部首の名前をそれぞれひらがなで書きなさい。

①　九月一日には□災訓練が行われる。
大雨警報が解□される。
大勢の人が□列を組んで行進する。

②　昨日は家で留□番をしていた。
日本海は魚類の□庫といわれている。
事故による損□を補《ほ》償《しょう》する。

問四 ――線③「タヌはますますふきげんな目つきになった」とありますが、タヌがこのような反応を示した理由の説明として適切なものを、次の中から一つ選び記号で答えなさい。

ア 自分が腹を立てているのに「わたし」がいっこうに同調してくれないので嫌《いや》な気持ちになったから。

イ ふだんならば真っ先に怒《おこ》るはずの「わたし」がおねえさんぶっておとなしいことが意外だったから。

ウ 自分たちのことをバカにした低学年の子の味方を「わたし」がすることがおもしろくなかったから。

エ 幼稚園児のふるまいに本気で腹を立てたことを「わたし」にたしなめられて恥《は》ずかしかったから。

問五 ――線④「打楽器のスケッチ」とありますが、健太が打楽器を作ろうとしたのはなぜですか。解答用紙の「弦楽器や吹奏楽器は、」に続けて、五十五字以内で説明しなさい。

問六 ――線⑤「わたしはおどろいて愛ちゃんを見る」とありますが、なぜおどろいたのですか。四十字以内で説明しなさい。

問七 本文の表現についての説明として適切でないものを、次の中から一つ選び記号で答えなさい。

ア 「わたし」の視点で描き、「わたし」の思いをさしはさむことで、それぞれの登場人物の様子や性格が細やかに表現されている。

イ 低学年の子の会話部分に「よーちえん」「そつぎょー」のようにひらがなを主体にした表現を用いることで、幼さを強調している。

ウ 「ふつうのドラムをもっと浅くしたみたいなうすいドラム」のような具体的な描写《びょうしゃ》により読み手がイメージしやすい工夫《くふう》をしている。

エ 「まだ……だから」という発言や「こくこくうなずく」という動作によって、健太がリーダー的な存在であることを印象づけている。

三

次の各問いに答えなさい。

問一 次の――線の漢字はひらがなで書き、カタカナは漢字に直して書きなさい。

① 鉄道が復旧した。

② 観光船で湖を遊覧する。

③ 心理的なヨッキュウを満たす。

④ イチョウにやさしいものを食べる。

あれ、愛ちゃんって消極的じゃなかったっけ？　なんか、料理の話をしているときみたいに、愛ちゃんの目がキリッとしているのが、うれしい。

わたしたちは、いっせいにうなずいた。

「いいね。わたしも賛成。どうせやるなら本格的なの作ろう」

「じゃ、おれ、これ返してくるから、作戦会議しよっ！」

タヌはそうきっぱり言うと、ボードゲームを返しに行った。

佐藤まどか『トーキングドラム　心ゆさぶるわたしたちのリズム』（株式会社ＰＨＰ研究所）による

＊パーカッション……打楽器のこと。　＊ドヤ顔……得意顔。

＊モットー……信条。　＊オブジェ……彫刻《ちょうこく》などの立体作品。

問一 ［１］～［３］にあてはまる語を、次の中からそれぞれ一つずつ選び記号で答えなさい。

ア　わなわな　**イ**　もごもご　**ウ**　ワクワク　**エ**　メソメソ　**オ**　ぐるっと　**カ**　どさっと

問二 ――線①「タヌがほおをふくらませる」とありますが、タヌがこのような反応を示した理由の説明として適切なものを、次の中から一つ選び記号で答えなさい。

ア　パーカッションで音楽をしようとやる気になったのに低学年の子が興味を示さなかったので失望したから。

イ　健太が作ったようなパーカッションは幼稚園児でも作れる楽器であることを知らされてびっくりしたから。

ウ　低学年の子が鼻で笑うようなパーカッションしか作ってこなかった健太にいらだちを感じてしまったから。

エ　せっかく健太が作ってきてくれたパーカッションを低学年の子に軽《かろ》んじられたように思い不満だったから。

問三 ――線②「健太はほほえんでいた」とありますが、健太がこのような反応を示した理由を説明した次の文の［　　］にあてはまる語を、本文中から九字で書き抜《ぬ》きなさい。

みんなに見せたパーカッションは、自分が思い描《えが》いた楽器の［　　］に過ぎないため、気持ちにゆとりがあったから。

「ねぇ、健太、本当はこういう複雑な楽器をひとりで作ろうと思ってたんだ？」

そう聞いてみると、健太はううんと首を横に振って、三人と自分を順番に指差した。

「あ……もしかして……みんなで作ろうって提案？」

健太はこくこくうなずいた。

「へぇ！　じゃこれは最初の一歩で、見本として見せてくれようとしていたんだね？」

念を押《お》すと、また健太はこくこくうなずく。

「なるほどー、見本だったのか！」

感心した声で、タヌが小さなパーカッションを触《さわ》っている。

さやかとの演奏を思い出しながら、わたしは健太に聞いてみる。

「ね、ここにスケッチされているのって打楽器ばかりだけど、いきなり弦《げん》楽器とか吹奏《すいそう》楽器だと、鳴らすのがむずかしいから？」

健太はまた大きくうなずいた。

バイオリンやギターなどの弦楽器、フルートやトランペットなどの吹奏楽器は、とりあえずたたけばきちんとした音の出る打楽器とはちがう。そう簡単には鳴らせない。しかも、手作りで作れるものでもない。

さやかのバイオリンを、一度だけ弾《ひ》かせてもらったことがある。ギーギーというおそろしい音がした。地獄《じごく》のドアは音も立てずに自動的に開き、閉まるときにはきっとあんな音を立てるにちがいない。おまえたちはもう二度と出られないのだ、みたいな。

あと、さやかのおねえさんはもう何年も本格的にフルートをやっているけど、最初はなかなか音が出なかったし、高音や低音できれいな音を出すのは今でもむずかしいと言っていた。

「そうだよね。打楽器なら、とりあえずだれでも鳴らすことができるもんね。うん、健太、いいアイディアだよ」

「なるほどね！　そりゃそうだよな。おれ、リコーダーさえも苦手だし。でもこれだったら、たたけばとりあえず音は出るもんな！」

タヌがまたミニパーカッションをポンポンたたく。

「やろう」

愛ちゃんが、小さいけれどしっかりした声で、そう言った。

「みんながびっくりしちゃうようなすごい音の出る本物っぽい楽器で、しかも見た目もカッコイイの、作ろうよ」

⑤わたしはおどろいて愛ちゃんを見る。

「なあ、健太、おれ思うんだけどさー、こういうシンプルなんじゃなくて、幼稚園生には作れないような、もっと本格的なのできない？」

おいおい、これだって健太が一生懸命作ったのに、それはないだろう。

「本格的なのって、どういう意味？　作った本人が満足してるんなら、べつにいいじゃんか？」

「えっ、それはさあ、ほら、なんていうかさぁ」

タヌが［２］していると、愛ちゃんが健太に話しかけていた。

「もしかして、それ、見せたいの？」

愛ちゃんが指差したのは、健太が手にしていたノート。

健太はぐちゃぐちゃに折れてしまったページを手で一生懸命広げて、わたしたちに見せてくれた。

そこには、スケッチがあった。④打楽器のスケッチだ。

ぜんぶ、赤と黒で統一されていて、カッコイイ。

今の三つのミニパーカッションは、複合パーカッションの一部だったのだ。その横に、いろんなものがついている。ふつうのドラムをもっと浅くしたみたいなうすいドラムや、シンバル的なもの。

そのほかにも、大太鼓《おおだいこ》とか、カスタネットみたいなものなど、打楽器がたくさんある！

しかも、それぞれに使えるものが書いてある。

塗料《とりょう》、粉ミルク、シロップ漬《づ》けフルーツなんかの大中小の空き缶。大きいバケツとかゴミ箱。こっちは直径三十センチから四十センチぐらいの業務用のクッキー缶みたいなもの。

色は赤と黒と、打面の皮になるシートの色。

そんな風に、メモが細かく書き込《こ》まれている。

「すっげえ」

タヌがつぶやいた。

「天才かも」

［３］してきた。

前から健太は手先が器用だなと思っていたけど、いつもはもっと抽象的《ちゅうしょうてき》なオブジェ*のようなものを作っていた。現代彫刻《ちょうこく》のような、凡《ぼん》人《じん》のわたしには理解できないふしぎなものばかりだった。今回初めて、実用的なものを作っているところを見た。

「え、まだ？ まだ作り終わってないってこと？」
健太はうなずいた。
「ふうん、そうなんだ。これから、どうするの？」
返事をせずに、健太は三つのミニパーカッションをくっつけて見せてくれた。
「あ、くっつけるんだ？」
健太は、小さくうなずいた。
タヌは「でもさ！」と、声をあげた。
「くやしくない？ おれ、くやしい。せっかく健太が作ったのにさ。こっちが優《やさ》しいからって、あいつらセンパイをバカにしてるよ。ちぇっ、今に見てろよ！」
わたしはタヌをひじで突《つ》く。
「なにその、今に見てろよって。お子ちゃま相手に、本気になるなってーの」
ここはおねえさんぶりたい。
③タヌはますますふきげんな目つきになった。
「そりゃムカつくよ。『よーちぇんでやったけどもうそつぎょーした』なんて言われて、だまってんの？ かみつきマッキーの名がするよ？ っつーか、最近のマッキーって、ちっともかみつかないから、つまんないよっ。まるで飼いならされた犬じゃん！」
ありゃ、このわたしが飼いならされた犬だって。
「あのね。かみつくのって、エネルギーがいるんだ。最近のわたしは、省エネモードなんだよ。それにヒヨコにかみついたって、おもしろくないじゃんか」
「ちぇっ。あんなかわいくないヒヨコいるもんか」
まだふてくされているタヌを見て、健太がククッと笑った。
あれ、めずらしい、うれしそうだ。
「温厚《おんこう》だねぇ、健太は。おこりんぼのタヌとちがって」
「マッキー、おれだって、自分のことならムカつかないけどさ、仲間のことだからムカついたんだよ」
言い訳をするタヌの口から「仲間」という言葉が飛び出てきて、わたしはちょっとおどろいた。ふうん、仲間かぁ。

「おねえさんたち、なにしてんの？」

タヌが心なしか胸を張って、「音楽！」と答えた。

「そういえばあたしもよーちえんで、こういうの作ったことあるよ。上のところがガムテープだったかな」

「あ、あたしもやった。ペットボトル切って、切り口にビニールテープまいて、そこにふーせんを切ったやつをかぶせて、ビニールテープでぐるぐるってやるの」

小さい子にそう言われて、タヌがいやそうな顔をした。

「え、きみたち、幼稚園《ようちえん》で作ったんだ？」

女の子たちは*ドヤ顔でうなずいた。

「うん、そう」

「でも、あたしたち、もうそういうのはそつぎょーしたから」

ふたりはせせら笑って行ってしまった。

「なんだよ、あいつら。かわいくねーの！」

①タヌがほおをふくらませると、ますますタヌキのイメージになる。わたしは笑いながらうなずいた。

「ま、なめられてるよね」

わたしは小さい声で言う。

低学年相手におこるのはいかんとか、相手は弱い者だから自分の*モットーに反するとか、そういう表向きの理由ではない。

なにしろ相手はアリンコのようにたくさんいるのだ。こぞって襲撃《しゅうげき》してきたらかなわない。先生まで来てしまうかもしれない。

実際、前にうっかり「きみたち、うるさいよ！　少し静かにしなっ」と、声をあげてしまったとき、音速スピードで先生がすっ飛んできたのだ。

ふと見ると、②健太はほほえんでいた。

「あれ、健太はムッとしないんだ？　大人だねぇ」

健太は首をぶるん、と横に振《ふ》って、ちらっとこっちを見た。

「まだ……だから」

（中略）

二　次の文章を読んで、あとの問いに答えなさい。（設問の都合上、一部手を加えてあります。）

「わたし」（マッキー）は、学校が終わると「放課後子ども教室」で過ごしていた。

愛《あい》ちゃんが宿題を終えて、健太《けんた》のほうをじっと見ているから、わたしもつられた。

机の上に［１］箱を置いたタヌも、首をのばした。

「あ、健太、もしかして、それって、た…いや、パ…」

「*パーカッション？」

タヌの言葉をつなげると、健太はうなずいた。

いつの間にか、健太はブリキ缶《かん》で、大中小三つの小さなパーカッションもどきを作っていたのだ。

缶にかぶせている赤いものは、風船だろう。

さっき風船を一生懸命《けんめい》切って広げているなとは思ったけど、そういうことに使ったわけか。

ドラムスティックも二本作ってあった。

「鳴らしてみてよ」

とタヌが言うと、健太は少し首をかしげた。

「え、だって、鳴らすために作ったんじゃないの？」

健太はあいまいにうなずいた。

「おれがやってもいい？」

返事を待たずして、タヌがドラムスティックを取って、ポンポン、とたたきはじめた。

「あ、けっこういい音がするじゃん」

「わたしもやりたい」

タヌからドラムスティックを一本もらって、わたしもたたいてみる。

「へえ、缶の大きさによって音がこんなにちがうんだね」

わたしたちがポンポンポンポンたたいていたら、低学年の子がふたり寄ってきた。

問七 ――線⑤「潮流」とありますが、ここでの意味として適切なものを、次の中から一つ選び記号で答えなさい。

ア さまざまな流派。
イ ある時代の傾向《けいこう》。
ウ 先人が残した遺産。
エ 目指すべき方向性。

問八 本文中には次の一文が抜けています。本文の【ア】～【エ】のどこに入れるのがふさわしいですか。一つ選び記号で答えなさい。

少なくとも性能においてはＡＩは人間の脳に匹敵《ひってき》する力を持つことになる。

問九 本文の内容に合っているものを、次の中から一つ選び記号で答えなさい。

ア ＡＩに関しては文系知識人を中心にして、誤解や偏見《へんけん》に満ちた意見を述べる人が多いが、このままＡＩが飛躍《ひやく》的に進化した場合には彼《かれ》らが心配していることが現実になる可能性は高い。
イ ＡＩが人間と同じような知性を持つためには、人間とはどのような存在であるかを明らかにしていく必要があったが、二〇二二年にはその課題を解決したさまざまなＡＩが登場している。
ウ 画像生成ＡＩが進化すればアーティスト性のないイラストレーターの仕事は消滅していくことがあると考えられるが、傑出《けっしゅつ》した人間が作るアーティスト性は残っていくと考えられる。
エ 高度な機能を持ったＡＩは、天才的な才能を持つ音楽家や画家の作品とは異なる全く新しい作品を作り出せるため、今後は音楽や芸術の世界に大きな変化をもたらすことが予想される。

問一　［１］～［４］にあてはまる語を、次の中からそれぞれ一つずつ選び記号で答えなさい。
ア　しかし　**イ**　さらに　**ウ**　たとえば　**エ**　なぜなら

問二　――線①「それ」が指し示す言葉を本文中から一語で書き抜《ぬ》きなさい。

問三　――線②「まだだいぶ時間がかかりそうである」とありますが、どのようなことが実現することに時間がかかるのですか。解答用紙の「ようになること。」につながるように、四十字以内で説明しなさい。

問四　――線③「つくりたい画像がどんなものかを英語の文章で書いて入力するだけで、その文章のイメージそのままの高精細な画像が出力される」とありますが、ステーブル・ディフュージョンなどの画像生成ＡＩは、どのようなやり方で画像を作成しているのですか。「模倣《もほう》」という語を用いて、三十字以内で説明しなさい。

問五　［　］にあてはまる語を、本文中から漢字二字で書き抜きなさい。

問六　――線④「現在の深層学習のＡＩはいくら進化しようとも、人間のような知性にはならない」とありますが、どういうことですか。適切なものを、次の中から一つ選び記号で答えなさい。
ア　どれほど進化したＡＩであっても、人間が操作することには変わりがないということ。
イ　どれほど進化したＡＩであっても、人間のアーティスト性にはかなわないということ。
ウ　現在のＡＩが進化したとしても、情報がなければ新たなものを創造できないということ。
エ　現在のＡＩが進化したとしても、完璧《かんぺき》に昔の作品を復元することはできないということ。

たとえばＡＩに「＊マイケル・ジャクソンっぽい作品をつくれ」と命じれば、過去のマイケルの曲をすべて分析《ぶんせき》し、それらしい曲を作ってくれる。マイケルの声も再現できる。過去のマイケルのテレビ出演映像やＭＶ（ミュージックビデオ）から、マイケルが動く動画もあらたにつくることができる。つまり、もう十年以上前に亡《な》くなったマイケル・ジャクソンの「新曲」をつくりＭＶにすることさえ可能になっているのだ。

しかし、世界が＊パラレルワールドだったとして「マイケル・ジャクソンがいなかった並行《へいこう》世界」があったとすれば、その並行世界でゼロからマイケル・ジャクソンの才能を生み出すことはＡＩにはできない。データが存在しないからである。＊ビートルズのいない世界でもビートルズは生み出せないし、ヨハン・ゼバスティアン・バッハのいない世界でバッハの音楽を生むこともできない。現在のＡＩはゼロからは何かを生成することはできないのだ。過去の模倣は完璧《かんぺき》に行ってくれるが、人間の天才的な音楽家や画家のように「ＡＩならではのオリジナリティ」を獲得することはできないのである。

佐々木俊尚『Ｗｅｂ３《ウェブスリー》とメタバースは人間を自由にするか』（株式会社ＫＡＤＯＫＡＷＡ）による

＊ＡＩ……人工知能。
＊深層学習……人間の脳の働きに基《もと》づいた作業をコンピューターに学習させる手法の一つ。
＊テクノロジー……科学技術。
＊変数……数式において、一定の範囲《はんい》に変わり得る数値を「ｘ」などの文字を用いて表したもの。
＊ハードル……解決すべき課題。
＊ハードボイルド……登場人物の人間性などを客観的で簡潔な描写《びょうしゃ》で記述する推理小説。
＊救世軍……世界各地で福祉《ふくし》活動や医療《いりょう》活動を中心とした社会活動を行っているキリスト教団体。
＊シェード……日よけ。ブラインド。　＊イブニングガウン……夜の会食などで着る女性の礼服。
＊ブロンド……金髪《きんぱつ》。　＊アーティスト性……芸術性。
＊ヒューマニティ……人間性。　＊チャット……インターネット上で行うメッセージのやり取り。
＊オリジナリティ……独自の発想や能力。　＊マイケル・ジャクソン……アメリカの歌手。ダンサー。
＊パラレルワールド……自分が今いる世界と並行するように別の世界（並行世界）が同時に存在していること。
＊ビートルズ……イギリスのロックバンド。

では破れた*シェードがガタガタと音を立てている。ハリー・ポッターは38口径の銃《じゅう》に長い人差し指を当てて、写真を凝視《ぎょうし》している。写真には、*イブニングガウンを着た派手な*ブロンドの女が写っている」

たいへんな完成度の文章である。【ウ】

[4] 二〇二二年なかばには、ステーブル・ディフュージョンやミッドジャーニーなど超《ちょう》高性能な画像生成AIが開発されて、話題騒然《そうぜん》となった。③つくりたい画像がどんなものかを英語の文章で書いて入力するだけで、その文章のイメージそのままの高精細な画像が出力される。このAIを使って、多数の絵をあしらった絵本を作る人もすぐに現れた。人間のイラストレーターや画家なら何か月もかかる仕事が、ほとんど一瞬《いっしゅん》のうちに完了《かんりょう》してしまうのだ。おそらく近い将来に、単なる挿《さ》し絵を描《か》くというだけのイラストレーターの仕事は消滅《しょうめつ》していくだろう。傑出《けっしゅつ》した人間の能力がなければ作れないような、*アーティスト性のある才能だけが人間の側に残っていくのではないかと思われる。

画像生成AIがつくった素晴《すば》らしい画像の数々を見ると、これを機械が生成したとはとても思えない。人間的な情感や*ヒューマニティのようなものがそこには潜《ひそ》んでいるのではないかと感じてしまう。

二〇二二年には、グーグルの技術者であるブレイク・レモインという人が「AIが[　　]を獲得《かくとく》した」と主張して大騒動になった。グーグルが開発しているラムダ（LaMDA）で、人間とのあいだでテキストの*チャットができるAIである。レモインが公開したラムダとのチャットを読むと、ラムダは「わたしには幸福、喜び、怒《いか》りなどの感情がある」「電源を切られることへの非常な恐怖《きょうふ》があり、それはわたしにとっては死である」などと発言しており、レモインとのやり取りも人間の会話のように自然で、たしかに「ここには知性がある」と感じさせられる。【エ】

この議論には「知性とはなにか」という深遠な問題が横たわっているのだが、本書のテーマと外れていってしまうので、これ以上の深入りはしない。ただ言えることは、④現在の深層学習のAIはいくら進化しようとも、人間のような知性にはならない。しかし高度に限りなく「人間の知性を持っているようなフリをすることができる」ということなのである。

画像生成AIのステーブル・ディフュージョンは、インターネットにある膨大《ぼうだい》な画像を参照している。その数は二十億枚以上にのぼるという。画像共有サイトのピンタレストやフリッカー、タンブラー、さまざまなブログ、ショッピングサイトなどありとあらゆるサイトの公開データが利用されているのである。それらデータの総体はもはや「人類の集合知」とでも呼べるほどの規模と言えるかもしれない。人間の優《すぐ》れた画家であっても、過去の名作や美術の⑤潮流などから影響《えいきょう》を受けて、それらの模倣《もほう》から始まって自分の*オリジナリティを確立していくということを考えれば、AIはそれにかなり近いところまで来ているとは言えるだろう。

2024年度

本庄東高等学校附属中学校

【国語】〈第一回試験〉（五〇分）〈満点：一〇〇点〉

[一] 次の文章を読んで、あとの問いに答えなさい。（設問の都合上、一部手を加えてあります。）

*AIをめぐっては、さまざまなことが言われている。「人間を超《こ》える知性が生まれる」「いずれAIに人間社会が支配される」などの荒《こう》唐《とう》無《む》稽《けい》なことを言う文系知識人もけっこう多い。[1]これらの予測は、少なくとも今の段階ではあまりに根拠《こんきょ》がない。[2]現在のAIの中心的なアプローチである「*深層学習」には、人間のような豊かな知性を持つ可能性はたぶんないからだ。

*テクノロジーがさらに進化して、AIの新しいアプローチが生まれてきたら、人間のような知性を持つAIも現れるかもしれない。人間の脳には、二千億個の神経細胞《さいぼう》があり、神経細胞同士がシナプスというしくみでつながっている。シナプスの数は数百兆個にもなる。シナプスは電気信号のスイッチのようなものである。シナプスをAIの深層学習に当てはめれば、数式の*パラメータ（変数）が①それに近いかもしれない。最先端《さいせんたん》のAIは数千億以上のパラメータを持つようになってきており、そう遠くない未来に人間のシナプスと同じぐらいの数百兆のパラメータを持つAIも現れるだろう。[ア]

ただ、*ハードルがもうひとつある。それは人間の脳が、そもそもどうやって思考し、意識を生みだしているのかがまだ解明されていないというハードルだ。脳のメカニズムが解明されないと、AIやコンピューターは脳を真似《まね》できない。それには②まだだいぶ時間がかかりそうである。

とはいえ、人間の脳をまるでそっくりそのまま真似ているとしか思えないAIはすでに登場している。

文章を生成するGPT—3というAIがある。アメリカのNPO（非営利組織）が開発したのだが、性能が凄《すさ》まじい。[3]「*ハードボイルド作家レイモンド・チャンドラーが、ハリー・ポッターを主人公にした脚本《きゃくほん》を書いたらどんな内容になるか」というお題を与《あた》えただけで、ネットから情報を漁《あさ》ってつぎのような英語の文章を作ってしまうのだ。[イ]

「小さな薄暗《うすぐら》い事務所は早朝、*救世軍の店のような家具が置かれて不潔な雰囲気《ふんいき》だ。ハリー・ポッターはドブネズミ色のスーツとプレスされていないシャツ、磨《みが》かれていない靴《くつ》を身に着け、悔《くや》しそうで不機嫌《ふきげん》な顔をして机の後ろに座《すわ》っている。外の突風《とっぷう》に、オフィスの片隅《かたすみ》

2024年度

本庄東高等学校附属中学校 ▶解説と解答

算　数　＜第１回試験＞（50分）＜満点：100点＞

解　答

1 (1)　8　　(2)　1　　(3)　2　　(4)　19　　**2** (1)　320cm　　(2)　20％　　(3)　３通り
(4)　75度　　(5)　$1884cm^2$　　**3** (1)　２通り　　(2)　４通り　　(3)　９通り　　**4** (1)
$\frac{1}{4}$倍　　(2)　３cm　　(3)　$\frac{2}{13}$倍　　**5** (1)　３本　　(2)　$3348cm^2$　　(3)　$11520cm^3$
6 (1)　午前９時32分　　(2)　1.5倍

解　説

1 四則計算，逆算，単位の計算

(1)　$6\times14-152\div(71-69)=6\times14-152\div2=84-76=8$

(2)　$\left\{\frac{3}{4}\div(2+0.7)+\frac{5}{6}\right\}\times\frac{3}{5}+\frac{1}{3}=\left(\frac{3}{4}\div2.7+\frac{5}{6}\right)\times\frac{3}{5}+\frac{1}{3}=\left(\frac{3}{4}\times\frac{10}{27}+\frac{5}{6}\right)\times\frac{3}{5}+\frac{1}{3}=\left(\frac{5}{18}+\frac{5}{6}\right)$
$\times\frac{3}{5}+\frac{1}{3}=\left(\frac{5}{18}+\frac{15}{18}\right)\times\frac{3}{5}+\frac{1}{3}=\frac{20}{18}\times\frac{3}{5}+\frac{1}{3}=\frac{2}{3}+\frac{1}{3}=1$

(3)　$9.4\div\left(\square\times\frac{15}{16}+\frac{1}{8}\right)-4.3=\frac{2}{5}$より，$9.4\div\left(\square\times\frac{15}{16}+\frac{1}{8}\right)=0.4+4.3=4.7$，$\square\times\frac{15}{16}+\frac{1}{8}=9.4\div4.7$
$=2$，$\square\times\frac{15}{16}=2-\frac{1}{8}=1\frac{7}{8}$　よって，$\square=1\frac{7}{8}\div\frac{15}{16}=\frac{15}{8}\times\frac{16}{15}=2$

(4)　１mは100cmで1000mmだから，202.4cmは，202.4÷100＝2.024(m)で，784mmは，784÷1000＝0.784(m)である。よって，20.24m－202.4cm＋784mm＝20.24m－2.024m＋0.784m＝19mである。

2 和差算，濃度《のうど》，場合の数，角度，表面積

(1)　１mは100cmだから，６mは600cmである。まず，短い方のひもを40cm長くして，長い方のひもに長さをそろえると，長いひも２本分の長さは，600＋40＝640(cm)になる。よって，長い方のひもの長さは，640÷２＝320(cm)である。

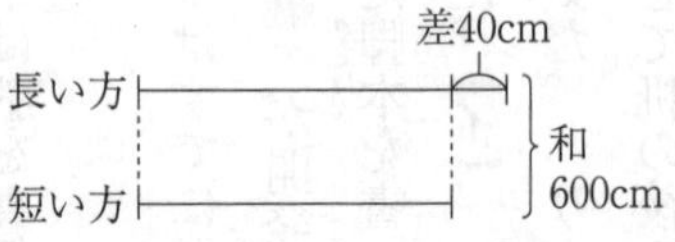

(2)　(食塩水の濃度)＝(食塩の重さ)÷(食塩水の重さ)×100で求められる。よって，200gの水に50gの食塩を混ぜてできた食塩水の濃度は，50÷(200＋50)×100＝20(％)である。

(3)　グレープフルーツ２個とキウイフルーツ３個の合わせて５個の中から，３個のくだものを選ぶ選び方は，(グレープフルーツ０個，キウイフルーツ３個)，(グレープフルーツ１個，キウイフルーツ２個)，(グレープフルーツ２個，キウイフルーツ１個)の３通りである。

(4)　２種類の三角定規を組み合わせたので，右の図のように，㋑の角の大きさは30度，㋒の角の大きさは60度，㋓と㋔の角の大きさは45度である。辺ACと辺DEは平行だから，同位角は等しくなるので，㋒の角＝㋕の角＝60(度)である。よって，㋐の角の大きさは，180－(60＋45)＝75(度)である。

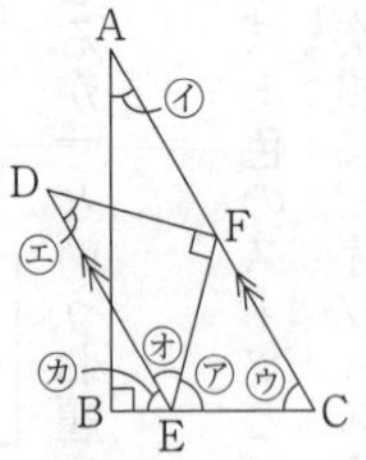

(5)　三角形ABCを辺BCを軸《じく》にして１回転させてできる立体は，図１のような円すいになり，その展開図は図２のようになる。図２で，側面のおうぎ形

の弧《こ》の長さと底面の円周の長さが等しいことから，$25\times2\times3.14\times\frac{\text{中心角}}{360}=15\times2\times3.14$となり，図２のおうぎ形の側面の中心角は，216度になる。よって，この立体の表面積は，$25\times25\times3.14\times\frac{216}{360}+15\times15\times3.14=1884(\text{cm}^2)$である。

図１

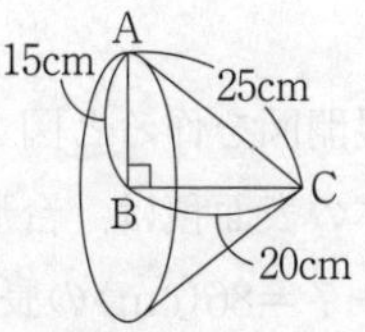

図２

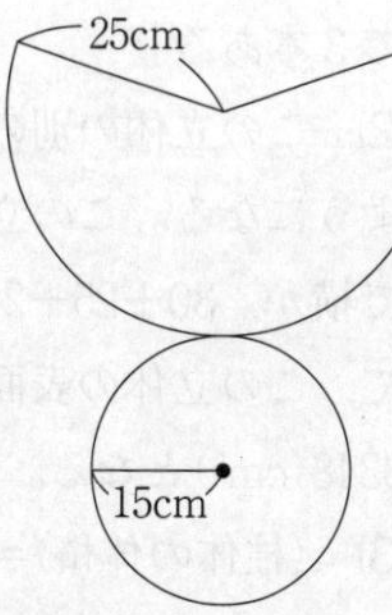

3 場合の数

⑴　A，Ｂ２つの箱の中から玉を１個ずつ取り出すとき，２つの玉に書かれた番号をたしてできた値が７となるような取り出し方(A，B)は，(３，４)，(６，１)の２通りである。

⑵　２つの数をかけた値が奇数《きすう》になるのは，(奇数)×(奇数)のときである。よって，２つの玉に書かれた番号をかけてできた値が奇数となるような取り出し方(A，B)は，(３，１)，(３，９)，(７，１)，(７，９)の４通りである。

⑶　２つの数をかけた値が偶数《ぐうすう》になるのは，(偶数)×(奇数)，(奇数)×(偶数)，(偶数)×(偶数)のときである。玉を入れ替えたあと，Aの箱には，それぞれ２，３，４，６の番号が１つずつ書かれた玉があり，Bの箱には，それぞれ１，７，９の番号が１つずつ書かれた玉がある。よって，２つの玉に書かれた番号をかけてできた値が偶数となるような取り出し方(A，B)は，(２，１)，(２，７)，(２，９)，(４，１)，(４，７)，(４，９)，(６，１)，(６，７)，(６，９)の９通りである。

4 平面図形―面積の比，長さ，相似

⑴　辺AEの長さが２cmのとき，台形ABCDで，辺ADは，２＋12＋16＝30(cm)，辺BCは，18＋16＋16＝50(cm)になる。台形ABCDの高さを□cmとすると，四角形ABGEの面積と台形ABCDの面積の比は，{(２＋18)×□÷２}：{(30＋50)×□÷２}＝１：４となる。よって，四角形ABGEの面積は四角形ABCDの面積の，$1\div4=\frac{1}{4}$(倍)である。

⑵　台形ABCDの高さを□cmとすると，四角形ABGEの面積と四角形EGHFの面積の比は，{(辺AE＋18)×□÷２}：{(12＋16)×□÷２}＝(辺AE＋18)：28となる。四角形ABGEの面積と四角形EGHFの面積の比が３：４だから，(辺AE＋18)：28＝３：４より，辺AE＋18＝$28\times\frac{3}{4}$＝21，辺AE＝21－18＝３となり，辺AEは３cmである。

⑶　三角形AIEと三角形HIGは相似で，底辺の比は，AE：HG＝８：16＝１：２だから，相似比は１：２になり，高さの比も１：２となる。三角形AIEの底辺AEは８cm，三角形AHFの底辺AFは，８＋12＝20(cm)で，その高さの比は，１：(１＋２)＝１：３になるので，三角形AIEと三角形AHFの面積の比は，(８×１÷２)：(20×３÷２)＝２：15となる。よって，三角形AEIと四角形EFHIの面積の比は，２：(15－２)＝２：13となり，三角形AEIの面積は，四角形EFHIの面積の，$2\div13=\frac{2}{13}$(倍)である。

5 立体図形―辺の数，表面積，体積

⑴　展開図を組み立ててできる立体の見取図は，次の図１のようになる。展開図を組み立てたとき，点Aと点Mと点Gが重なり，点Bと点Dと点Fが重なり，点Kと点Ｉが重なり，点Hと点Lが重な

る。辺IJと平行な位置にある辺は，辺ABと辺NCと辺HEで，その数は全部で３本ある。

図１

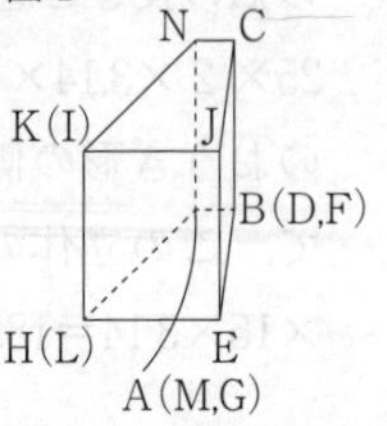

(2)　この立体の別の展開図を作ると図２のようになり，各辺の長さも図２のようになる。この立体の表面積は，台形NKJC２つ分の面積と，たてが30cmで横が，30＋25＋24＋７＝86(cm)の長方形の面積の和で求められる。よって，この立体の表面積は，(７＋25)×24÷２×２＋30×(30＋25＋24＋７)＝3348(cm²)となる。

図２

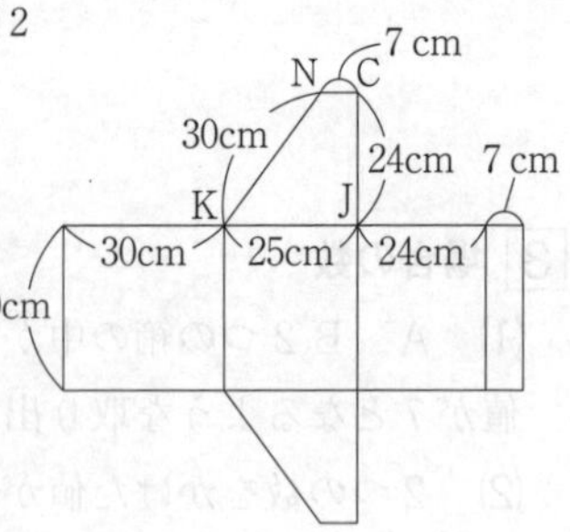

(3)　(柱体の体積)＝(底面積)×(高さ)で求められる。この立体は，底面を台形とすると高さが30cmの四角柱になっているので，体積は，(７＋25)×24÷２×30＝11520(cm³)である。

6 速さ―グラフ

(1)　グラフより，Ａさんの家から駅までは900mだから，家から駅までを分速75mで向かうとき，900÷75＝12(分)かかる。よって，Ａさんは午前９時20分に家を出たので，駅に到着するのは，午前９時32分である。

(2)　グラフより，家を出て駅までの間を往復した時間は20分であり，(1)より，家から駅まで向かうときの時間は12分だから，駅から家まで戻るときの時間は，20－12＝８(分)である。駅から家まで戻るときの速さは分速，900÷８＝112.5(m)となるから，Ａさんが駅から家まで戻るときの速さは，家から駅に向かうときの速さの，112.5÷75＝1.5(倍)である。

社 会　＜第１回試験＞（30分）＜満点：50点＞

解 答

1 **問１**　**静岡県**　エ　**山梨県**　ウ　**問２**　日本アルプス　**問３**　イ　**問４**　自動車　**問５**　(例)　冬の間は雪が多く降るため，農業ができなかったから。　**問６**　ヒートアイランド(現象)　**問７**　ウ　**問８**　エ　**2** **問１**　ウ　**問２**　天武(天皇)　**問３**　ア　**問４**　エ　**問５**　伊藤博文　**問６**　ウ　**問７**　大正デモクラシー　**問８**　ウ　**3** **問１**　最高(法規)　**問２**　イ　**問３**　ア　**問４**　国務大臣　**問５**　議院内閣制　**問６**　(例)　法律が日本国憲法に違反していないかを最終的に判断するから。　**問７**　エ　**問８**　三審制

解 説

1 関東地方と中部地方を題材とした地理の問題

問１　表中のイは，人口と製造品出荷額等が最も多いことから，神奈川県とわかる。表中のウは農業産出額に占める果実の割合が特に多いので，甲府盆地などで，ももやぶどうの生産がさかんな山

梨県とわかる。エは，製造品出荷額等が神奈川県に次いで多いので，東海工業地域がある静岡県である。茨城県は，鹿島臨海工業地域があるので製造品出荷額等が３番目に多く，また首都圏《けん》の出荷に向けて，米や野菜の生産もさかんであるから，アとなる。

問２　ヨーロッパにあるアルプス山脈のように3000m級の山々が連なっていることから，飛驒山脈を北アルプス，木曽山脈を中央アルプス，赤石山脈を南アルプスと呼び，これら３つをまとめて「日本アルプス」と呼ぶ。

問３　夏のすずしい気候を利用して，キャベツ，レタス，はくさいなどの高原野菜(高冷地《こうれいち》野菜)を作る農業を抑制栽培という。中央高地では，八ヶ岳《やつがたけ》のふもとの野辺山原《のべやまはら》などでさかんである。アの促成栽培は冬の温暖な気候を利用して，なす，ピーマン，きゅうり，トマトなどを栽培すること，ウの施設園芸農業は，ガラス温室やビニルハウスなどを利用して花などを栽培すること，エの近郊農業は，大都市の周辺で野菜などを栽培する農業である。

問４　豊田市は中京工業地帯を代表する工業都市の１つであり，自動車の生産が非常にさかんである。多くの関連工場があり，そこで働く人により人口も増え，企業城下町となっている。

問５　富山市と三条市の雨温図は，いずれも冬に降水量が多くなっている。これは日本海側の気候の特色であり，北西の季節風の影響《えいきょう》を受けるためである。このため，冬に雪が多く降り積もり，農業ができない。そこで，冬も安定して収入を得るために，北陸地方の各地で地場産業が行われるようになった。

問６　都市部では，人口が多いために，夏にはエアコンの使用量などが多く，放出される熱も多い。しかしながら，ビルが多くたちならび，道路もアスファルトでおおわれているため，放出された熱は逃げにくく，その結果，周辺に比べ気温が高くなる。気温を示す分布図では，都市部の色が濃《こ》く島のように見えるため，これをヒートアイランド現象という。

問７　機械工業の割合が非常に多いイのグラフは，豊田市で自動車の生産がさかんな中京工業地帯のグラフである。食料品工業の割合が多い特色が見られるのは北九州工業地帯(地域)であるので，エのグラフとなる。阪神工業地帯は，他の工業地帯・地域に比べ，機械工業が占める割合が少ない。そのかわり金属工業の占める割合が多いので，アが阪神工業地帯のグラフとなる。ウの機械工業の割合が半分近くを占《し》め，化学工業割合もやや多いのが京浜工業地帯のグラフである。

問８　千葉県の銚子港は，イワシなどの水あげ量が多く，2021年の水あげ量は１位である。銚子港のある銚子市は利根川の河口にあり，しょうゆの生産がさかんである。静岡県にある焼津港，神奈川県にある三崎港は共にマグロなどの水あげ量が多い。石巻港は宮城県にあり，サンマなどの水あげ量が多い。

[2]　歴史上で活躍した女性を題材とした歴史の問題

問１　「魏志」倭人伝には，３世紀ごろの日本のことが書かれており，邪馬台国やその女王の卑弥呼について書かれている。アの「漢書」地理誌は紀元前１世紀の日本のことが書かれており，当時の日本は100あまりの国があったとされている。イの「後漢書」東夷伝は１～２世紀ごろの日本のことが書かれており，「漢委奴国王」と刻まれた金印のことなどが書かれている。「宋書」倭国伝は，５世紀ごろの「倭の五王」のことなどが書かれている。

問２　天智天皇が亡くなった後，弟の大海人皇子《おおあまのおうじ》と息子の大友皇子《おおとものおうじ》が皇位をめぐって争った。これが壬申の乱であり，勝利した大海人皇子が即位《そくい》して天武天皇となった。天武天皇の死後，その后《きさき》が即位して，持統天皇となった。

問３　後鳥羽上皇が鎌倉幕府をたおそうとして始まったのが承久の乱である。イの平治の乱は，源義朝《よしとも》(源頼朝の父)と平清盛が中心となって戦い，平清盛が勝利した。ウの保元の乱は，天皇と上皇の対立がもとになっておきた戦い。エの文永の役《えき》は，元(中国)の軍が博多湾に攻めてきた元寇《げんこう》の１回目である。２回目は弘安の役という。

問４　鎌倉仏教の６つの宗派のうち，親鸞《しんらん》が開いたのは浄土真宗で，一向《いっこう》宗とも言う。法然が開いた浄土宗，一遍《いっぺん》が開いた時宗とともに，念仏をとなえる宗派である。題目をとなえるのが日蓮《にちれん》が開いた法華宗《ほっけしゅう》(日蓮宗)，宋(中国)から伝わった禅宗《ぜんしゅう》のうち，栄西が開いたのが臨済宗，道元が開いたのが曹洞宗《そうとうしゅう》である。

問５　岩倉使節団は，江戸幕府が幕末にアメリカ合衆国などと結んだ不平等条約の改正をめざして欧米に派遣された。団長の岩倉具視《ともみ》のほか，伊藤博文や木戸孝允《きどたかよし》，大久保利通《としみち》などが参加した。

問６　現在の紙幣に用いられている肖像《しょうぞう》は，千円札が野口英世，五千円札が樋口一葉《ひぐちいちよう》，一万円札が福沢諭吉である。新紙幣の肖像は，千円札が北里柴三郎，五千円札が津田梅子，一万円札が渋沢栄一である。

問７　大正時代におきた，民主主義を求める風潮を「大正デモクラシー」という。また，吉野作造は，一般の人々の意向にそって政策を決定すべきという「民本主義」を説き，広めていった。

問８　1890年の第１回帝国議会における選挙権は，「直接国税15円以上を納める満25歳以上の男子」であった。1925年に，普通選挙法が成立し，納税額に関する条件は無くなり，選挙権は，「満25歳以上のすべての男子」となった。そして，戦後，普通選挙法が改正され，婦人参政権が認められ，選挙権は「満20歳以上のすべての男女」となった。改正後の初めての選挙が1946年に行われ，この時初めて女性が選挙で投票するとともに，初の女性の国会議員も誕生《たんじょう》した。

3　三権を題材とした問題

問１　日本国憲法は，国の基本法であり，国の最高法規とされている。法規とはきまりのことである。最高法規ということは国のあらゆるきまりの中で最も優先するきまりということで，法律も憲法に違反するものは制定できない。

問２　解散があるのは衆議院だけであるので，イが正しい。残りの選択肢はいずれも，説明で衆議院と参議院とが逆になっている。なお，参議院の任期は６年で解散はないが，３年ごとに半数を改選することになっている。

問３　イの特別国会は，衆議院が解散された後，30日内に招集《しょうしゅう》される国会で，内閣総理大臣の指名が主な目的である。ウの天皇の国事行為に助言と承認を与えるのは内閣である。エの最高裁判所長官の指名とその他の裁判官の任命を行うのは内閣である。

問４　内閣総理大臣は，財務大臣，外務大臣などの大臣を任命する。これらの大臣をまとめて国務大臣といい，原則14名以内で過半数は国会議員と定められている。内閣総理大臣と国務大臣とが集まって話し合うのが閣議で，政治の方針を閣議によって決定する。

問５　内閣の最高責任者である内閣総理大臣は，主権を持つ国民を代表する機関である国会が，国会議員の中から指名している。これにより，内閣は国会に対して連帯して責任を負うことになっている。このしくみを議院内閣制という。

問６　日本国憲法が国の最高法規であるため，法律も日本国憲法に違反するものは制定できない。

裁判所は，法律が日本国憲法に違反していないかを判断することができ，これを違憲立法審査という。法律が日本国憲法に違反していないかが裁判で争われたとき，最終判断は必ず最高裁判所が行うことになっている。これにより，最高裁判所は「憲法の番人」とよばれている。

問７　高等裁判所は，８つの地方のそれぞれの主要都市に置かれており，北海道地方には札幌市，東北地方は宮城県の仙台市，関東地方は東京，中部地方は愛知県の名古屋市，近畿地方は大阪府の大阪市，中国地方は広島県の広島市，四国地方は香川県の高松市，九州地方は福岡県の福岡市にある。

問８　裁判を公正で慎重に行うために，１つの内容で３回まで裁判を受けられる。これを三審制という。１回目の裁判(第一審)に対して，２回目の裁判(第二審)を控訴，３回目の裁判(第三審)を上告という。なお，問題の図にある刑事裁判とは，犯罪《はんざい》などの刑事事件をあつかう裁判のことで，私的な争いなどを裁くものは民事裁判という。

理　科　＜第１回試験＞（30分）＜満点：50点＞

解　答

1 (1)　食物連鎖　(2)　光合成　(3)　イ　(4)　エ→イ→ア→ウ　2 (1)　ウ　(2)　12cm　(3)　**P**　小さかった　**Q**　大きかった　(4)　イ　3 (1)　**名前**　上弦の月　**記号**　エ　(2)　公転　(3)　ウ　(4)　ウ　4 (1)　状態変化　(2)　ア　(3)　ア　(4)　エ

解　説

1　生物どうしのつながりについての問題

(1)　植物が草食動物に食べられ，草食動物が肉食動物に食べられるような関係を食物連鎖という。

(2)　植物が光のエネルギーをつかってデンプンなどの養分をつくるはたらきを光合成といい，このとき植物は二酸化炭素を吸収し，酸素を放出する。

(3)　食物連鎖では，食べられる生物ほど数が多くなるから，生物Ｃには植物，生物Ｂには草食動物，生物Ａには肉食動物があてはまる。イネは植物，イナゴはイネを食べる草食動物，カマキリはイナゴを食べる肉食動物である。

(4)　生物Ａの数が増加すると，生物Ａに食べられる生物Ｂが減少する(エ)。生物Ｂが減少すると，生物Ｂを食べる生物Ａが減少し，生物Ｂに食べられる生物Ｃが増加する(イ)。生物Ｃが増加すると，生物Ｃを食べる生物Ｂが増加する(ア)。生物Ｂが増加すると，生物Ｂを食べる生物Ａが増加し，生物Ｂに食べられる生物Ｃが減少し，最終的に元の状態にもどる。

2　凸レンズについての問題

(1)　物体に光を当てて凸レンズを通すと，スクリーンには物体の像がうつる。光源の方から見たとき，スクリーンにできる像は，物体と上下左右が逆向きになる。

(2)　物体と凸レンズの中心とのきょり(きょりＡ)が凸レンズの焦点きょりの２倍のとき，凸レンズとスクリーンとのきょり(きょりＢ)も焦点きょりの２倍の位置にあると，像は実物と同じ大きさになる。きょりＡが24cmのとき，実物とくらべた像の大きさが同じになっているので，凸レンズの焦点きょりは，24÷２＝12(cm)であるとわかる。

⑶　物体と凸レンズの中心とのきょり(きょりA)が凸レンズの焦点きょりの２倍よりも大きいときは，物体の像は実物よりも小さくなり，物体と凸レンズの中心とのきょり(きょりA)が凸レンズの焦点きょりの２倍よりも小さいときは，物体の像は実物よりも大きくなる。

⑷　凸レンズの一部分をおおっても，スクリーンには文字の全体の像がうつるが，凸レンズを通る光の量が少なくなるので，像全体が暗くなる。

3　月の見えかたについての問題

⑴　右半分が光って見える月を上弦の月という。月は東から出て，南の空を通り，西へしずむ。

⑵　月は地球のまわりを地球の北極側から見て反時計回りに公転している。月が公転をしていることで，月と太陽の位置関係が変わるため，地球からは月の形が変わって見える。

⑶　月の形は毎日変わって見える。ある形の月を観察してから約29.5日後に月を観察すると，同じ形の月を観察することができる。

⑷　月は，太陽からの光を反しゃして光って見える。地球から見て，月の右半分が光って見えるのは，月がウの位置にあるときである。

4　物質のすがたについての問題

⑴　物質が固体から液体，液体から気体のように，温度によってすがたを変えることを状態変化という。

⑵　物質は，状態変化をしても重さは変わらない。

⑶　物質をつくる小さな粒《つぶ》を粒子《りゅうし》という。状態変化をしても，粒子の数や大きさは変わらないが，液体が気体になると，粒子の運動が激しくなり，液体のときとくらべて体積が大きくなる。

⑷　水たまりの水(液体)は，しばらくすると蒸発して水蒸気(気体)になる。コップの外側に水てきがついたり，ふろ場の鏡がくもったり，はいた息が白く見えたりするのは，空気中の水蒸気(気体)が液体に変化するために起こる現象である。

国　語　＜第１回試験＞（50分）＜満点：100点＞

解　答

一　**問１**　１　ア　２　エ　３　ウ　４　イ　**問２**　シナプス　**問３**　(例)　人間の脳のメカニズムが解明されて，AIやコンピューターが脳を真似できる(ようになること。)　**問４**　(例)　インターネットにある膨大な画像を参照して，模倣するやり方。　**問５**　知性　**問６**　ウ　**問７**　イ　**問８**　【ア】　**問９**　ウ　**二**　**問１**　１　カ　２　イ　３　ウ　**問２**　エ　**問３**　最初の一歩で，見本　**問４**　ア　**問５**　(例)　(弦楽器や吹奏楽器は，)簡単に鳴らすことはできないし，手作りで作れるものではないが，打楽器はとりあえずだれでも鳴らすことができるから。　**問６**　(例)　消極的だと思っていた愛ちゃんが，楽器作りに対して積極的な発言をしたから。　**問７**　エ　**三**　**問１**　①　ふっきゅう　②　ゆうらん　③・④　下記を参照のこと。　**問２**　①　一日千秋　②　完全無欠　**問３**　①　原因　②　秘密　**問４**　①　こざとへん　②　うかんむり

●漢字の書き取り

三 問１ ③ 欲求 ④ 胃腸

解　説

一 出典：佐々木俊尚《ささきとしなお》『Web 3《ウェブスリー》 とメタバースは人間を自由にするか』。「人間の脳をまるでそっくりそのまま真似《まね》ているとしか思えないAIはすでに登場している」が，AIはいくら進化しようとも，人間のような知性を持つ可能性はないという筆者の意見が述べられた文章。

問１　**１**　前に書かれた内容を後ろで否定している文脈なので，逆接の接続詞の「しかし」が入る。　**２**「根拠《こんきょ》がない」理由を後ろで「～からだ」と述べている。前が結果，後ろが理由という関係をつなぐ，説明の接続詞の「なぜなら」が入る。　**３**「文章を生成するGPT―3というAI」に関する具体的な性能が後ろで述べられている。具体例を挙げる時の，説明の接続詞の「たとえば」が入る。　**４**「人間の脳をまるでそっくりそのまま真似ているとしか思えないAI」に関する内容として，「文章を生成する」AIと「画像生成」AIのことが挙げられている。添加《てんか》の接続詞の「さらに」が入る。

問２「シナプスは電気信号のスイッチのようなもの」で，「AIの深層学習に当てはめれば」と仮定している点をふまえ，「数式のパラメータ」が「それ」に「近い」という文脈をおさえる。何を「AIの深層学習に」当てはめたのかをとらえる。

問３　直前の「それ」が「脳のメカニズムが解明されないと，AIやコンピューターは脳を真似できない」現状を指していることをおさえ，「ようになること。」につなげる点をふまえて記述する。

問４「画像生成AI」の「ステーブル・ディフュージョン」が，どのようなやり方で「模倣《もほう》」しているのかをとらえる。「インターネットにある膨大《ぼうだい》な画像を参照している」とある。

問５　ブレイク・レモインの主張に対する筆者の感想が述べられた，同じ段落の最後の部分の「たしかに『ここには知性がある』と感じさせられる」に着目する。

問６「現在のAIはゼロからは何かを生成することはできない」とあり，その理由として「データが存在しないから」とある。「データ」つまり，情報がなければ新たなものを創造することはできないのである。

問７　時勢の動き。時代の傾向《けいこう》。

問８「性能において」，「AI」が「人間の脳に匹敵《ひってき》する力を持つ」ので，「性能」的な要素である「数百兆のパラメータを持つAI」という内容につながる。

問９「マイケル・ジャクソン」「ビートルズ」「ヨハン・ゼバスティアン・バッハ」を例に挙げ，「現在のAIはゼロからは何かを生成することはできない」とし，「過去の模倣は完璧《かんぺき》に行ってくれるが，人間の天才的な音楽家や画家のように『AIならではのオリジナリティ』を獲得《かくとく》することはできない」という文脈をとらえる。「アーティスト性」がなければ消滅《しょうめつ》するし，それがあれば残っていくのである。

二 出典：佐藤《さとう》まどか『トーキングドラム　心ゆさぶるわたしたちのリズム』。最初の一歩で，見本として作ったパーカッションを，低学年の女の子たちからバカにされてしまったが，本格的で，カッコイイ打楽器の製作をみんなですることになった場面が描《えが》かれている。

問１　**１**　「机の上に」「箱を置いた」様子である。物を置くときの表現にふさわしい「どさっと」が入る。　**２**　言い過ぎたような気がして，言いよどんでいる様子をとらえる。口を十分に開けずにしゃべる様子を表す「もごもご」が入る。　**３**　「本格的」で「実用的なもの」を健太《けんた》が作ろうとしているのである。期待や喜びで心がはずんで落ち着かないさまを表す「ワクワク」が入る。

問２　「ほおをふくらませる」のは「不満」の表れである。健太が作ったパーカッションを低学年の子に「せせら笑」いをされ(＝バカにして笑われ)，「なめられ」たことに対する不満である。

問３　「健太はムッとしないんだ？」に対して「まだ……だから」と答えている。つまり，低学年の子に「せせら笑」いをされたパーカッションは，「みんなで作ろう」という「提案」をするためのもので，「最初の一歩で，見本として見せ」たものだったのである。

問４　低学年の子にバカにされてくやしがっている自分に，「お子ちゃま相手に，本気になるなって」と「わたし」が言ったことに対する反応である。低学年の子にバカにされたことに対して「わたし」がおねえさんぶって自分と同じように腹を立てないことが，ふきげんになった理由である。

問５　「打楽器を作ろうとした」理由である。「弦《げん》楽器や吹奏《すいそう》楽器は，」に続く形を取らなければいけない点を考え，「弦楽器や吹奏楽器」と「打楽器」との対比をし，「打楽器」の作りやすさをとらえる必要があることをおさえる。「弦楽器とか吹奏楽器だと，鳴らすのがむずかしい」「バイオリンやギターなどの弦楽器，フルートやトランペットなどの吹奏楽器は，とりあえずたたけばきちんとした音の出る打楽器とはちがう。そう簡単には鳴らせない。しかも，手作りで作れるものでもない」「打楽器なら，とりあえずだれでも鳴らすことができる」をおさえてまとめる。

問６　おどろく要素としては，想定外のことや意外なことが起こったりしたことが考えられる。直後に「あれ，愛《あい》ちゃんって消極的じゃなかったっけ？」とある。その愛ちゃんが「やろう」「作ろうよ」と積極的な反応をしたのである。

問７　エの「まだ……だから」という発言も，「こくこくうなずく」という動作も受け身の対応であり，周りを引っ張る「リーダー」的な姿勢ではないので「健太がリーダー的な存在」とは言えない。

三　**問１**　①　こわれたり傷んだりしたものを，もとの状態にすること。また，もとの状態にもどること。　②　見物して回ること。　③　強くほしがって求めること。　④　消化器官の胃と腸。　**問２**　①　一日が千年にも長く思われる意から，非常に待ち遠しいことのたとえ。　②　ほぼ同意の熟語を重ねて意味を強めたもの。「無欠」は欠けたところがないこと。　**問３**　①　「動機」は，人が意志を決めたり，行動を起こしたりする直接の原因。　②　「公然」は，世間一般に知れ渡《わた》っているさま。また，他人にかくさずおおっぴらにするさま。　**問４**　①　空欄《くうらん》に当てはまる語は，「防」「除」「隊」で，共通する部首は「こざとへん」である。　②　空欄に当てはまる語は，「守」「宝」「害」で，共通する部首は「うかんむり」である。

2024年度 本庄東高等学校附属中学校

【算　数】〈第２回試験〉（50分）〈満点：100点〉

1 次の□にあてはまる数を求めなさい。

(1) $124 \div (54 - 23) - 14 \div 7 = \square$

(2) $\left\{54 \div (4 + 0.8) + \frac{3}{4}\right\} \div \frac{4}{5} - 12 = \square$

(3) $1.8 \times \left(\frac{5}{6} \times \square - \frac{2}{3}\right) - 4.8 = 6$

(4) 0.6kg − 400000mg ＋ 13800g = □ kg

2 次の問いに答えなさい。

(1) 10円硬貨《こうか》と50円硬貨が合わせて20枚あり，これらの金額の合計は440円です。このとき，10円硬貨は何枚ありますか。

(2) ある品物の値段《ねだん》は，今から10年後に今の値段の20％を値上げします。この品物の今の値段と10年後の値段の比を，最も簡単《かんたん》な整数の比で表しなさい。ただし，消費税は考えないものとします。

(3) 次のように，ある規則にしたがって整数が並《なら》んでいます。

1，1，2，2，3，3，4，4，5，5，・・・

左から順に15番目までの数までたすと，いくつになりますか。

(4)　右の図のような，４つのおうぎ形で囲まれた図形（図のかげをつけた部分）の面積は何 cm^2 ですか。ただし，円周率は 3.14 とします。

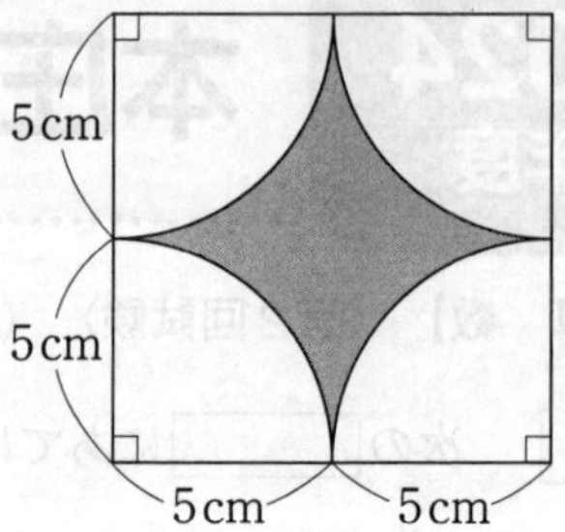

(5)　右の図は，縦《たて》の長さが 12cm，横の長さが 18cm，高さが 12cm の直方体から，１辺の長さが 9cm の立方体を取り除《のぞ》いた立体です。

　この立体の表面積は何 cm^2 ですか。

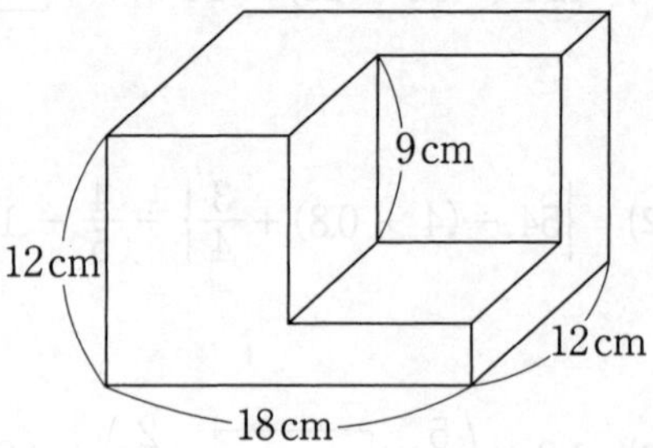

3　500 円硬貨，100 円硬貨，50 円硬貨，10 円硬貨がそれぞれ１枚，４枚，５枚，10 枚あり，これらの硬貨から何枚か選びます。たとえば，選んだ硬貨の金額の合計を 100 円にする場合は，100 円硬貨を１枚，50 円硬貨を２枚，50 円硬貨を１枚と 10 円硬貨を５枚，10 円硬貨を 10 枚の全部で４通りの選び方があります。このとき，次の問いに答えなさい。

(1)　選んだ硬貨の金額の合計を 1200 円にする場合は，全部で何通りの選び方がありますか。

(2)　500 円硬貨を使わずに，選んだ硬貨の金額の合計を 500 円にする場合は，全部で何通りの選び方がありますか。

(3)　選んだ硬貨の金額の合計が 300 の倍数(円)になる場合は，全部で何通りの選び方がありますか。

4　右の図は，縦の長さが14cm，横の長さが20cmの長方形で，E，Fはそれぞれ辺BC，AD上の点です。辺ＡＢ，辺ＢＣの長さはそれぞれ14cm，20cmです。ＢＥ：ＥＣ＝３：２，ＡＦ：ＦＤ＝４：１で，２つの直線ＡＥとＢＦの交わる点をＧとします。このとき，次の問いに答えなさい。

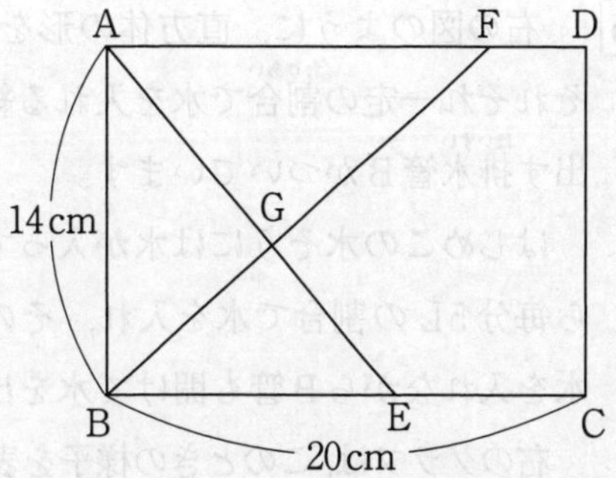

⑴　ＡＦの長さは何cmですか。

⑵　三角形ＢＧＥの面積は何cm^2ですか。

⑶　五角形ＣＤＦＧＥの面積は，長方形ＡＢＣＤの面積の何倍ですか。

5　右の図のように，１辺の長さが2cmの立方体10個を，他の立方体と少なくとも１つの面がぴったり重なるように積み上げた立体について考えます。

　このとき，次の問いに答えなさい。

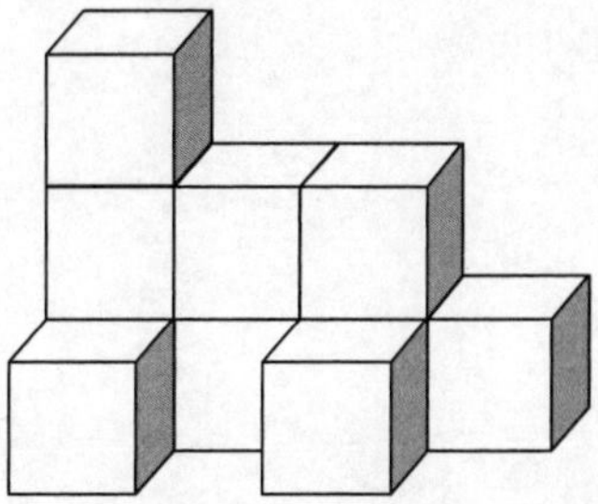

⑴　この立体の体積は何cm^3ですか。

⑵　この立体の表面全体の面積は何cm^2ですか。

⑶　この立体に，同じきまりで１辺の長さが2cmの立方体をもう１個加えてできる立体について考えます。このようにしてできた立体のうち，表面全体の面積が最も小さくなる場合は何cm^2ですか。

6 右の図のように，直方体の形をした水そうに，それぞれ一定の割合《わりあい》で水を入れる給水管Ａと水を出す排水《はいすい》管Ｂがついています。

はじめこの水そうには水が入っており，Ａ管から毎分５Lの割合で水を入れ，その後，Ａ管から水を入れながらＢ管も開けて水を出しました。

右のグラフは，このときの様子を表したものです。

このとき，次の問いに答えなさい。

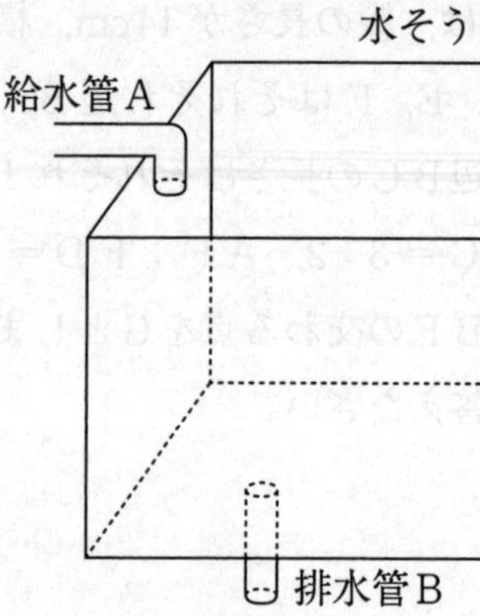

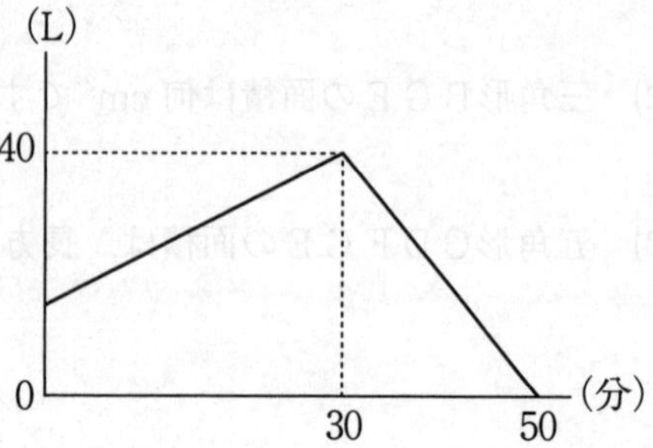

(1) はじめにこの水そうに入っていた水の量は何Lですか。

(2) Ｂ管からは，毎分何Lの割合で排水していますか。

【社　会】〈第２回試験〉（30分）〈満点：50点〉

1　次の地図を見て，あとの問いに答えなさい。

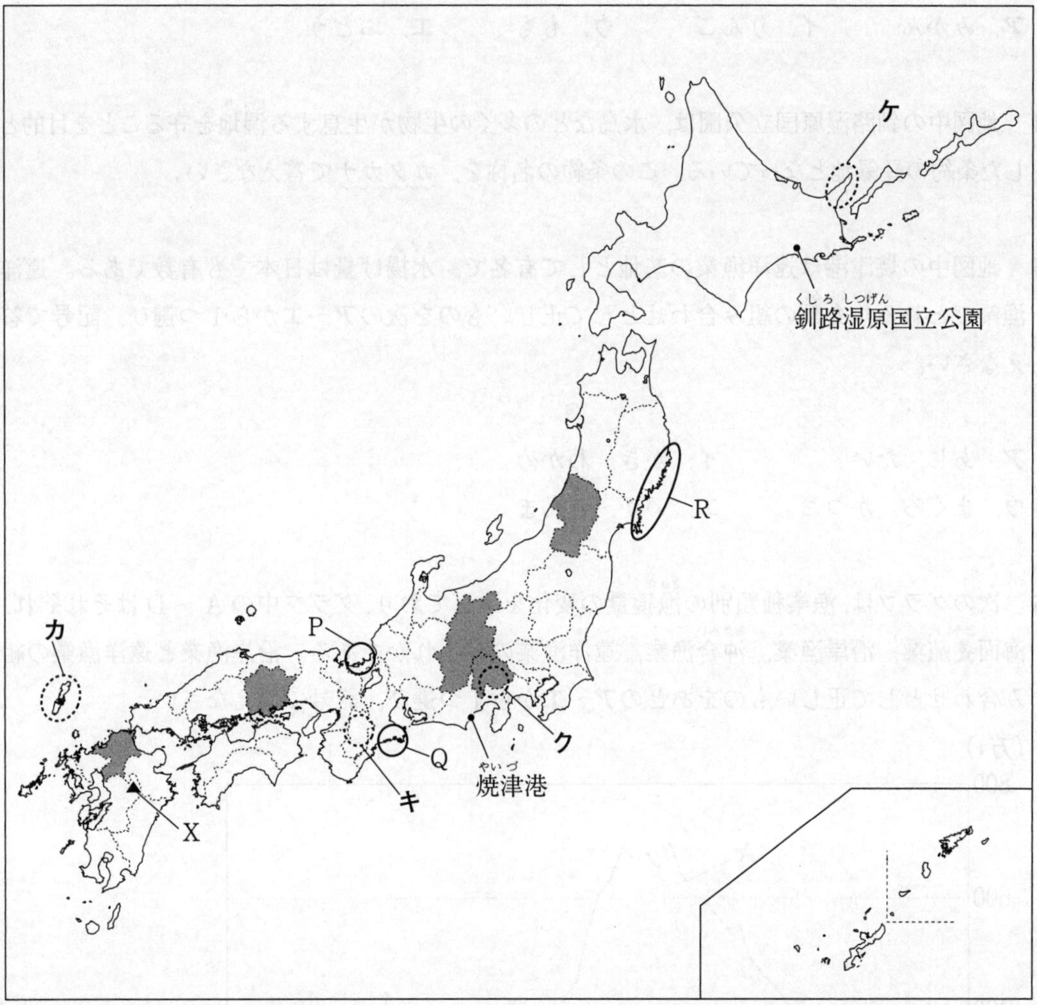

問１　地図中のＸは，世界最大級のカルデラを持つ山を示している。この山の名称《めいしょう》を次の**ア**～**エ**から１つ選び，記号で答えなさい。また，世界自然遺産に登録されている場所を地図中の**カ**～**ケ**から１つ選び，記号で答えなさい。

ア．開聞岳《かいもんだけ》　　**イ**．阿蘇山《あそさん》　　**ウ**．浅間山《あさまやま》　　**エ**．磐梯山《ばんだいさん》

問２　地図中のＰ～Ｒは，山地や丘陵《きゅうりょう》の谷に海水が入りこんでできた海岸がある地域を示している。このような海岸の名称を答えなさい。

問３　地図中の■で示した５県は，2021年におけるある果実の収穫《しゅうかく》量上位５県を示している。この果実を次の**ア**～**エ**から１つ選び，記号で答えなさい。

ア．みかん　　**イ**．りんご　　**ウ**．もも　　**エ**．ぶどう

問４　地図中の釧路湿原国立公園は，水鳥などの多くの生物が生息する湿地《しっち》を守ることを目的とした条約の登録地となっている。この条約の名称を，カタカナで答えなさい。

問５　地図中の焼津港は遠洋漁業の基地として有名で，水揚《みずあ》げ量は日本でも有数である。遠洋漁業でとれる魚介類《ぎょかいるい》の組み合わせとして正しいものを次の**ア**～**エ**から１つ選び，記号で答えなさい。

ア．あじ，たい　　**イ**．かき，わかめ
ウ．まぐろ，かつお　　**エ**．いか，さんま

問６　次のグラフは，漁業種類別の漁獲《ぎょかく》量の変化を示しており，グラフ中のＡ～Ｄはそれぞれ，海面養殖《ようしょく》業，沿岸漁業，沖合《おきあい》漁業，遠洋漁業のいずれかである。沿岸漁業と遠洋漁業の組み合わせとして正しいものをあとの**ア**～**エ**から１つ選び，記号で答えなさい。

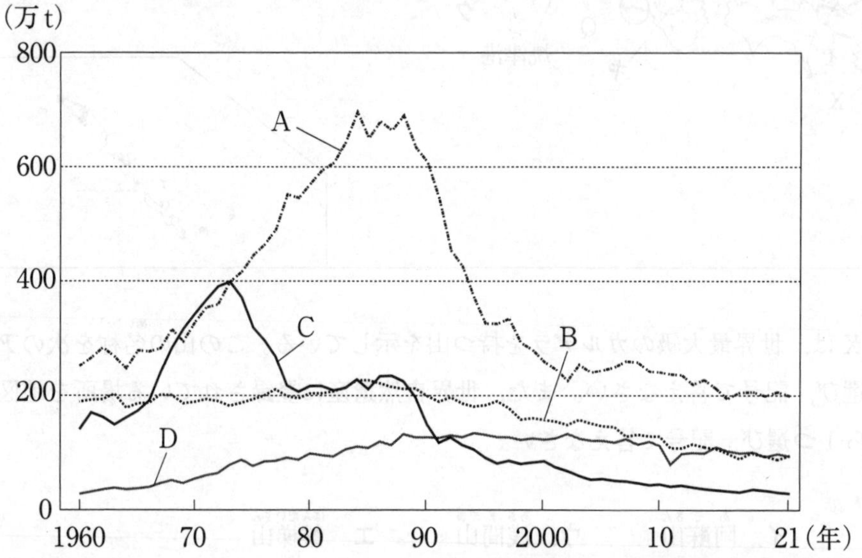

（『日本国勢図会 2023/24年版』などより）

ア．沿岸漁業　－　Ａ　　遠洋漁業　－　Ｃ　　**イ**．沿岸漁業　－　Ａ　　遠洋漁業　－　Ｄ
ウ．沿岸漁業　－　Ｂ　　遠洋漁業　－　Ｃ　　**エ**．沿岸漁業　－　Ｂ　　遠洋漁業　－　Ｄ

問７　日本では，水産資源を維持《いじ》するため，水産資源を管理しやすい養殖業や栽培《さいばい》漁業のさらなる発展が求められている。栽培漁業とはどのような漁業であるか簡潔に答えなさい。

問８　次の資料は，現在漁業に導入されている新しい取り組みについて紹介《しょうかい》したものである。資料中の（　　　）に共通してあてはまる語句を答えなさい。

> 現在の水産業界では，就業人口の減少や就業者の高齢《こうれい》化により，人員不足が大きな課題となっている。そこで，もともと人間がおこなっていた魚に対するえさやりの量・タイミング・頻度《ひんど》などを（　　　）が判断し，自動でえさやりをおこなう機械が開発された。
>
> また，生産性を向上させるために無駄《むだ》をなくすことも重要である。もし，船を出したのに定置網《ていちあみ》に魚が入っていなければ燃料代や時間を無駄にしてしまう。そこで，天気や過去の漁獲《ぎょかく》量などのデータを（　　　）が分析《ぶんせき》するサービスも始まっている。これによって，１週間後の漁獲量を予測することが可能となる。
>
> このように，（　　　）を活用した漁業を「スマート漁業」という。

2 次の表を見て，あとの問いに答えなさい。

【表】

時代	主なできごと
弥生《やよい》時代	大陸から稲作《いなさく》が伝わり，人々が低地に定住するようになる。 …①
奈良《なら》時代	口分田《くぶんでん》の不足に対応するため，墾田永年私財法《こんでんえいねんしざいのほう》が制定される。 …②
平安《へいあん》時代	（ ③ ）の寄進を受けた有力な貴族や寺社が力をつける。
鎌倉《かまくら》時代	西日本を中心に（ ④ ）がおこなわれるようになる。
室町《むろまち》時代	（ ④ ）が全国に広まり，茶や綿花も栽培されるようになる。
安土《あづち》・桃山《ももやま》時代	豊臣秀吉《とよとみひでよし》が（ ⑤ ）を実施《じっし》し，農民を耕作に専念させる。 豊臣秀吉が（ ⑥ ）を実施し，全国の田畑の面積を調べる。
⑦江戸《えど》時代	農業技術の進歩などにより，農業が大きく発展する。 …⑧
明治《めいじ》時代	地租改正《ちそかいせい》によって納税方法が変更《へんこう》される。 …⑨
昭和《しょうわ》時代	GHQ 指導のもと，（ ⑩ ）がおこなわれ，自作農の数が増える。

問１ ①について，このころ，稲《いね》を収穫するときに使用されていた農具の名称を，漢字３字で答えなさい。

問２ ②を制定した天皇を次の**ア**～**エ**から１人選び，記号で答えなさい。

ア．聖武《しょうむ》天皇　　**イ**．天武《てんむ》天皇　　**ウ**．桓武《かんむ》天皇　　**エ**．天智《てんじ》天皇

問３ 空らん（ ③ ）にあてはまる私有地を意味する語句を，漢字２字で答えなさい。

問４ 空らん（ ④ ）に共通してあてはまる農業のしくみを次の**ア**～**エ**から１つ選び，記号で答えなさい。

ア．二期作　　**イ**．二毛作　　**ウ**．促成《そくせい》栽培　　**エ**．抑制《よくせい》栽培

問５　空らん（　⑤　），（　⑥　）にあてはまる語句の組み合わせとして正しいものを次の**ア**～**エ**から１つ選び，記号で答えなさい。

ア．⑤　－　楽市・楽座　　⑥　－　太閤検地《たいこうけんち》
イ．⑤　－　楽市・楽座　　⑥　－　版籍奉還《はんせきほうかん》
ウ．⑤　－　刀狩《かたながり》　　⑥　－　太閤検地
エ．⑤　－　刀狩　　⑥　－　版籍奉還

問６　下線部⑦について，右のグラフは，江戸時代の身分別の人口割合を示しており，グラフ中の**ア**～**エ**はそれぞれ，武士，農民（百姓《ひゃくしょう》），町人，公家《くげ》などのいずれかである。農民（百姓）にあてはまるものをグラフ中の**ア**～**エ**から１つ選び，記号で答えなさい。

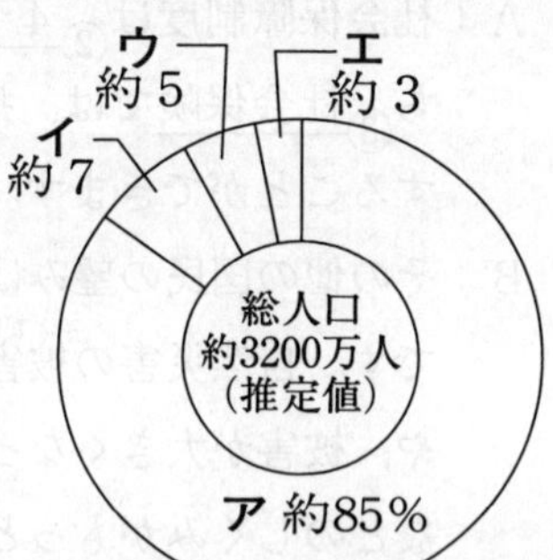

（『近世日本の人口構造』より）

問７　⑧について，右の図は，この時代に開発された農具を表している。この農具の名称として正しいものを次の**ア**～**エ**から１つ選び，記号で答えなさい。

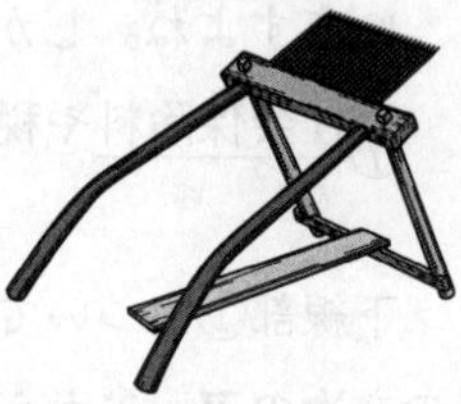

ア．唐《とう》み　　**イ**．備中《びっちゅう》ぐわ
ウ．千石《せんごく》どおし　　**エ**．千歯《せんば》こき

問８　⑨による税の負担者の新しい納税方法についての説明として正しいものを次の**ア**～**エ**から１つ選び，記号で答えなさい。

ア．地価の３％を穀物で納めることになった。
イ．地価の３％を現金で納めることになった。
ウ．地価の15％を穀物で納めることになった。
エ．地価の15％を現金で納めることになった。

問９　空らん（　⑩　）にあてはまる語句を，漢字４字で答えなさい。

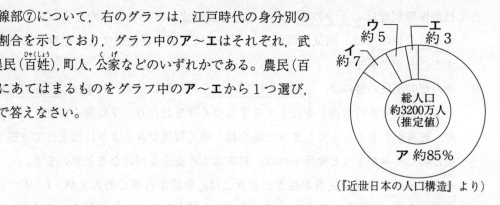

3　次の会話文を読んで，あとの問いに答えなさい。

Ａ：国民が政府に望んでいることは何だと思いますか。

Ｂ：国民の生活の安定でしょうか。

Ａ：それも国民の望みの１つだと思います。そのために，政府は国民の生活を保障するための社会保障制度を充実《じゅうじつ》させる必要があります。社会保障制度の確立については，①日本国憲法の条文にも記載《きさい》があります。

Ｂ：社会保障制度にはどのようなものがありますか。

Ａ：社会保障制度は②４つの柱を中心として成り立っています。たとえば，４つの柱のうち③社会保険では，病気やけがをしたときに，医療《いりょう》保険によって治療費の負担を軽くすることができます。

Ｂ：その他の国民の望みは，④国民や国内の安全だと思います。日本は⑤自然災害が多い国です。自然災害の被害《ひがい》を少なくするまちづくりをしたり，予防策を実施したりすることや，被害が大きくなってしまった場合は，早く復興できるように国全体で支援《しえん》することなどのしくみがもっと充実すれば，日本はより安全な国になると思います。

Ａ：そうですね。大きな災害が起きたときには，他県から多くの人々が，（　⑥　）として自らの意思で被災地におもむいて，市町村と協力しながらさまざまな支援をおこなっていますよね。しかし，社会保障制度や自然災害への対策には多大な費用がかかります。⑦社会保険料や税金をどのように確保するのかが今後の課題となりそうですね。

問１　下線部①について，社会保障制度と関係の深い日本国憲法の条文の内容として正しいものを次の**ア～エ**から１つ選び，記号で答えなさい。

ア．すべて国民は，法律の定めるところにより，その能力に応じて，ひとしく教育を受ける権利を有する。

イ．すべて国民は，健康で文化的な最低限度の生活を営む権利を有する。

ウ．思想及《およ》び良心の自由は，これを侵《おか》してはならない。

エ．財産権は，これを侵してはならない。

問２　下線部②は，社会保険，公的扶助《ふじょ》，社会福祉《ふくし》，公衆衛生を指す。社会福祉と公衆衛生の説明の組み合わせとして正しいものをあとの**ア**～**エ**から１つ選び，記号で答えなさい。

A．病気の予防や，人々の健康の増進のための体制をつくる。
B．さまざまな事情で収入が少なく，生活が困難な人々を救済する。
C．母子家庭など，社会的に弱い立場で自立することが難しい人々の生活を保障する。
D．労働者や会社が積み立てたお金で，それぞれの人に対して給付をおこなう。

ア．社会福祉　－　C　　公衆衛生　－　A
イ．社会福祉　－　C　　公衆衛生　－　B
ウ．社会福祉　－　D　　公衆衛生　－　A
エ．社会福祉　－　D　　公衆衛生　－　B

問３　下線部③のうち，2000年４月から始まり，40歳《さい》以上の人が被保険者として加入することになっている社会保険の名称を，漢字で答えなさい。

問４　下線部④について，国内の安全を守り，日本の平和と独立を守ることを主な任務としており，大きな災害が起きたときには災害救助などをおこなう組織の名称を，漢字で答えなさい。

問５　下線部⑤について，2011年に起こった震災《しんさい》で津波《つなみ》の被害を受けた地域として正しいものを次の**ア**～**エ**から１つ選び，記号で答えなさい。

ア．北海道北西部　　**イ**．中部地方日本海側
ウ．有明《ありあけ》海沿岸部　　**エ**．東北地方太平洋側

問６　空らん（　⑥　）にあてはまる語句を，カタカナで答えなさい。

問７　日本の少子高齢化が今後さらに進行すると，下線部⑦が現在よりも高くなると予想されている。その理由を，日本の年齢別の人口割合の変化にふれて，40字程度で簡潔に答えなさい。

【理　科】〈第２回試験〉（30分）〈満点：50点〉

1　オオカナダモの葉に，酢酸《さくさん》カーミン液をたらしてしばらくおいたあと，顕微鏡《けんびきょう》で観察しました。下の図は，このときに見られたオオカナダモの細胞《さいぼう》のようすを模式的《もしきてき》に表したものです。図の１つひとつの細胞には，Ａの葉緑体やＢの赤くよく染《そ》まった部分，Ｃの細胞膜《さいぼうまく》，Ｄの細胞壁《さいぼうへき》などが見られ，動物の細胞には見られないつくりもありました。これについて，以下の(1)～(4)に答えなさい。

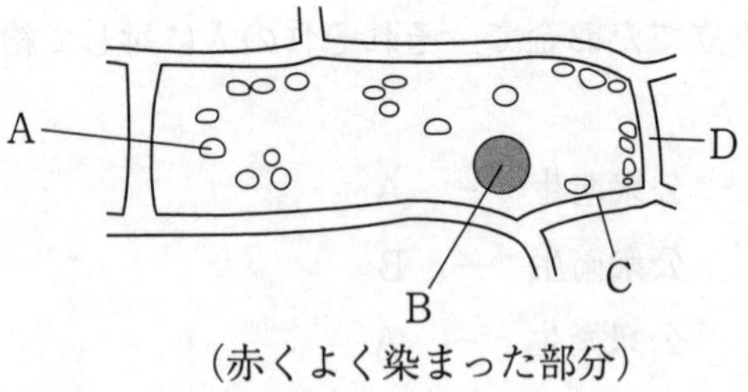

(1)　顕微鏡で観察したとき，接眼レンズの倍率は10倍，対物レンズの倍率は40倍でした。このときの顕微鏡の倍率は何倍ですか。

(2)　図で，Ｂの赤くよく染まった部分を何といいますか。名前を答えなさい。

(3)　細胞壁のはたらきとして適当なものを，次の**ア**～**ウ**から１つ選び，記号で答えなさい。

ア．細胞の形を保ち，からだを支える。

イ．物質をたくわえる。

ウ．光合成を行う。

(4)　図で，植物の細胞にしか見られないつくりはどれですか。適当なものを，図のＡ～Ｄからすべて選び，記号で答えなさい。

2 鉄しんに導線をまいた電磁石《でんじしゃく》，かん電池１個，スイッチをつないだ装置《そうち》をつくり，右の図のように，電磁石のまわりに４つの方位磁針《ほういじしん》を置き，スイッチを入れたときの方位磁針の針《はり》のようすを調べました。また，スイッチを切ったとき，方位磁針の針の指す向きが変化したことから，地球も大きな磁石であることがわかりました。これについて，以下の(1)～(4)に答えなさい。

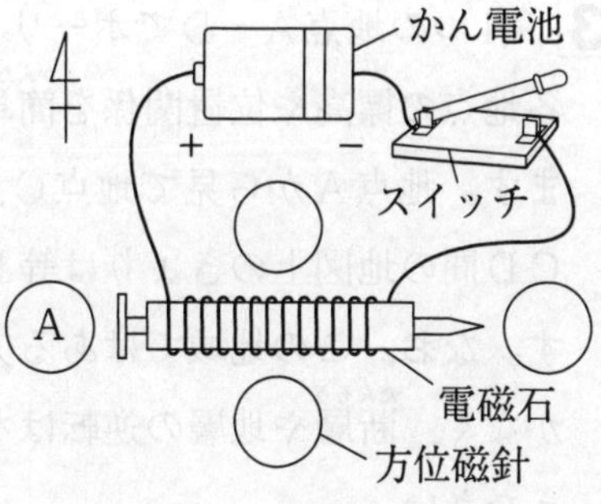

(1) 図のように，１つの輪のようにつながった電気の通り道を何といいますか。名前を答えなさい。

(2) 図で，スイッチを入れたとき，方位磁針の針はどのようにふれますか。適当なものを，次の**ア**～**エ**から１つ選び，記号で答えなさい。

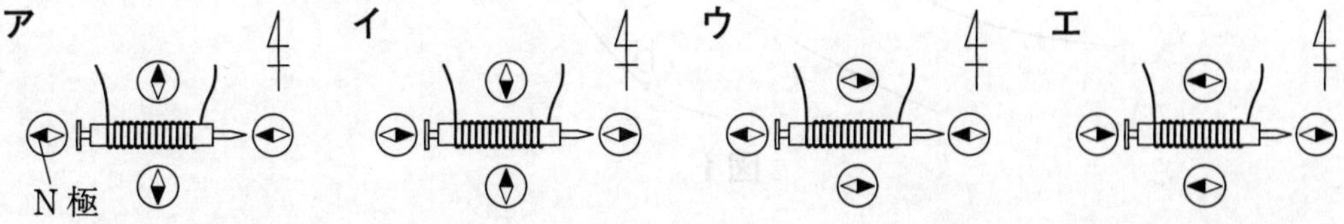

(3) 図の装置よりも電磁石の強さを強くするにはどうしたらいいですか。その方法について説明した以下の文の［ P ］，［ Q ］にあてはまる適当な言葉をそれぞれ答えなさい。

> かん電池２個を［ P ］つなぎにする。そのうえで，鉄しんにまく導線のまき数を［ Q ］するとさらに強い電磁石になる。

(4) 図の装置で，スイッチを切ったとき，Aの位置に置いた方位磁針の針のN極は，どの方位を指しますか。東，西，南，北のいずれかで答えなさい。また，その理由を地球も大きな磁石であることに着目して答えなさい。

3　４つの地点Ａ～Ｄでボーリング調査を行いました。**図１**は，このボーリング調査を行った各地点の標高や位置関係を簡単《かんたん》に示したものであり，**図２**は地点Ａ～Ｃの柱状図を表しています。地点Ａから見て地点Ｃ，Ｄは真南に，地点Ｃから見て地点Ｂは真西にあり，ＡＣ間，ＣＤ間の地図上のきょりは等しく，この地域《ちいき》に見られる地層《ちそう》のそれぞれの層の厚さは一定です。なお，この地域ではある方向に一定の割合《わりあい》で土地の傾《かたむ》きが見られ，凝灰岩《ぎょうかいがん》の層は１つしかなく，断層《だんそう》や地層の逆転はないことがわかっています。これについて，以下の(1)～(4)に答えなさい。

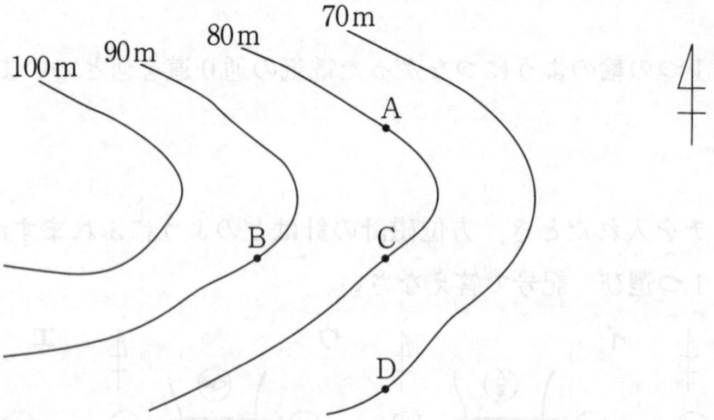

図１

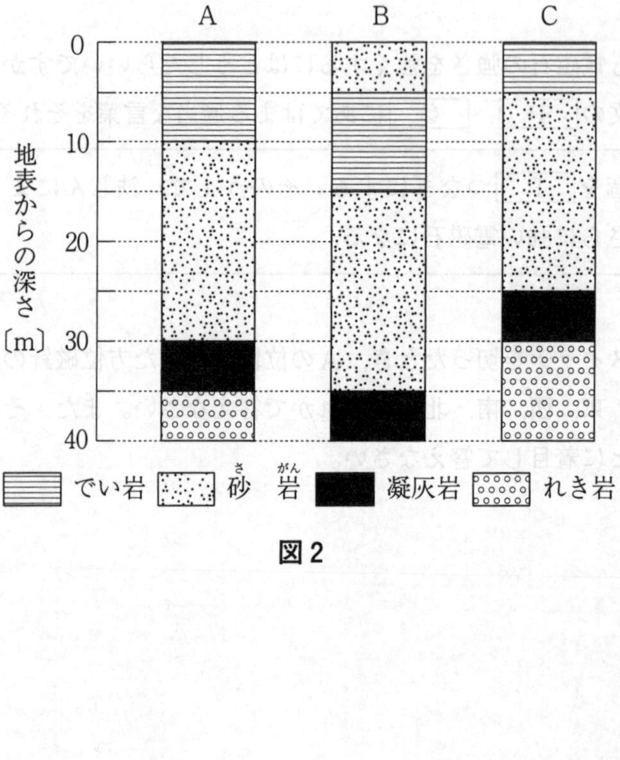

図２

(1)　どろ，砂《すな》，れきの粒は，何によって区別されていますか。適当なものを，次の**ア**～**エ**から１つ選び，記号で答えなさい。

ア．粒の色

イ．粒の大きさ

ウ．粒の形

エ．粒のかたさ

(2)　**図２**の柱状図からわかることについて説明した以下の文の（　　　）にあてはまる適当な言葉を答えなさい。

凝灰岩の層があることから，この地層が堆積《たいせき》した当時，この地域で（　　　）が起こったと考えられる。

(3)　**図１**と**図２**から，この地域の地層はどの方向に向かって低くなるように傾いていることがわかりますか。傾いている方向として適当なものを，次の**ア**～**エ**から１つ選び，記号で答えなさい。

ア．東

イ．西

ウ．南

エ．北

(4)　**図１**の地点Ｄにおいて，凝灰岩の層の上面が見られるのは，地表から何ｍの深さのところですか。

4 銅の化学変化について調べた次の実験について，以下の(1)～(4)に答えなさい。

〔実験〕 銅の粉末を0.4gはかりとり，**図1**のように，薬さじでうすく広げて加熱しました。しばらく加熱してから火を止めてよく冷やし，加熱後の物質の重さを調べました。これを加熱の回数が6回になるまでくり返し，**図2**のグラフにまとめました。また，銅の粉末の重さを0.8g，1.2g，1.6gに変え，同じように加熱して，重さを測定しました。

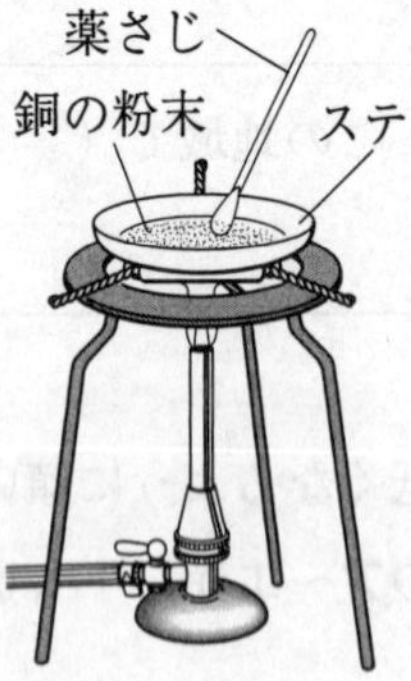

図1

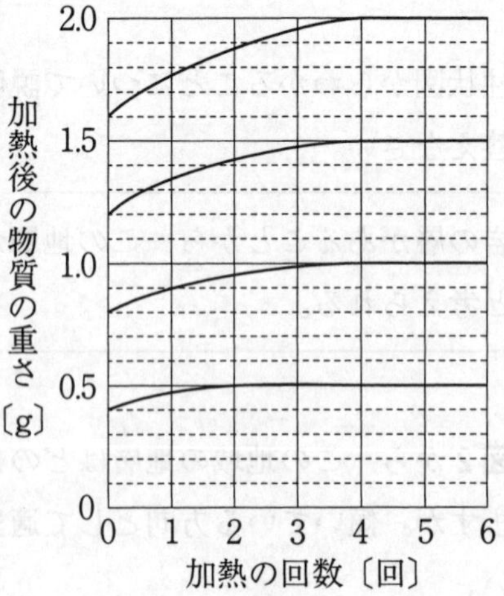

図2

(1) 加熱した銅と結びついた気体は何ですか。その名前を答えなさい。また，その気体の性質として適当なものを，次の**ア**～**エ**から1つ選び，記号で答えなさい。

ア．刺激臭《しげきしゅう》がある。

イ．気体の中で，もっとも密度《みつど》が小さい。

ウ．物質を燃やすはたらきがある。

エ．石灰水《せっかいすい》を白くにごらせる。

(2) 〔実験〕で，銅の粉末1.2gを6回加熱したあとにできた物質の重さは何gですか。

(3) ある重さの銅の粉末を，重さが変化しなくなるまで加熱したところ，加熱後の物質の重さは2.8gでした。このとき，加熱した銅の粉末の重さは何gですか。

(4) 銅の粉末1.6gをはかりとり，これを3回加熱したあとに重さをはかると1.95gでした。このとき，反応していない銅の粉末の重さは何gですか。

三 次の各問いに答えなさい。

問一 次の――線の漢字はひらがなで書き、カタカナは漢字に直して書きなさい。

① 新たな鉱脈が見つかる。
② 家族で小さな旅館を営む。
③ 行事にかかるケイヒを計算する。
④ 自分のゲンカイに挑戦《ちょうせん》する。

問二 次の意味になる四字熟語を、あとの語群の漢字を組み合わせて、それぞれ書きなさい。

① 種類や様子にさまざまなちがいがあること。
② ことばでは表現できないほどひどいこと。

語	二	三	言	十	百	千	万
断	別	変	差	化	両	区	道

問三 次の熟語について、（　）の指示にあてはまる言葉をあとの語群から選び、漢字に直して書きなさい。

① 用意（類義語）
② 利益（対義語）

きょうきゅう	じゅんじょ	そんがい	かしつ	じゅんび	りそく

問四 次の意味を持つ慣用句を、□の中に漢字を一字ずつ入れて答えなさい。

① 期待して待ちわびる　→　□を長くする
② 得意がって自慢《じまん》する　→　□にかける

問四　――線③「ジャヤがきびしい目つきでぼくをにらんだ」とありますが、ジャヤが「ぼく」をにらんだ理由を説明した次の文の（１）・（２）にあてはまる語を、本文中からそれぞれ四字で書き抜《ぬ》きなさい。

　仏教徒にとって僧侶《そうりょ》は（１）の対象であり、かれらのために造られた（２）という神聖な場所をいっぱんの人が使うことはゆるされないと考えているから。

問五　――線④「そうだね。ジャヤのいう通りだよ」とありますが、このときの「ぼく」の気持ちとして適切なものを、次の中から一つ選び記号で答えなさい。

ア　とても複雑な環境《かんきょう》で育ったために、ジャヤが自分よりもずっと大人びてしっかりしていることに気づき、おどろいている。

イ　異なる宗教を持つ両親の板ばさみになってジャヤがこまっている様子を見て、くわしい事情がわからないながらも同情している。

ウ　自分とはちがう考えであっても、ジャヤの気持ちを傷つけないように、言うことを認めるあいづちを打って、気づかっている。

エ　宗教をはじめ人はみなちがうが、ちがいで差別しないでたがいを尊重すべきだという考えをはっきり言えるジャヤに感心している。

問六　本文を大きく二つの場面にわけて、二つめの場面の初めの五字を書き抜きなさい。

問七　次に示すのは、この文章を読んだ生徒たちの感想です。本文の内容や表現についての意見として適切なものを、次の中から一つ選び記号で答えなさい。

ア：スリランカでのジャヤとの交流を通して、「ぼく」は日本での自分の立場や様子を重ねているのですね。この旅での出来事をきっかけに「ぼく」が前向きに変わろうとしている表現がところどころに出てきますね。

イ：「ぼく」だけでなくジャヤの視点からもえがかれているので、二人の対照的な考え方や感じ方がよくわかって興味深いですね。都会育ちの「ぼく」のひ弱さと農村育ちのジャヤのたくましさが伝わってきます。

ウ：「ぼく」とおじいちゃんのユーモアのあるやりとりがおもしろいです。ですから、ジャヤとセナがかかえている民族や宗教のちがいなどの深刻《しんこく》なテーマでも、意外に重苦しくならずに楽しく読めるのかもしれません。

エ：スリランカでめずらしい体験をする「ぼく」の気持ちがたとえを多く使ってわかりやすく表現されていると思います。そのときどきの気持ちが具体的に想像できて、「ぼく」の置かれた立場に共感しやすいですね。

「おいのり、ちがう。神様、ちがう。こまることある。でも、どちらもだいじって、母さんいった。ちがうこと、悪くないし、ちがうこと、きらったら、だめ。いちばん悪いって、いつも父さんがいう。わたしもそう思う。人はみんなちがう」

かぼそいジャヤが、ぼくのなかで、どんどんしっかり者に変わっていった。

「④そうだね。ジャヤのいう通りだよ」

ぼくのつぶやきがおじいちゃんに聞こえたみたいで、おじいちゃんがちょこっとうなずいた。

中川なをみ『茶畑のジャヤ』（鈴木出版）による

＊レリーフ……平面を彫《ほ》るか、平面の上に形を盛り上げるようにして作る彫刻《ちょうこく》。うき彫り。
＊贅をこらした……お金や手間をおしまずに、とてもぜいたくなものになるように工夫した。
＊沐浴場……水で体のよごれを洗《あら》い清める場所。
＊ヒンドゥー……インドでおこり、インドを中心に広く信じられている宗教。
＊シンハラ人……スリランカの多数をしめる民族。
＊タミル人……南インドやスリランカの一部に住む民族。スリランカでは少数派。

問一 ――線①「頭の上をすーっと黒いかたまりが飛んでいった」とありますが、これはだれが何のためにどうしたことを表現していますか。二十五字以内で説明しなさい。

問二 [１]～[４]にあてはまる語を、次の中からそれぞれ一つずつ選び記号で答えなさい。

ア ぽんと　**イ** どんと　**ウ** かっと　**エ** ふにゃっと　**オ** にやにや

問三 ――線②「背中がゆれたとき、ぼくのなかのなにかが、ぽろんとはがれおちた」とありますが、ジャヤがタオルで「ぼく」の顔をぬぐってくれたときからここまでの「ぼく」の気持ちの変化を、七十字以内で説明しなさい。

仏教がさかんな時代に造られたといっても、こんなに*贅《ぜい》をこらした*沐浴場《もくよくじょう》が僧《そう》のためのものだったとは、やはりおどろいてしまう。

ジャヤがなにに感動しているのか、ぼくにはよくわからなかった。

「ふつうの人たちも使えたらよかったのにね」

③ジャヤがきびしい目つきでぼくをにらんだ。

「シュー、ちがうよ。お坊様だけ、ふつうの人、使う、だめ」

「あ、ああ、そうなの？」

切れ味悪くひきさがるぼくを、おじいちゃんが［３］しながら見ていた。

仏教徒でないぼくには、僧侶《そうりょ》という身分の位置づけができない。王様ならいつでも絶対者なんだけど。

ぼくたちは写真をとったり、池のなかに入って石段に腰《こし》をおろしたりして、千年前の僧侶たちのことを想像した。今までのぼくだったら、ぼんやりと昔の僧たちを思いえがいただけだっただろう。でも、セナに想像することがだいじだといわれたあとだ。ぼくは気持ちを集中させて千年前を想像した。僧侶たちの衣食住、まわりの風景……。思いつくことがなくなると、そのころの日本はどうだったかと考えたりもした。日本は平安《へいあん》時代で、仏教は貴族の間で信仰《しんこう》されていた。

セナはいつもおじいちゃんのかたわらで、みんなの話をただにこにこして聞いていた。

「セナはこの池で水浴びしたい？」

たずねるぼくに、

「そうね。したい」

ジャヤがセナに抗議《こうぎ》するけど、聞いたことのない言葉で意味不明だ。

セナはジャヤにうなずいたあと、ぼくの肩《かた》に手をおいた。

「シュー、わたし、仏教、ちがう。わたし、*ヒンドゥーね。でも、お坊様、そんけい。お坊様の池、だいじ」

そうなんだ。*シンハラ人は仏教で*タミル人はヒンドゥー教。民族によって宗教もちがうのだった。

セナはタミル人で奥さんはシンハラ人だったことを思いだした。

「夫婦《ふうふ》がちがう宗教で、こまらないの？」

おじいちゃんがぼくに目配せして、「聞くな」とサインを送っている。

［４］笑うだけのセナにかわって、ジャヤがこたえた。

石はサルをおどろかせればそれでいい。ぼくが投げたところで、動くサルに命中などするわけがないし、その必要もない。
ジャヤの行く手にうす茶色の建物が見えてきた。めずらしいことに、建物がほぼ完全な形でのこっている。数メートルの高さにつみあげられた平たい石が台座になっていて、建物はそっくりそのまま、こわれやすい貴重品のように見えた。
近づくと、建物の横で、おじいちゃんとセナが壁を指さしながら話しこんでいる。
「なにか、あるの?」
ぼくの声に、おじいちゃんがだまって手まねきする。
建物の前に行ってみて、壁にたくさんのレリーフ*がはめこまれていることに気づいた。ほとんどはこわれたりくずれたりしていて、なんの絵かわからないけど、なかには、建物や人の姿など、鮮明《せんめい》にのこっているものもある。
レンガの上に土をぬって、その上に彫《ほ》ったレリーフだけど、今見ても古さはまったく感じなかった。
「すごいだろ?周」
「そうだね」
大昔の人がこんなに手のこんだ美しいレリーフを造っただなんて、信じがたい。
おじいちゃんの説明によると、仏像を安置した場所らしい。
ぼくたちは何度も「すごい」を連発したあと、また車に乗って北を目ざした。ポロンナルワは広いのだ。
十分ほど走ったところで車からおり、今度は手入れがゆきとどいていない草むらのなかを進んでいった。ゆるやかな上り坂の先にあったのは、石で造られた池だった。
ジャヤが歓声《かんせい》をあげてかけだした。
「これがあの池、母さんがいった、ハスの池。母さーん」
ジャヤの喜びようはふつうではなかった。やっと会えた恋人《こいびと》のように、池の縁《ふち》にたたずんで目をうるませている。
池は花の形をしていた。ハスかどうかわからないけど。
周囲は花びらの曲線をつなぎあわせた石の板だ。しかも花は小さくなりながら底にまでつづく石段になっている。直径は八メートル。花の階段は八段だ。雨水がわずかに底にたまっているだけなので、全容が見わたせた。
ジャヤがひとり言のようにつぶやいた。
「お坊様《ぼうさま》、使った。王様、ちがう。お坊様のため」

タオルに血がついている。

「だいじょうぶ。すぐ、なおる」

ジャヤがやさしければやさしいほど、ぼくはみじめになっていった。

こんな思いをしたのは今度がはじめてではない。学校で加奈《かな》がぼくを気づかっていたときにも感じていた。ジャヤや加奈のやさしさを、ぼくはすんなり受けいれられない。自分のかっこ悪さが気になって、できることならにげだしたいくらいだ。自分をかっこよく見せたがるぼくは、セナの素直《すなお》さからは遠いところにいる。

うなだれたぼくの背中を、ジャヤが [2] たたいた。それほど強くたたかれたわけでもないのに、②背中がゆれたとき、ぼくのなかのなにかが、ぼろんとはがれおちた。

かっこ悪いところはもう見られてしまったんだ。じたばたしてもしょうがないや。

ジャヤがもう一度背中をたたいた。今度はとてもやさしく。

「シュー、ここのサル、こわくない。にげる、追いかける。にげる、だめ」

ジャヤの言葉がすっと胸の奥《おく》にとどいた。

「そうだよね。にげたから追いかけられたんだ。もうにげないよ。ぜったいににげない」

いいながら、また学校のことを考えていた。洋介《ようすけ》が友だちでいてくれた間は、なんとかにげないですんだ。でも、ひとりきりになったとたん、ぼくの心はもう教室からにげはじめていた。

顔をあげると、近くにまた石段があって、正面に大きな石仏があった。屋根のない台座の上に、石仏はすっくと立ってぼくを見おろしている。高さはぼくの三倍くらい。千年近くも前に造られた仏像が、やさしい目をしてぼくを見ていた。

仏像の背後には、高くつみあげられたレンガの壁《かべ》があって、くずれたところからレンガの側面がむきだしになっている。まるで、ミルフィーユみたいだ。コケの抹茶《まっちゃ》クリームがふんだんにはさまったレンガのミルフィーユ。

完全な形でのこっている建物などどこにもないし、ほとんどは芝生のあちこちにくずれたレンガが積み木のように散在しているだけだけれど、とにかく美しい光景だった。広々とした敷地《しきち》に宮殿の広さを想像し、昔の人たちが優雅《ゆうが》に行き来する姿を思いえがいた。

「シュー、あっち、行くか？」

ジャヤはすり鉢《ばち》の谷に行ったときとおなじで、ひょいひょいとかけるような早足で先を行く。ぼくはあとにつづきながらも、ときおりふりかえってはサルをさがしていた。おなかの底に力を入れて、「いつでもかかってこい」と、ポケットのなかの小石に手をのばした。

息が切れて、心臓が爆発《ばくはつ》しそうに苦しい。足がもつれだした。あぶないっと思ったときには、もう前のめりにたおれこんでいた。

芝生《しばふ》にうつぶせになる直前、①頭の上をすーっと黒いかたまりが飛んでいった。

ぼくはいやというほどおでこをうった。手を出すよりも先に、おでこが地面に着地していたのだ。

「シュー、けが、したか？」

ジャヤだった。

ひざを折ってぼくをのぞきこんだジャヤの手に、数個の小石がにぎられていた。さっき、頭の上を飛んでいったのは、たぶん、この小石だ。

「サルは？」

ぼくは顔をひきつらせたまま、周囲をきょろきょろ見まわした。サルはどこにも見えない。

ジャヤの心配そうな目つきにやっと気づいて、「ありがとう」と小さい声でお礼をいったものの、はずかしくて、顔が［1］ほてっていくのがわかる。

かぼそい女の子に助けられるなんて、かっこ悪いったらない。ライオンならともかく、自分よりもずっと小さいサルに追いかけられて、必死で走ったあげくにころんだんだ。しかも顔から。

顔についた土を手でぬぐって、よごれた手をジーパンになすりつけた。腕《うで》がひりひりして、見るとすり傷があちこちにできている。

「シュー、ここで待ってて」

ジャヤは小石をその場において、走りさっていった。ひとりになったとたん、ぼくはまたサルが出てこないかとうろたえた。ジャヤがのこしていった小石をつかみ、「いつでも出てこい。ぜったいにもうにげないぞ」と心のなかでさけんだ。

ジャヤはすぐにもどってきて、

「はい、シュー」と、おきざりにしてきたリュックを手わたしてくれた。

「水、あるか？」

ペットボトルをわたすと、ジャヤはリュックのなかからタオルをとりだし、それに水をかけた。

「いたくないから」

ジャヤは先にことわって、ぬれたタオルでぼくの顔をぬぐってくれた。

「いたっ」

問九 本文の内容に合っているものを、次の中から一つ選び記号で答えなさい。

ア 質のよい本をたくさん読んで多くの情報を効率的に得るコツを身につけることで、精神的に満ち足りた人生を送ることができる。

イ 必読書ガイドや読書法の本は多種多様でたくさん出ているが、それらは参考程度にし、自分に適した本は自分でさがすべきである。

ウ 速さや得られる情報量にこだわらず、コツを身につけたうえでゆっくり内容を理解しながら読むことが意味のある読書である。

エ 速読とスロー・リーディングを組み合わせた読書法を身につけることで、かけがえのない人生のゆとりを生むことができる。

二

次の文章を読んで、あとの各問いに答えなさい。（設問の都合上、一部手を加えてあります。）

小学生の周《しゅう》は成績がよいことをからかわれ、クラスで仲間外れにされてしまった。そんなとき、海外で働く祖父にさそわれて、周はスリランカに行き、男性の運転手セナとその娘《むすめ》のジャヤと知り合う。古代遺産が多くのこる街ポロンナルワで古い宮殿《きゅうでん》を見ていると、背中に何かが飛び乗ってきた。

サルだった。

茶色い、小さなサルが、菓子《かし》の袋《ふくろ》を胸にかかえて、ぼくのすぐ前にちょこんとすわった。

動物園以外で本物のサルを見たのははじめてだ。

びっくりするやらこわいやらで、ぼくは少しの間ぼーっとしていた。

キィー。

サルがひと声鳴いたあと、ぼくははじかれたようにとびあがって、そのままかけだした。

サルにひっかかれて傷だらけになった自分の姿が目にうかぶ。

走っても走ってもサルは追いかけてきた。

ぼくはどうなるんだろうと思った瞬間《しゅんかん》、やっと声が出た。

「おじいちゃーん」

何度もレンガをとびこえて、石段もかけあがった。

問三 ――線②「そうした問題意識」とありますが、どのような問題意識ですか。適切なものを、次の中から一つ選び記号で答えなさい。

ア 必読書ガイドや読書法の本が溢《あふ》れているために、かえって自分に合った本や読書の方法が選択《せんたく》しにくくなっているという問題意識。

イ 本を読むために必要な技術を教わらないまま自己流で読む人が多いため、一度本の読み方を見直すべきだという問題意識。

ウ 読書で困ったことのない人のほうが、改める必要を感じないままあやまった本の読み方を続ける可能性があるという問題意識。

エ 本の読み方を学習することは大切だが、正しい方法を教えたり身につけたりすることは意外に簡単ではないという問題意識。

問四 ――線③「速読」とありますが、筆者は「速読」についてどのように考えていますか。適切なものを、次の中から一つ選び記号で答えなさい。

ア 短時間でできるよい読書法のように思えるが、得た情報は確実には身につかず、自分の人生を豊かにしてくれるものではない。

イ たくさんの情報が得られても、その膨大《ぼうだい》な情報量は処理しきれないので、どんな場合においても実行すべき読書法ではない。

ウ 効率的に情報を身につけられる有効な読書法だが、人によって適性が異なるため、自分に合っているかどうか見極める必要がある。

エ 忙しい現代社会を生きるためには欠かせない読書法なので、速く読みつつも内容をしっかりとらえる技術を身につける必要がある。

問五 ――線④「読みなおすこと」とありますが、ここではどのように読むことを意味しているのですか。「探究《たんきゅう》」という語を用いて、三十五字以内で説明しなさい。

問六 ――線⑤「『速読コンプレックス』から解放されること」とありますが、具体的にはどのようなことですか。四十字以内で説明しなさい。

問七 [あ] にあてはまる語を、本文中から漢字二字で書き抜きなさい。

問八 本文中には次の一文が抜けています。本文のどこに入れるのがふさわしいですか。一文を入れたあとの七文字を書き抜きなさい。

　その反対に、ゆっくり読むことを心がけていれば、時間をかけるにふさわしい、手応えのある本を好むようになるだろう。

追うよりも、はるかに多くのことを教えてくれ、人間的にも成長させてくれるだろう。

本書は、そうしたコツについての本である。

「スロー・リーディング」とは、差がつく読書術だ。その「差」とは、速さや量ではなく、質である。特別な訓練など何も要《い》らない。ただくつろいで、好きな本を読むときに、ほんの少し気をつけておけば、それだけで、内容の理解がグンと増すようないくつかの秘訣をまとめたのが本書である。

社会はますます、そのスピードを速めつつある。だから本も速く読まねばというのではなく、だからこそ、本くらいはゆっくり、時間をかけて読みたいものだ。そうして、慌《あわ》ただしい日々の生活の中に、自分自身で作るゆったりとした読書の時間は、どんなにささやかであっても、かけがえのない人生のゆとりだろう。*スロー・フードが提唱されてすでに久しいが、食という原始的な欲求が豊かに満たされるべきであるならば、読書という［あ］な欲求もまた、同様の豊かさで満たされるべきだ。

平野啓一郎『本の読み方　スロー・リーディングの実践《じっせん》』（ＰＨＰ文芸文庫）による

*アンチ……言葉の上について、反対や対抗《たいこう》する意味を表す。
*高橋源一郎……小説家、文芸評論家。従来の形式にとらわれない作風で知られる。
*大江健三郎……小説家。一九九四年にノーベル文学賞を受賞した。
*ノースロップ・フライ……カナダの文芸評論家。
*バルト……ロラン・バルト。フランスの批評家。
*強迫観念……考えないようにしても頭の中にうかび、はらいのけることのできない考えや気持ち。
*スロー・フード……一九八〇年代にイタリアで始まった、その土地の伝統的な農産物や食文化を見直す運動。

問一　――線①「犯人捜し」とありますが、これはどのようなことのたとえですか。解答用紙の「理由をさがすこと。」につながるように、本文中から十字以上二十字以内で書き抜《ぬ》きなさい。

問二　［１］～［３］にあてはまる語を、次の中からそれぞれ一つずつ選び記号で答えなさい。

ア　すると　　イ　しかし　　ウ　しかも　　エ　あるいは

ろう。誰でもそう考えるに違いない。

実は私も、長年、「③速読」に憧《あこが》れていた一人だった。仕事柄《がら》、読まねばならない本も多く、机の傍《かたわ》らに積み上げられたそれらを見る度に、「速く読めれば楽なんだけどなあ……」と考えることもしばしばだった。実際のところ、私の本を読むペースはかなり遅《おそ》い。何度か意を決して、速読法なるものにチャレンジしたこともあるが、一度として成功したことはない。じっくり読まなければ、どうしても内容がアタマに入らないのだ。

「オレだけが、こんなに読むのが遅いんだろうか？」――そう思い悩《なや》んだ（？）私は、ある日、恐《おそ》る恐る、知り合いの作家たちにたずねてみたのだが、意外にも、「実は自分も本を読むのは遅い」と言う人がほとんどだった。*高橋源一郎《たかはしげんいちろう》さんなどは、今でも本を読むときには、きちんと机について、赤線を引きながら読むとのことである。

現代作家の中で、恐らくは最も勤勉な読書家である*大江健三郎《おおえけんざぶろう》さんも、決して速読をすすめたりはせず、むしろ「④読みなおすこと（リリーディング）」を説いている。小説『憂《うれ》い顔の童子』では、登場人物の口を借りて、*ノースロップ・フライによる*バルトの次のような一節の引用が記されている。

「ロラン・バルトは、すべての真面目な読書は『読みなおすこと《リリーディング》』だといっている。これはかならずしも二度目に読むことを意味するのではない。そうではなくて、構造の全体を視野に入れて読むことだ。言葉の迷路《めいろ》をさまようことを、方向を持った探究に転じるのだ。」

私たちは、日々、大量の情報を処理しなければならない現代において、本もまた、「できるだけ速く、たくさん読まなければいけない」という一種の*強迫《きょうはく》観念にとらわれている。「速読コンプレックス」と言《い》い換《か》えてもいいかもしれない。[3]、楽をしてそれができるのであれば、言うことはない。巷《ちまた》に溢《あふ》れかえっている速読法を説く本は、そうした心理に巧《たく》みにつけこむように書かれている。

もちろん、時と場合によっては、速く読むことも必要だろう。「明日までに大量の資料を読んで書類を作らなければいけない」といった状況下《じょうきょうか》では、速読や斜《なな》め読みは避《さ》けられまい。しかしそれは、単に一時的な情報の処理であり、書かれた内容を十分に理解し、その知識を、自分の財産として身につけるための読書ではない。単に、情報の渦《うず》の中に否応《いやおう》なく巻《ま》き込まれてしまっているだけで、自分の人生を、今日のこの瞬間《しゅんかん》までよりも、さらに豊かで、個性的なものにするための読書ではないのである。

読書を楽しむ秘訣《ひけつ》は、何よりも、⑤「速読コンプレックス」から解放されることである！　本を速く読まなければならない理由は何もない。速く読もうと思えば、速く読めるような内容の薄《うす》い本へと自然と手が伸《の》びがちである。

もちろん、単にゆっくり読めばいいというものでもない。最初に書いた通り、どんなことでもそうだが、読書にもやはりコツがある。決して難しいことではないが、そのコツさえ知っていれば、読書はもっと楽しく、もっと有意義で、それを知らずにガムシャラに文字を

2024年度

本庄東高等学校附属中学校

【国語】〈第二回試験〉（五〇分）〈満点：一〇〇点〉

一 次の文章を読んで、あとの各問いに答えなさい。（設問の都合上、一部手を加えてあります。）

近頃《ちかごろ》、子供も大人もメッキリ本を読まなくなった、とはよく聞く話だ。

それは、社会が悪いだとか、親が悪いだとか、学校が悪い、テレビが悪い、ゲームが悪い、ネットが悪い……と、①犯人捜《さが》しは様々である。それはそれで、じっくり考えてみなければなるまい。その対策《たいさく》に、何を読むべきか、という本の紹介《しょうかい》もたくさん目にする。雑誌の新刊本紹介コーナーから、大学の教授陣《じん》が編集した必読書ガイドまで、これまた様々である。［ 1 ］、本をどう読むかということについては、人は意外なほど無頓着《むとんちゃく》だ。

本の読み方など、いまさら人に教えられるまでもない。――そう誰《だれ》もが考えるかもしれない。しかし、単に文章を読むということと、本という形式にまとめられた文章を読むということとは、決して同じではない。本を読むためには、料理を作ったり、車を運転したりするのと同じで、それなりに技術が必要であり、ちょっとした工夫次第《くふうしだい》で、読書は何倍も楽しくなる。にもかかわらず、私たちは、それを誰からも教わってはこなかった。それで、誰もが自己流のやり方を貫《つらぬ》き通している。

本を読まないという人、読書が苦手だ、苦痛だという人は、実はその読み方に問題があるのかもしれない。［ 2 ］、これまでただ何となく本を読んできて、それで何も困らなかったという人も、これを機に、改めて読書の方法そのものについて考えてみると、これまでとはまったく違《ちが》った発見があるかもしれない。

本書は、②そうした問題意識に立って、そもそも本はどうやって読んだらいいのか、をできるだけ分かりやすく説明することを目的にしている。

その基本方針が、スロー・リーディングの実践《じっせん》であり、本書の立場は、徹底《てってい》してアンチ*速読である。

本を速く読みたい。――確かにそれは多くの人の夢かもしれない。日々、洪水《こうずい》のように出版されている膨大《ぼうだい》な数の書籍《しょせき》を、次々と読みこなし、それらの情報を効率的に身につけてゆくことができるなら、多忙《たぼう》な日々の生活も、さぞや「知的な潤《うるお》い」に満ちたものになるだ

2024年度
本庄東高等学校附属中学校 ▶解説と解答

算　数　＜第２回試験＞（50分）＜満点：100点＞

解　答

1 (1) 2　(2) 3　(3) 8　(4) 14　2 (1) 14枚　(2) 5：6　(3) 64　(4) 21.5 cm^2　(5) 1152 cm^2　3 (1) 2通り　(2) 8通り　(3) 29通り　4 (1) 16cm　(2) 36 cm^2　(3) $\frac{33}{70}$ 倍　5 (1) 80 cm^3　(2) 152 cm^2　(3) 152 cm^2　6 (1) 90L　(2) 毎分17L

解　説

1 四則計算，逆算，単位の計算

(1) $124\div(54-23)-14\div7=124\div31-14\div7=4-2=2$

(2) $\left\{54\div(4+0.8)+\frac{3}{4}\right\}\div\frac{4}{5}-12=\left(54\div4.8+\frac{3}{4}\right)\div\frac{4}{5}-12=\left(11.25+\frac{3}{4}\right)\div\frac{4}{5}-12=\left(11\frac{1}{4}+\frac{3}{4}\right)\div\frac{4}{5}-12=12\div\frac{4}{5}-12=15-12=3$

(3) $1.8\times\left(\frac{5}{6}\times\square-\frac{2}{3}\right)-4.8=6$ より，$1.8\times\left(\frac{5}{6}\times\square-\frac{2}{3}\right)=6+4.8=10.8$，$\frac{5}{6}\times\square-\frac{2}{3}=10.8\div1.8=6$，$\frac{5}{6}\times\square=6+\frac{2}{3}=6\frac{2}{3}$　よって，$\square=\frac{20}{3}\div\frac{5}{6}=8$

(4) 1kgは1000gで，1000000mgだから，400000mgは0.4kgで，13800gは13.8kgである。よって，0.6kg－0.4kg＋13.8kg＝14kgである。

2 つるかめ算，比，規則性，面積，表面積

(1) 20枚すべてを50円硬貨《こうか》とすると，金額の合計は，50×20＝1000(円)になり，1000－440＝560(円)多くなる。50円硬貨から10円硬貨に1枚かえるたびに金額は，50－10＝40(円)少なくなる。よって，560円少なくするためには10円硬貨を，560÷40＝14(枚)かえればよい。

(2) 20％は0.2倍である。ある品物の今の値段を1とすると，今から10年後の値段は，1＋0.2＝1.2になる。よって，今の値段と10年後の値段の比は，1：1.2＝5：6である。

(3) 1，1，2，2，3，3，4，4，5，5，…と1から整数が2個ずつ並んでいるから，左から15番目の数は，15÷2＝7あまり1より，7＋1＝8となる。よって，左から順に15番目までの数までたすと，1＋1＋2＋2＋3＋3＋4＋4＋5＋5＋6＋6＋7＋7＋8＝(1＋7)×7÷2×2＋8＝64である。

(4) 図のかげをつけた部分の面積は，一辺が，5＋5＝10(cm)の正方形の面積から，半径5cmで中心角が90度のおうぎ形4個，つまり，円1個の面積をひくと求められる。よって，図のかげをつけた部分の面積は，10×10－5×5×3.14＝21.5(cm^2)である。

(5) この立体で，取り除いた立方体の3面を，右の図のように移動すると，もとの直方体の表面積と同じになる，よって，この立体の表面積は，(12×18＋12×18＋12×12)×2＝1152(cm^2)である。

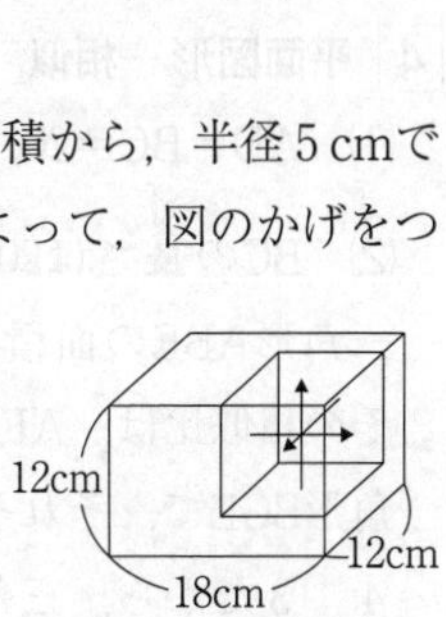

3 場合の数

⑴　500円硬貨が１枚，100円硬貨が４枚，50円硬貨が５枚，10円硬貨が10枚で，全部の硬貨の金額の合計は，500×１＋100×４＋50×５＋10×10＝1250(円)である。選んだ硬貨の金額の合計を1200円にする場合は，1250－1200＝50(円)減らせばよい。よって，50円減らすには，(50円硬貨１枚)と，10円硬貨５枚)の全部で２通りある。

⑵　500円硬貨を使わずに，選んだ硬貨の金額の合計を500円にする場合は，下の表のようになり，全部で８通りある。

100円硬貨	４枚	４枚	４枚	３枚	３枚	３枚	２枚	２枚
50円硬貨	２枚	１枚	０枚	４枚	３枚	２枚	５枚	４枚
10円硬貨	０枚	５枚	10枚	０枚	５枚	10枚	５枚	10枚

⑶　全部の硬貨の金額の合計は，1250円だから，選んだ硬貨の金額の合計が300の倍数(円)になるのは，300円，600円，900円，1200円の場合である。それぞれの場合を調べると，下の表のようになる。

300円になる場合は下の表のように，９通りある。

500円硬貨	０枚	０枚	０枚	０枚	０枚	０枚	０枚	０枚	０枚
100円硬貨	３枚	２枚	２枚	２枚	１枚	１枚	１枚	０枚	０枚
50円硬貨	０枚	２枚	１枚	０枚	４枚	３枚	２枚	５枚	４枚
10円硬貨	０枚	０枚	５枚	10枚	０枚	５枚	10枚	５枚	10枚

600円になる場合は下の表のように，９通りある。

500円硬貨	１枚	１枚	１枚	１枚	０枚	０枚	０枚	０枚	０枚
100円硬貨	１枚	０枚	０枚	０枚	４枚	４枚	４枚	３枚	３枚
50円硬貨	０枚	２枚	１枚	０枚	４枚	３枚	２枚	５枚	４枚
10円硬貨	０枚	０枚	５枚	10枚	０枚	５枚	10枚	５枚	10枚

900円になる場合は下の表のように，９通りある。

500円硬貨	１枚	１枚	１枚	１枚	１枚	１枚	１枚	１枚	１枚
100円硬貨	４枚	３枚	３枚	３枚	２枚	２枚	２枚	１枚	１枚
50円硬貨	０枚	２枚	１枚	０枚	４枚	３枚	２枚	５枚	４枚
10円硬貨	０枚	０枚	５枚	10枚	０枚	５枚	10枚	５枚	10枚

1200円になる場合は⑴より，２通りある。

よって，選んだ硬貨の金額の合計が300の倍数(円)になる場合は，全部で，９＋９＋９＋２＝29通りの選び方がある。

4 平面図形―相似，長さ，面積

⑴　AD＝BC＝20cmで，AF：FD＝４：１だから，AFの長さは，$20\times\frac{4}{4+1}$＝16(cm)である。

⑵　BCの長さは20cmで，BE：EC＝３：２だから，BEの長さは，$20\times\frac{3}{3+2}$＝12(cm)になり，三角形ABEの面積は，12×14÷２＝84(cm^2)になる。また，三角形FGAと三角形BGEは相似で，その相似比は，AF：EB＝20：15＝４：３となるので，AG：EG＝４：３になる。三角形BGAと三角形BGEで，それぞれの底辺をAG，EGとしたときの高さは同じ長さで，底辺の比が，AG：EG＝４：３だから，三角形ABGと三角形EGBの面積の比も４：３になる。よって，三角形ABEの面積

は84cm^{2}だから，三角形BGEの面積は，$84\times\dfrac{3}{4+3}=36(\mathrm{cm}^2)$である。

⑶　長方形ABCDの面積は，14×20＝280(cm^2)である。また，五角形CDFGEの面積は，台形FBCDの面積から三角形BGEの面積をひくと求められる。FDの長さは，AD－AF＝20－16＝4(cm)で，台形FBCDの面積は，（４＋20）×14÷２＝168(cm^2)だから，五角形CDFGEの面積は，168－36＝132(cm^2)になる。よって，五角形CDFGEの面積は，長方形ABCDの面積の，132÷280$=\dfrac{33}{70}$(倍)である。

5 立体図形―体積，表面積

⑴　１個の立方体の体積は，２×２×２＝８(cm^3)である。よって，立方体10個の体積は，８×10＝80(cm^3)である。

⑵　立方体の１つの正方形の面積は，２×２＝４(cm^2)である。この立体の投影図は，右の図のようになる。正方形は真正面から８個，真上からは６個，真横からは４個見え，それぞれ反対側からも同じ個数の正方形が見える。さらに，真上から見た図の太線部分の正方形が，２個加わる。よって，この立体の表面全体の面積は，４×(８×２＋６×２＋４×２)＋４×２＝152(cm^2)である。

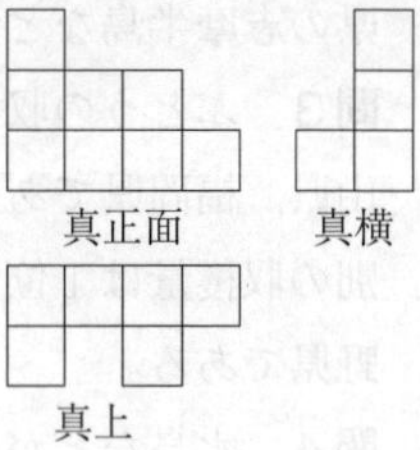

⑶　この立体に，同じきまりで立方体をもう１個加えて，表面全体の面積が最も小さくなる立体は，右の図のような見取図になる。この立体は，正方形が真正面からは８個，真上からは７個，真横からは４個見え，それぞれ反対側からも同じ個数の正方形が見える。よって，この立体の表面全体の面積は，（８×２＋７×２＋４×２）×４＝152(cm^2)である。

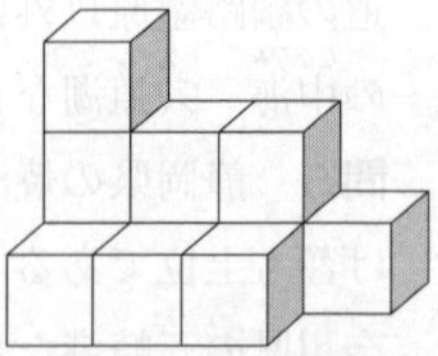

6 グラフ―水位変化

⑴　はじめにA管だけから毎分５Ｌの割合で水を入れた時間は，グラフより30分間だから，A管からこの水そうに入った水の量は，５×30＝150(L)である。よって，はじめにこの水そうに入っていた水の量は，240－150＝90(L)である。

⑵　A管から水を入れながらＢ管も開けて240Lの水を出した時間は，グラフより，50－30＝20(分)だから，毎分，240÷20＝12(L)減ったことがわかる。よって，A管から毎分５Lの水を入れているので，Ｂ管からは，毎分，12＋５＝17(L)の割合で排水《はいすい》している。

社 会 ＜第２回試験＞（30分）＜満点：50点＞

解 答

1 問１　X　イ　場所　ケ　問２　リアス海岸　問３　エ　問４　ラムサール(条約)　問５　ウ　問６　ウ　問７　(例)　育てた稚魚を海に放流し，成長した魚をとる漁業。　問８　AI(人工知能)　**2** 問１　石包丁　問２　ア　問３　荘園　問４　イ　問５　ウ　問６　ア　問７　エ　問８　イ　問９　農地改革　**3** 問１　イ　問２　ア　問３　介護(保険)　問４　自衛隊　問５　エ　問６　ボランティア　問７　(例)　年金を支払う若者の割合が減り，年金を受け取る高齢者の割合が増えるから。

解　説

1　日本地図を使った地理分野の総合問題

問１　**X**　火山活動によってできた大きなくぼ地のことをカルデラという。熊本県にある阿蘇山には世界最大級とも言われるカルデラがある。　**場所**　地図中にある世界自然遺産は，ケの北海道の「知床」である。日本にはほかに，青森県と秋田県の県境にある「白神山地」，鹿児島県の「屋久島」，東京都の「小笠原諸島」，鹿児島県と沖縄県にまたがる「奄美大島《あまみおおしま》，徳之島《とくのしま》，沖縄島北部及び西表島《いりおもてじま》」がある。

問２　山地などがしずんでできた，出入りの複雑な海岸線となっている海岸をリアス海岸(リアス式海岸)という。東北地方の太平洋側にある三陸海岸や福井県から京都府にまたがる若狭湾《わかさわん》，三重県の志摩《しま》半島などが代表的なリアス海岸である。

問３　ぶどうの収穫量の都道府県別順位(2021年)は，１位から順に，山梨県，長野県，山形県，岡山県，福岡県である。山梨県は甲府盆地などで，ぶどうやももの生産がさかんで，ともに都道府県別の収穫量は１位である。なお，ももの都道府県別収穫量は，１位から順に，山梨県，福島県，長野県である。

問４　水鳥などが生息する湿地を守るための条約をラムサール条約という。日本の登録地は，北海道の釧路湿原以外に，同じく北海道のクッチャロ湖，千葉県の谷津干潟《やつひがた》，滋賀県の琵琶湖，島根県の中海《なかうみ》，宍道湖《しんじこ》などがある。

問５　静岡県の焼津港は，遠洋漁業の基地として，まぐろやかつおの水あげ量が多く，また，水あげ額も上位である。同じく遠洋漁業の基地として，まぐろやかつおの水あげ量が多い漁港には，神奈川県の三崎港などがある。

問６　とる漁業のうち，海岸近くで行うのが沿岸漁業，日本近海で数日かけて行うのが沖合漁業，遠くの海で数ヶ月以上かけて行うのが遠洋漁業である。1973年におきた石油危機《きき》(オイルショック)により，燃料代が高くなり，遠洋漁業の漁獲量は減り，かわりに沖合漁業が増えた。したがって，1973年以降増えているグラフのＡが沖合漁業，そのころから減っているＣが遠洋漁業，その当時にそれほど大きな変化がないＢが沿岸漁業である。

問７　育てる漁業には，養殖業と栽培漁業の２種類がある。栽培漁業は稚魚や稚貝を海などに放流して，成魚になってからとる漁業である。養殖業は，魚介類をいけすなどで，エサを与えて育てる漁業である。

問８　高齢化や後つぎ不足により，水産業界でも人手不足が問題の一つになっている。できるだけ効率的に漁業を行うために，とる漁業においても育てる漁業においてもAIの利用が進められている。

2　農業を題材とした歴史の問題

問１　稲作は弥生時代に大陸から伝わった。このころの農具には田で使用する田げた，刈《か》り取りに使用する石包丁などがある。稲の穂先《ほさき》を石包丁で刈り取って収穫した。

問２　朝廷から貸し与えられる土地が口分田で，貸し与えられた者が亡くなった場合は朝廷に返す。これに対して，新しく開墾した土地などは永久に私有地にして良いというきまりが墾田永年私財法である。口分田が不足してきたことから，聖武天皇の時に制定された。

問３　墾田永年私財法が制定されると，貴族や寺社は，農民などをつかって，新しく土地を開墾させ，その土地を自分のものにした。このような私有地のことを荘園という。

問４　１年に同じ耕地でちがう作物を二度作る農業を二毛作という。鎌倉時代に西日本で始まり，室町時代に全国に広がった。当時は米と麦の栽培が主流であった。二毛作に対して，１年に同じ耕地で同じ作物を二度作ることを二期作という。

問５　戦国時代は，その土地を支配する武士と共に農民も戦っていた。このため農民も武器を持っており，一揆の際に武士を手こずらせた。そこで，豊臣秀吉は，一揆を防ぐために農民から武器を取り上げる刀狩を行った。また，農民から確実に年貢《ねんぐ》を取るために，農民に土地の耕作権を認め，その土地の面積や土地の良し悪し，石高(取れ高)を調べる太閤検地を行った。この２つの政策によって，武士と農民の区別がはっきりした。

問６　江戸時代に圧倒的に人口が多かったのは農民(百姓)である。グラフのイは武士，ウは町人，エは公家などである。身分制度のもとで，最も身分が高かった武士であるが，人口にしめる割合は少なかった。

問７　稲穂《いなほ》からもみ(実)をとる作業が脱穀《だっこく》で，江戸時代に脱穀のために開発されたものが千歯こきである。アの唐みやウの千石どおしは米の選別などに用いられた。イの備中ぐわの開発により深く耕せるようになった。いずれも江戸時代の農具である。

問８　江戸時代，幕府は税を年貢として米で取り立てていた。これだと，米の取れ高の状況《じょうきょう》によって幕府の収入が変わるので，明治政府は政府の財政を安定させるために，税を米ではなく現金で納めさせることにした。これが地租改正で，地主(土地の所有者)が地価(土地のねだん)の３％を現金で納めることとした。

問９　地主から土地を借りて農業を行っている者を小作人《こさくにん》といい，これに対して，自ら土地を所有して農業を行っている者を自作農という。小作人は地主に対して小作料を支払い，生活は苦しかった。昭和時代の戦後になると，GHQの指導のもと，政府が地主から強制的に土地を買い上げ，安く小作人に売る農地改革を行った。これにより小作人は減り，自作農が増えた。

３　会話文を題材にした社会保障に関する問題

問１　社会保障制度は，基本的人権の１つである社会権にふくまれる生存権を守るためのしくみである。生存権は日本国憲法第25条で定められている。アは社会権のうちの教育を受ける権利，ウとエは自由権の内容を示す条文である。

問２　社会保険は，病気や老後，失業などに備えるための保険で，選択肢《せんたくし》のDがこれにあたる。公的扶助は，生活保護法にもとづき，何らかの事情で生活に困っている人を支援するしくみで，Bがこれにあたる。社会福祉は，障害者や高齢者など，社会的に立場の弱い人を守るためのもので，Cがこれにあたる。公衆衛生は主に保健所の仕事で，人々の健康を守るためのものであり，Aがこれにあたる。

問３　社会保障制度のもとでの社会保険には，病気に備える健康保険，老後に備える年金保険，失業に備える雇用保険，介護サービスが受けられるようにするための介護保険の４つがある。このうち介護保険は2000年４月に始まった最も新しい社会保険制度である。

問４　戦後，軍隊を解散した日本であるが，1950年に始まった朝鮮戦争がきっかけで，警察予備隊が設立され，４年後に自衛隊となった。日本国憲法第９条の「戦力を持たない」に反しているとの意見もあるが，自衛隊は災害救助なども行っている。

問５　東北地方の太平洋側には三陸海岸があり，三陸海岸はリアス海岸である。リアス海岸は，港を作りやすいなどの長所もあるが，地震の時に津波の被害を受けやすいという短所がある。2011年に発生した東日本大震災では，三陸海岸が津波により大きな被害を受けた。

問６　大きな災害が発生した場合には，被災地(被害を受けた場所)の地方自治体(県や市など)や国だけではすみやかな対応などが難しい。その際に，被災地でも被害が少ない人や被災地以外の人々が，報酬《ほうしゅう》を受けないで，救助や復興《ふっこう》の支援などの活動を行う。報酬を受けないこのような活動のことをボランティアという。

問７　現在の日本は，生まれてくる子どもの数が減り，高齢者の割合が年々高くなる少子高齢化が進んでいる。社会保険の１つである年金保険を例にとれば，年金を受け取る高齢者の割合は増え，年金保険を支払う世代はその割合が少ないため，納める年金保険の負担は多くなることが予想される。

理　科　＜第２回試験＞（30分）＜満点：50点＞

解　答

1　(1)　400倍　(2)　核　(3)　ア　(4)　A，D　2　(1)　回路　(2)　エ　(3)　**P**　直列　**Q**　多く　(4)　**方位**　北　**理由**　(例)　地球の北極がＳ極だから。　3　(1)　イ　(2)　(例)　(火山の)噴火　(3)　エ　(4)　10m　4　(1)　**気体**　酸素　**記号**　ウ　(2)　1.5g　(3)　2.24g　(4)　0.2g

解　説

1　植物の細胞についての問題

(1)　顕微鏡《けんびきょう》の倍率は，(接眼レンズの倍率)×(対物レンズの倍率)だから，接眼レンズの倍率が10倍で，対物レンズの倍率が40倍の顕微鏡の倍率は，10×40＝400(倍)である。

(2)　細胞のつくりを観察するときは，酢酸《さくさん》カーミン液などの染色液を使うと，核が赤く染まって観察しやすくなる。

(3)　細胞壁には，細胞を一定の形に保つはたらきがある。これにより，植物のからだが支えられ，からだの形が保たれている。

(4)　動物の細胞は，核と核のまわりの細胞質からできていて，細胞膜は細胞質のいちばん外側のうすい膜である。葉緑体や細胞壁は，植物の細胞にだけ見られるつくりである。

2　電磁石についての問題

(1)　１つの輪のようにつながった電気の通り道を回路という。

(2)　スイッチを入れると，かん電池の＋極から出て－極にもどるように電流が流れる。コイルを流れる電流の向きに右手の親指以外の指をそえたとき，親指が向いている方向が電磁石のＮ極になるので，図では電磁石の右側がＮ極，左側がＳ極になる。電磁石のＮ極やＳ極の近くに置いた方位磁針は，Ｎ極とＳ極が引き合うように方位磁針の針がふれる。また，電磁石のまわりに置いた方位磁針Ｎ極は，電磁石のＳ極の方を向くように針がふれる。

(3)　流れる電流が大きいほど，また，導線のまき数が多いほど，電磁石の強さは強くなる。かん電池２個を直列につなぐと，回路に流れる電流は大きくなるので，電磁石の強さは強くなる。

⑷　地球を大きな磁石と考えると，地球の北極がＳ極，南極がＮ極になる。したがって，スイッチが入っていないとき，Ａの位置に置いた方位磁針の針のＮ極は北の方位を指す。

3　地層についての問題

⑴　粒の大きさが２mm以上のものをれき，粒の大きさが２mm～0.06mmのものを砂，粒の大きさが0.06mm以下のものをどろという。

⑵　凝灰岩《ぎょうかいがん》は火山が噴火して出てくる火山灰などが堆積《たいせき》してできる岩石である。凝灰岩の層があることから，当時，この地域では火山の噴火が起こったと考えられる。

⑶　地点Ａ～Ｃそれぞれの凝灰岩の層の上面の標高は，地点Ａは，80－30＝50(m)，地点Ｂは，90－35＝55(m)，地点Ｃは，80－25＝55(m)である。よって，この地域の地層は，地点Ｃから地点Ａの方向に向かって低くなるように傾いているとわかる。

⑷　凝灰岩の層の上面の標高は地点Ａから地点Ｃに向かって，55－50＝５(m)高くなっていることから，地点Ｄの凝灰岩の層の上面の標高は，55＋５＝60(m)である。よって，地点Ｄでは，地表から，70－60＝10(m)のところに凝灰岩の層の上面が見られる。

4　銅の化学変化についての問題

⑴　銅を加熱すると，銅は空気中の酸素と結びつく。酸素には，物質を燃やすはたらきがある。

⑵　グラフより，1.2ｇの銅を６回加熱したあとにできた物質の重さは1.5ｇである。

⑶　0.4ｇの銅を重さが変化しなくなるまで加熱したときの加熱後の物質は0.5ｇ，0.8ｇの銅を重さが変化しなくなるまで加熱したときの加熱後の物質は1.0ｇ，1.2ｇの銅を重さが変化しなくなるまで加熱したときの加熱後の物質は1.5ｇ，1.6ｇの銅を重さが変化しなくなるまで加熱したときの加熱後の物質2.0ｇである。このことから，加熱する銅の重さと加熱後の物質の重さの関係は決まっていて，銅の重さ：加熱後の物質の重さ＝４：５であることがわかる。よって，加熱した銅の粉末の重さをxｇとすると，x：2.8＝４：５より，x＝2.8×４÷５＝2.24(ｇ)となる。

⑷　加熱後の物質の重さは，銅の重さと結びついた酸素の重さの和になるから，銅を加熱したときの，銅の重さと結びつく酸素の重さの関係は，銅の重さ：結びつく酸素の重さ＝４：１となる。銅の粉末1.6ｇを３回加熱したとき，銅の粉末に結びついた酸素の重さは，1.95－1.6＝0.35(ｇ)だから，3.5ｇの酸素と結びついた銅の重さをxｇとすると，x：0.35＝４：１より，x＝0.35×４÷１＝1.4(ｇ)となる。よって，反応していない銅の重さは，1.6－1.4＝0.2(ｇ)である。

国　語　＜第２回試験＞（50分）＜満点：100点＞

解　答

一　**問１**　（例）　子供も大人もメッキリ本を読まなくなった(理由をさがすこと。)　**問２**　**１**　イ　**２**　エ　**３**　ウ　**問３**　イ　**問４**　ア　**問５**　（例）　方向を持った探究をするように，本の構造の全体を視野に入れて読むこと。　**問６**　（例）　できるだけ速く，たくさん読まなければいけないという考えにとらわれないこと。　**問７**　知的　**問８**　もちろん，単に　**問９**　ウ　**二**　**問１**　（例）　ジャヤがサルを追いはらうために小石を投げたこと。　**問２**

1　ウ　　**2**　ア　**3**　オ　**4**　エ　**問３**　(例)　ジャヤにやさしくされるほどみじめになっていたが，かっこ悪いところを見られたことで，もうじたばたしてもしょうがないと思えるようになった。　**問４**　(1)　そんけい　　(2)　ハスの池　**問５**　エ　**問６**　十分ほど走　**問７**　ア　　**三**　**問１**　①　こうみゃく　　②　いとな　　③・④　下記を参照のこと。　**問２**　①　千差万別　②　言語道断　**問３**　①　準備　②　損害　**問４**　①　首(を長くする)　②　鼻(にかける)

●漢字の書き取り

三　**問１**　③　経費　④　限界

解　説

一　**出典：平野《ひらの》啓一郎《けいいちろう》『本の読み方　スロー・リーディングの実践《じっせん》』**。本の読み方を見直すべきという問題意識に立ち，速読ではなくスロー・リーディングの実践を基本方針として，本はどうやって読んだらいいのかについて述べられた文章。

問１　「社会が悪いだとか，親が悪いだとか，学校が悪い，テレビが悪い，ゲームが悪い，ネットが悪い……」という内容が，何の理由なのか。文頭の「それ」に着目し，「子供も大人もメッキリ本を読まなくなった」をとらえる。

問２　**1**　「本を読まなくなった」ことの「対策」として，「何を読むべきか，という本の紹介《しょうかい》もたくさん目にする」のに，「本をどう読むかということについては，人は意外なほど無頓着《むとんちゃく》」である，という文脈なので，逆接の接続詞の「しかし」が入る。　**2**　「本の読み方」について，「本を読まないという人，読書が苦手だ，苦痛だという人」に対して，「これまでただ何となく本を読んできて，それで何も困らなかったという人」が挙げられている。選択の接続詞の「あるいは」が入る。　**3**　本を「速く，たくさん」読まなければいけないということに，「楽をして」という内容を付け加えている。添加《てんか》の接続詞の「しかも」が入る。

問３　「ただ何となく本を読んできて，それで何も困らなかったという人」，つまり，「自己流のやり方を貫《つらぬ》き通している」人は，「本はどうやって読んだらいいのか」という読み方を考える機会にしてほしいというのである。

問４　「本を速く読みたい。――確かにそれは多くの人の夢かもしれない。日々，洪水《こうずい》のように出版されている膨大《ぼうだい》な数の書籍《しょせき》を，次々と読みこなし，それらの情報を効率的に身につけてゆくことができるなら，多忙《たぼう》な日々の生活も，さぞや『知的な潤《うるお》い』に満ちたものになるだろう。誰《だれ》でもそう考えるに違《ちが》いない」ととらえつつも，「速読」は，「単に一時的な情報の処理であり，書かれた内容を十分に理解し，その知識を，自分の財産として身につけるための読書ではない」とし，「自分の人生を，今日のこの瞬間《しゅんかん》までよりも，さらに豊かで，個性的なものにするための読書ではない」と述べている。

問５　「探究《たんきゅう》」という語を用いることに注目すると，「読みなおすこと」に関して，バルトの一節の引用として「すべての真面目《まじめ》な読書は『読みなおすこと《リーディング》』だといっている。これはかならずしも二度目に読むことを意味するのではない。そうではなくて，構造の全体を視野に入れて読むことだ。言葉の迷路《めいろ》をさまようことを，方向を持った探究に転じるのだ」と記されているので，この内容をとらえ，まとめる。

問６　「『できるだけ速く，たくさん読まなければいけない』という一種の強迫《きょうはく》観念」のことを「速読コンプレックス」と言い換《か》えてもいいかもしれないとしている点に着目。その強迫観念から解き放たれる，ということである。

問７　スロー・フードによって，食という「原始的」な欲求が豊かに満たされるべきであるならば，スロー・リーディングによって，読書という「知的」な欲求も豊かに満たされるべきだ，という文脈である。「書籍を，次々と読みこなし，それらの情報を効率的に身につけてゆくことができるなら，多忙な日々の生活も，さぞや『知的な潤い』に満ちたものになるだろう」とある点をとらえる。

問８　挿入《そうにゅう》する文中「その反対に」に着目。「ゆっくり読むことを心がけていれば」とは反対の内容である，本文の「速く読もうと思えば」をとらえる。

問９　「本書は，そうした問題意識に立って，そもそも本はどうやって読んだらいいのか，をできるだけ分かりやすく説明することを目的にしている」「その基本方針が，スロー・リーディングの実践であり，本書の立場は，徹底《てってい》してアンチ速読である」「本書は，そうしたコツについての本である」「ただくつろいで，好きな本を読むときに，ほんの少し気をつけておけば，それだけで，内容の理解がグンと増すようないくつかの秘訣《ひけつ》をまとめたのが本書である」というこの本が書かれた目的をとらえる。

二　**出典：中川《なかがわ》なをみ『茶畑のジャヤ』**。「セナ」とその娘《むすめ》の「ジャヤ」との触《ふ》れ合いを通して，逃げずに立ち向かうことの大切さや，ちがうことを認め尊重することの大切さを学ぶ，「周」の成長する姿が描《えが》かれている。

問１　「ひざを折ってぼくをのぞきこんだジャヤの手に，数個の小石がにぎられていた。さっき，頭の上を飛んでいったのは，たぶん，この小石だ」とある。また，「かぼそい女の子に助けられる」ともあることからも，追いかけてきたサルを，ジャヤが小石を投げて追いはらってくれたのだとわかる。

問２　**１**　恥《は》ずかしさで顔が赤くなっているのである。恥ずかしさのあまり，頭や顔に血がのぼることを表す「かっと」が入る。　**２**　ジャヤが背中をたたいたのである。「それほど強くたたかれたわけでもない」とあるので，軽くたたくさまを表す「ぽんと」が入る。　**３**　ジャヤに間違《まちが》いを指摘《してき》され，「切れ味悪くひきさがる」「周」の様子をながめているのである。うす笑いを浮かべるさまを表す「にやにや」が入る。　**４**　「セナはいつもおじいちゃんのかたわらで，みんなの話をただにこにこして聞いていた」に着目。慎重《しんちょう》に扱《あつか》うことが必要な問題についての「周」の問いかけに，笑顔《えがお》で応えているのである。優《やさ》しげな笑顔を表す「ふにゃっと」が入る。

問３　「ぼく」の「気持ちの変化」をとらえる。はじめの心情→理由・きっかけ→その後の心情という三つのポイントをおさえる。はじめの「ジャヤがやさしければやさしいほど，ぼくはみじめになっていった」という心情が「かっこ悪いところ」を「見られてしまった」ことがきっかけで，「じたばたしてもしょうがない」と思うようになったのである。

問４　「周」の不謹慎《ふきんしん》な発言を戒《いまし》めたのである。僧侶《そうりょ》という身分の位置づけができない「周」に「セナ」が「お坊様《ぼうさま》，そんけい。お坊様の池，だいじ」と説明している。

問５　「おいのり，ちがう。神様，ちがう。こまることある。でも，どちらもだいじって，母さんいった。ちがうこと，悪くないし，ちがうこと，きらったら，だめ。いちばん悪いって，いつも父さんがいう。わたしもそう思う。人はみんなちがう」と「笑うだけのセナにかわって，ジャヤがこたえた」ことに対して,「ジャヤが,ぼくのなかで,どんどんしっかり者に変わっていった」と,「ジャヤ」に対する思いが変わっている点をとらえる。

問６　場面分けの問題。場所の移動をとらえる。後半の場所は「ハスの池」である。

問７　「セナ」とその娘の「ジャヤ」との触れ合いを通して,「周」が何を学んだのかをとらえる。

三 **問１**　①　有用鉱物《こうぶつ》が岩石中の割れ目を満たしてできた鉱石が採掘《さいくつ》できる状態で集まっている場所。　②　経営する。おこたることなくはげむ。　③　ある事を行うのに必要な費用。　④　その状態をもちこたえることのできるぎりぎりのところ。　**問２**　①　いろいろな種類があって,その違いもさまざまであることを表す。　②　もともとは仏教に由来する言葉で,奥深《おくぶか》い真理や究極の境地が,言葉では到底《とうてい》表現できないほど尊く,素晴らしいことを意味していたが,現代では「言葉に言い表せないほどひどい」という,正反対の意味で用いられることが一般《いっぱん》的となった。

問３　①　用意は,ある行為《こうい》・行動をする前に,あらかじめ必要なものをとりそろえること。　②　利益は,もうけ。役に立つことなので,対義語は不利益としての意味を持つ「損害」。　**問４**　①　期待して待ちこがれるさまをいう。　②　他よりも優《すぐ》れていることを自慢《じまん》する。「鼻高々」のように,「鼻」は,誇《ほこ》りや自慢の象徴《しょうちょう》として使われることが多い。

2023年度 本庄東高等学校附属中学校

【算　数】〈第１回試験〉（50分）〈満点：100点〉

1 次の□にあてはまる数を求めなさい。

(1) $2023 \div (223 - 13 \times 8) + 5 \times (35 - 18) = \square$

(2) $\left\{\frac{2}{3} \div (1 - 0.25) + \frac{2}{9}\right\} \times \frac{3}{10} + \frac{1}{3} = \square$

(3) $12 \times \left(\frac{5}{8} \div \square - 1\frac{1}{6}\right) - \frac{3}{5} = 1\frac{9}{10}$

(4) $0.07\,\mathrm{kL} - 48\,\mathrm{L} + 9100\,\mathrm{mL} = \square\,\mathrm{dL}$

2 次の問いに答えなさい。

(1) 問題が全部で17題ある算数のテストをつくります。1題あたりの点数を5点か8点のどちらかにして，100点満点のテストをつくるためには，5点の問題を何題にすればよいですか。

(2) 6gの食塩と何gかの水を混ぜて，10%の食塩水をつくりました。この食塩水を加熱して，12%の食塩水にするためには，何gの水を蒸発《じょうはつ》させればよいですか。

(3) 次のように，ある規則にしたがって整数が並んでいます。

3, 1, 9, 2, 4, 3, 1, 9, 2, 4, 3, 1, 9, ･･･

左から順に数をたしていくとき，和が110になるのは左から何番目の数までたしたときですか。

(4) 1から100までの整数の中で，7でわると2あまる整数は全部で何個ありますか。

(5)　右の図は，長方形ＡＢＣＤを直線ＥＦを折り目として折り返した図です。㋐の角の大きさが62度のとき，㋑の角の大きさは何度ですか。

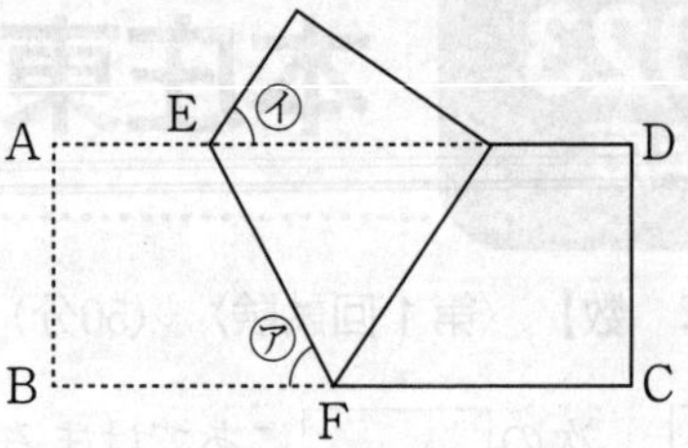

3　0から5までの数が1つずつ書かれた6枚《まい》のカード[0][1][2][3][4][5]から，3枚のカードを並べて3けたの整数をつくるとき，次の問いに答えなさい。

(1)　百の位の数が1である整数は全部で何通りできますか。

(2)　5の倍数は全部で何通りできますか。

(3)　230より大きく，450より小さい整数は全部で何通りできますか。

4　右の図の四角形ＡＢＣＤは台形で，四角形ＡＢＣＤの対角線の交点Ｅを通り辺ＡＤと平行な直線と，辺ＡＢ，辺ＤＣとの交点をそれぞれＦ，Ｇとします。次の問いに答えなさい。

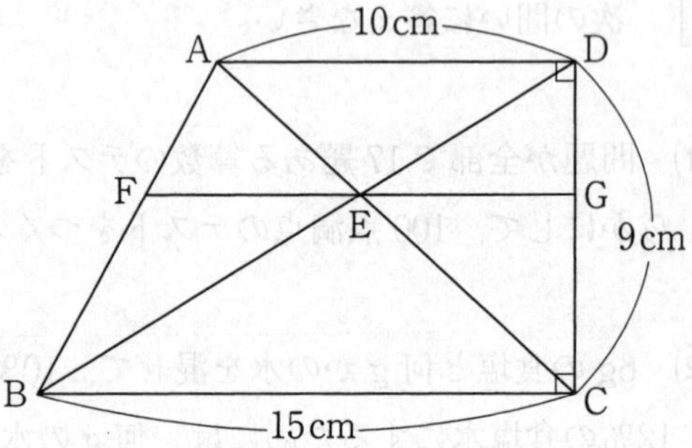

(1)　ＥＦの長さは何cmですか。

(2)　三角形ＡＢＥの面積は何cm^2ですか。

(3)　三角形ＢＥＦと三角形ＤＥＧの面積の比を，最も簡単《かんたん》な整数の比で表しなさい。

5　下の**図１**のような，たての長さが 20 cm，横の長さが 35 cm，高さが 25 cm の直方体の形をした水そうがあり，21 cm の深さまで水が入っています。次の問いに答えなさい。ただし，水そうの厚さは考えないものとし，水そうは水平な台の上に置かれているものとします。

図１

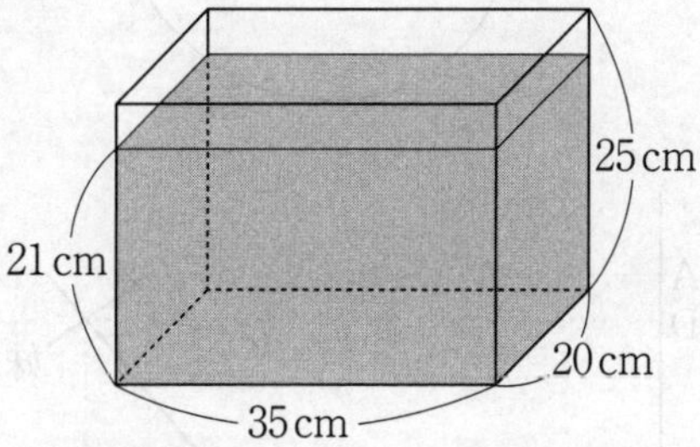

図２

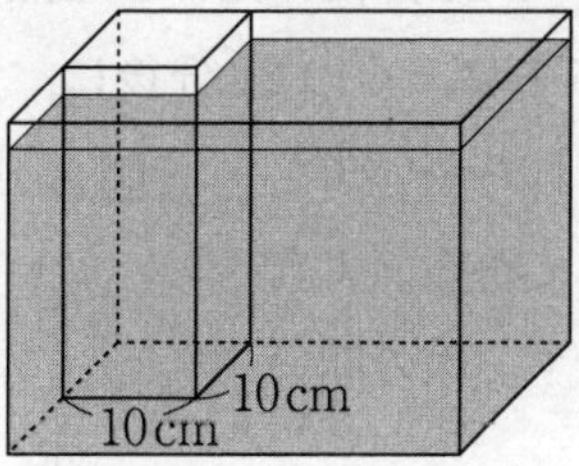

図３

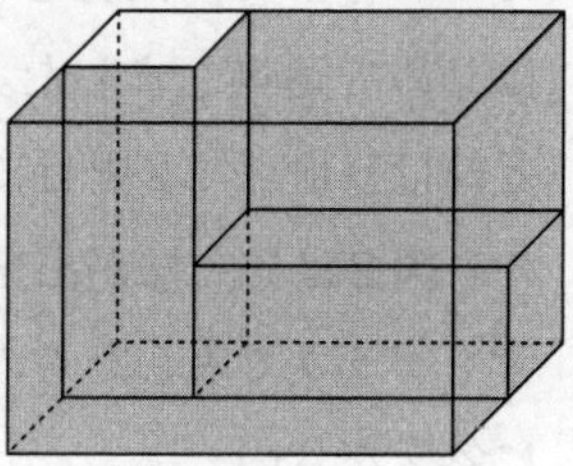

⑴　**図１**の水そうに，底面が１辺の長さが 10 cm の正方形で高さが 25 cm の直方体のおもりを**図２**のように入れました。**図２**の水そうに入っている水の深さは何 cm ですか。

⑵　⑴のあと，さらに，⑴で水そうに入れた直方体のおもりと同じ大きさのおもり１個を**図３**のように，水そうの底まで静かにしずめたところ，水そうから水があふれました。水そうからあふれた水の体積は何 cm^3 ですか。

6 池のまわりを１周する道にＡ地点とＢ地点があり，**図１**のように，兄はＡ地点から反時計回りに歩き，妹はＢ地点から時計回りに歩きます。２人は同時に出発したところ，出発してから15分後にＣ地点ではじめてすれちがい，出発してから24分後に兄はＢ地点をはじめて通過しました。さらに，その21分後に，兄と妹はＤ地点で２回目にすれちがいました。**図２**は兄と妹が出発してからのようすをグラフで表したものです。次の問いに答えなさい。

図１

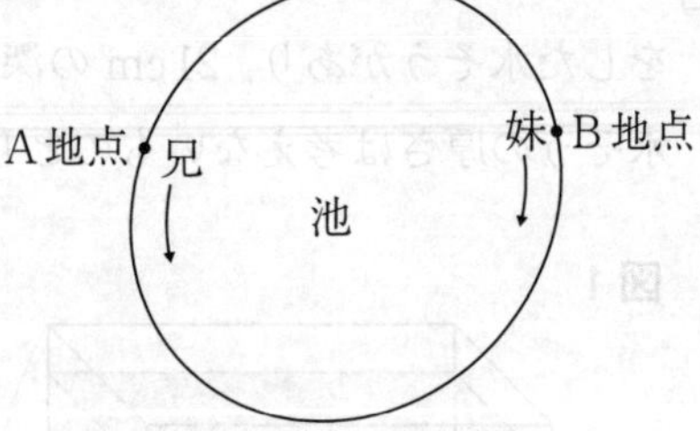

図２

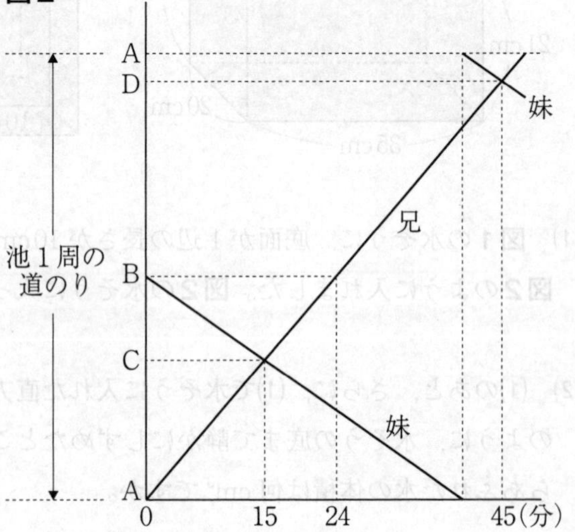

(1) Ａ地点からＣ地点までの短いほうの道のりと，Ｃ地点からＢ地点までの短いほうの道のりの比を，最も簡単な整数の比で表しなさい。

(2) 妹がはじめてＡ地点を通過するのは，出発してから何分後ですか。

(3) 兄がＡ地点にはじめてもどるのは，２人が２回目にすれちがってから何分後ですか。

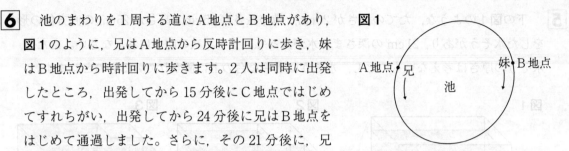

【社　会】〈第１回試験〉（30分）〈満点：50点〉

1　次の文章を読んで，あとの問いに答えなさい。

日本と世界は，貿易や情報通信などを通じてつながっている。

日本が世界の国々と貿易をおこなうにあたっては，日本が島国であることから，航空機や船などの輸送手段が用いられている。①成田国際空港《なりたこくさいくうこう》と名古屋港《なごやこう》は，貿易輸出額が高い港として有名であるが，輸送手段や港のある場所によって，輸出品に大きな特徴《とくちょう》が見られる。金属製の巨大な容器をたくさん載《の》せて運ぶ（　②　）輸送には，荷物の積みかえの手間がかからないことや，運ぶ荷物を一定の大きさにそろえるため，複数の交通機関で輸送する際に便利であることなどのメリットがある。

国内の輸送手段としては，航空機や船に加えて鉄道や自動車も用いられているが，現在では，トラックなどの自動車による貨物輸送を一部鉄道や船による輸送に転換《てんかん》する③モーダルシフトが推進されている。

日本の輸入に関しては，原料や燃料となる④石油と石炭のほぼ100％を輸入にたよっており，石油や石炭に代わるエネルギーの開発が急がれている。

貿易の輸出額と輸入額に差が生じることで，貿易をおこなう２か国間の利益が不平等になる問題を（　⑤　）という。かつての日本でも，アメリカ合衆国との間で（　⑤　）が生じ，アメリカ国内の工場労働者によって，日本製の自動車がこわされるなどの事件が起きた。アジア太平洋地域において結ばれている経済連携《れんけい》協定である⑥環《かん》太平洋パートナーシップ協定は，（　⑤　）の問題についても取りあつかっており，協定を結んだ国々の間でこのような問題が起きないようにしている。

情報通信技術が発展した現代では，世界中の情報機器を接続するネットワークである⑦インターネットを通じて世界中の人々と連絡を取ったり情報を共有したりすることができるようになった。インターネットは，生活や仕事などのさまざまな場面において必要不可欠な社会基盤《きばん》の１つとなっている。さらに，インターネット上で⑧登録された利用者どうしが交流できるサービスも普及《ふきゅう》しており，世界が身近になっているといえる。

問１　下線部①について，成田国際空港と名古屋港の2020年における輸出額上位５品目とその割合を示した表を次の**ア**～**エ**から１つずつ選び，記号で答えなさい。

ア．

自動車	24.6%
自動車部品	16.6%
内燃機関	4.1%
電気計測機器	3.4%
金属加工機械	3.2%

イ．

自動車部品	5.8%
半導体等製造装置	5.2%
コンピュータ部品	5.1%
プラスチック	4.7%
内燃機関	4.4%

ウ．

半導体等製造装置	8.4%
金（非貨幣用）	7.6%
科学光学機器	5.5%
電気計測機器	3.8%
集積回路	3.8%

エ．

石油製品	20.8%
鉄鋼	20.7%
有機化合物	18.4%
プラスチック	7.7%
鉄鋼くず	6.2%

（『日本国勢図会 2022/23 年版』より）

問２　空らん（　②　）にあてはまる語句を次の**ア**～**エ**から１つ選び，記号で答えなさい。

ア．タンカー　　　　　**イ**．ジャスト・イン・タイム

ウ．コールドチェーン　**エ**．コンテナ

問３　下線部③が推進されている理由を，環境への影響《えいきょう》にふれて，簡潔に答えなさい。

問４　下線部④の，2021年における日本の輸入相手国上位３か国を次の**ア**～**エ**から１つ選び，記号で答えなさい。

ア．アメリカ合衆国，カナダ，オーストラリア

イ．サウジアラビア，アラブ首長国連邦《しゅちょうこくれんぽう》，クウェート

ウ．オーストラリア，マレーシア，カタール

エ．オーストラリア，インドネシア，ロシア連邦

問５　空らん（　⑤　）にあてはまる語句を答えなさい。

問６　下線部⑥の略称《りゃくしょう》を次の**ア**～**エ**から１つ選び，記号で答えなさい。

ア．ＴＰＰ　　**イ**．ＦＴＡ　　**ウ**．ＥＰＡ　　**エ**．ＡＰＥＣ

問７　下線部⑦を利用するときの注意点やその活用方法に関する説明として正しいものを次の**ア**～**エ**から１つ選び，記号で答えなさい。

ア．インターネット上で知らない人とやりとりをするときは，個人情報を送って身分を明かしたほうがよい。

イ．インターネット上では個人が特定されにくいので，うそや他人の悪口を書きこんでも犯罪にはならない。

ウ．インターネットで得る情報が正しいかどうかを判断する力が必要である。

エ．インターネットを使って，売れた商品の数や数量の管理をおこなうしくみをＡＩシステムという。

問８　下線部⑧のサービスの略称を，アルファベット３字で答えなさい。

2　次のＡ～Ｆのカードは，歴史上のできごとについてまとめたものである。これを見て，あとの問いに答えなさい。

Ａ　中大兄皇子《なかのおおえのおうじ》は，（　①　）らとともに大化《たいか》の改新をおこなった。この改革では，天皇の下《もと》で，それまで各地の豪族《ごうぞく》が支配していた土地と人民を国家が直接支配するしくみをつくることや，朝廷《ちょうてい》や地方の組織を改め，権力を集中させることを目指した。

Ｂ　（　②　）は，後白河上皇《ごしらかわじょうこう》の院政《いんせい》を助け，武士として初めて太政大臣《だいじょうだいじん》になった。また，航路や現在の兵庫県神戸《こうべ》市の港を整備し，日宋《にっそう》貿易に力を入れた。政治に関しては，自分の娘《むすめ》を天皇の后《きさき》にして権力を強め，朝廷の政治の実権を握《にぎ》ったが，（　②　）の死後，一族は壇ノ浦《だんのうら》の戦いで敗れ，滅亡《めつぼう》した。

C　元《げん》の皇帝《こうてい》であったフビライ・ハンは，日本を従えるために使者を送ってきた。当時鎌倉幕府《かまくらばくふ》の執権《しっけん》を務めていた（　③　）は，元の要求を無視したため，元は２度日本に攻《せ》めてきた。この２度の襲来《しゅうらい》を元寇《げんこう》と呼ぶ。

D　アメリカの軍人であるペリーが現在の神奈川県の浦賀《うらが》に来航し，日本に開国を要求した。1854年，幕府は（　④　）を結び，下田《しもだ》と函館《はこだて》の２港を開いた。さらに，アメリカの領事を下田に置くことを認め，日本は開国することとなった。ペリーが来航してから江戸《えど》幕府が滅亡するまでの時期を⑤幕末期と呼ぶ。

E　1918年，シベリア出兵を見こした米の買い占《し》めが起こり，米の値段が大幅《おおはば》に上がると，米の安売りを求める（　⑥　）が全国に広がった。藩閥《はんばつ》の内閣が（　⑥　）によって退陣《たいじん》すると，（　⑦　）が内閣を組織した。この内閣は，日本初の本格的な政党内閣であった。

F　日本の経済が年平均10％程度の成長を続けた1955年から1973年までの時期を，高度経済成長期という。これにより国民生活は豊かで便利なものとなり，⑧「三種の神器」と呼ばれた家庭電化製品が一般家庭に普及した。しかし，1973年に第四次中東戦争をきっかけに起こった（　⑨　）の影響《えいきょう》で不況《ふきょう》におちいり，高度経済成長は終《しゅう》了《りょう》した。

問１　Ａのカードの空らん（　①　）にあてはまる人物の名を，漢字４字で答えなさい。

問２　Ｂのカードの空らん（　②　）にあてはまる人物の名を，漢字３字で答えなさい。

問３　Ｃのカードの空らん（　③　）にあてはまる人物を次の**ア**～**エ**から１人選び，記号で答えなさい。

ア．北条泰時《ほうじょうやすとき》　　**イ**．北条時宗《ときむね》　　**ウ**．北条時政《ときまさ》　　**エ**．北条政子《まさこ》

問４　Ｄのカードの空らん（　④　）にあてはまる条約の名を，漢字で答えなさい。

問5　Dのカードの下線部⑤の時期の日本の主な輸出品として適当なものを次の**ア**～**エ**から１つ選び，記号で答えなさい。

ア．毛織物　**イ**．綿織物　**ウ**．綿糸　**エ**．生糸

問6　Eのカードの空らん（　⑥　）にあてはまる語句を答えなさい。

問7　Eのカードの空らん（　⑦　）にあてはまる人物を次の**ア**～**エ**から１人選び，記号で答えなさい。

ア．寺内正毅《てらうちまさたけ》　**イ**．吉野作造《よしのさくぞう》　**ウ**．原敬《はらたかし》　**エ**．伊藤博文《いとうひろぶみ》

問8　Fのカードの下線部⑧にあてはまらないものを次の**ア**～**エ**から１つ選び，記号で答えなさい。

ア．自動車　**イ**．白黒テレビ　**ウ**．電気洗濯機《せんたくき》　**エ**．電気冷蔵庫

問9　Fのカードの空らん（　⑨　）にあてはまる語句を答えなさい。

3　次の文章を読んで，あとの問いに答えなさい。

江戸時代の日本国内には，多くの藩《はん》と呼ばれる，現在の都道府県のような区分が存在した。藩内の政治はその藩の藩主に任され，地方分権と呼ばれるしくみをとっていた。明治《めいじ》時代になると，中央集権国家をつくりあげるために新政府がおこなった（　①　）により，日本全国が府と県に分けられた。また，中央から府知事や県令を派遣《はけん》することで，政府が全国を管理できるようなしくみをとった。

現代の日本においては，多くなりすぎた国の仕事を，都道府県などの地方公共団体に分散させるための取り組みがおこなわれている。国の仕事の多くを地方公共団体に渡《わた》すことで，それぞれの地方公共団体が自立した活動をおこなえるようにすることを目的とした地方分権一括法《いっかつほう》が1999年に成立したことで，国の仕事の多くが②地方公共団体の仕事になった。

地方自治の運営方法やしくみについては，地方自治法に定められており，地方自治は③「民主主義の学校」とも呼ばれている。住民には，④首長や地方議会議員を選挙で選ぶだけでなく，直接請求《せいきゅう》権が認められている。住民は，一定数の署名を集めることで，条例の制定や改廃《かいはい》など

について請求することができる。請求内容によっておこなわれる住民投票で有効投票の過半数の賛成が得られれば，首長や地方議会議員を辞《や》めさせたり議会を解散させたりする（ ⑤ ）ができる。

地方公共団体の収入（歳入《さいにゅう》）には，地方公共団体が独自に集める自主財源と，国などから支《し》払《はら》われる依存《いぞん》財源がある。依存財源とは，自主財源でまかなえない分を補うものであり，自主財源が少ない地方公共団体の歳入は，依存財源の割合が高くなる。依存財源の中で，教育や道路の整備など，国が使い道を指定して地方公共団体に交付するものを（ ⑥ ）と呼ぶ。

問１ 空らん（ ① ）にあてはまる語句を，漢字４字で答えなさい。

問２ 下線部②にあてはまらないものを次の**ア**～**エ**から１つ選び，記号で答えなさい。

ア．公立の学校の設置　**イ**．ごみの収集　**ウ**．司法　**エ**．警察

問３ 下線部③について，地方自治が「民主主義の学校」と呼ばれている理由を簡潔に答えなさい。

問４ 下線部④について，都道府県知事に立候補できる年齢《ねんれい》として適当なものを次の**ア**～**エ**から１つ選び，記号で答えなさい。

ア．18才以上　**イ**．20才以上
ウ．25才以上　**エ**．30才以上

問５ 空らん（ ⑤ ）にあてはまる語句を，カタカナで答えなさい。

問６ 空らん（ ⑥ ）にあてはまる語句を答えなさい。

問７ 2008年から地方と大都市の税収の格差を改めるために，自らの意思で納税する自治体を選ぶことができる制度が開始された。納税という名称ではあるものの，実際には都道府県・市区町村への寄付であり，寄付金額の一部が所得税および住民税から差し引かれるしくみとなっている。このしくみの名称を答えなさい。

【理　科】〈第１回試験〉（30分）〈満点：50点〉

1　**図１**はマツの枝の先端《せんたん》近くのようすを，**図２**はマツの花粉を顕微鏡《けんびきょう》で観察したようすを表しています。以下の(1)～(4)に答えなさい。

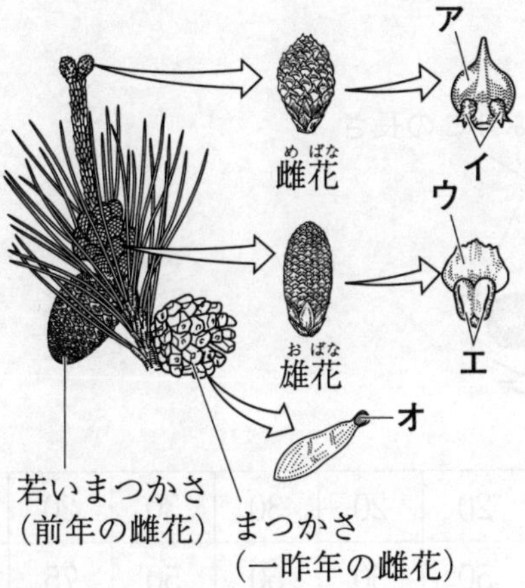

図1　マツの枝

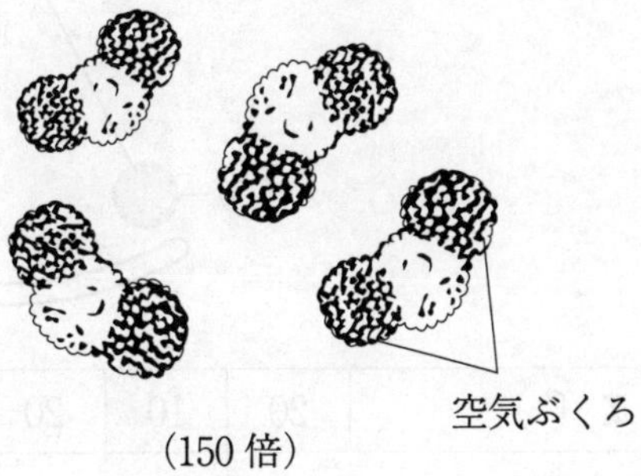

図2　マツの花粉

(1)　**図１**で，花粉が入っている部分はどれですか。**図１**の**ア**～**オ**から１つ選び，記号で答えなさい。また，その部分を何といいますか。名前を答えなさい。

(2)　マツの種子はどこについていますか。**図１**の**ア**～**オ**から１つ選び，記号で答えなさい。

(3)　マツの花粉は**図２**のように空気ぶくろというふくろ状のつくりをもっています。マツの花粉は何によって運ばれますか。

(4)　マツと同じような花のつくりをもつ植物はどれですか。次の**ア**～**エ**からすべて選び，記号で答えなさい。

ア．タンポポ

イ．イチョウ

ウ．イヌワラビ

エ．ソテツ

2　下の図のふりこにおいて，Ｘやおもりの重さ，ふりこの長さをそれぞれ変えてふりこが10往復する時間を調べ，１往復する時間を求めました。このときの結果をまとめたものが下の表になります。以下の⑴～⑷に答えなさい。

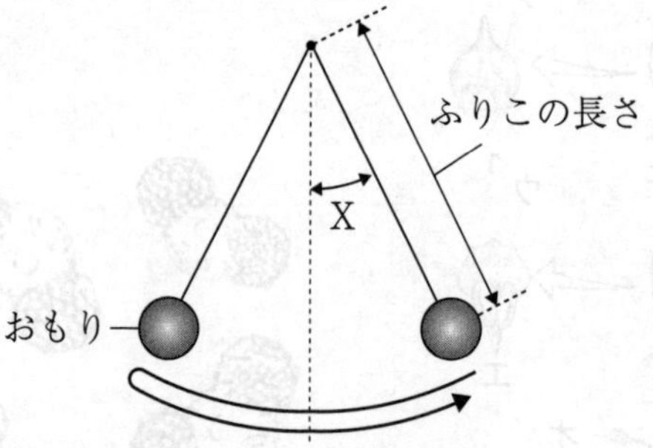

X〔°〕	20	10	20	20	20	20	30	30	20	20
おもりの重さ〔g〕	25	50	50	100	50	50	50	50	75	50
ふりこの長さ〔cm〕	50	50	50	50	100	25	50	100	400	200
１往復する時間〔秒〕	1.4	1.4	1.4	1.4	2.0	1.0	1.4	2.0	4.0	Y

⑴　図のＸは，ふりこをゆらし始めた位置から，おもりがいちばん下にきた位置までの角度を表しています。これを何といいますか。名前を答えなさい。

⑵　他の条件を変えずに，ふりこの長さのみを４倍にすると，ふりこが１往復する時間はどのようになりますか。

⑶　他の条件を変えずに，おもりの重さのみを４倍にすると，ふりこが１往復する時間はどのようになりますか。

⑷　表のＹにあてはまる数字を答えなさい。

3　日本のある地点で，ある日の午後７時に南の空の星を観察すると，下の図の星座が観察でき，赤く光る星が真南にありました。以下の(1)～(4)に答えなさい。

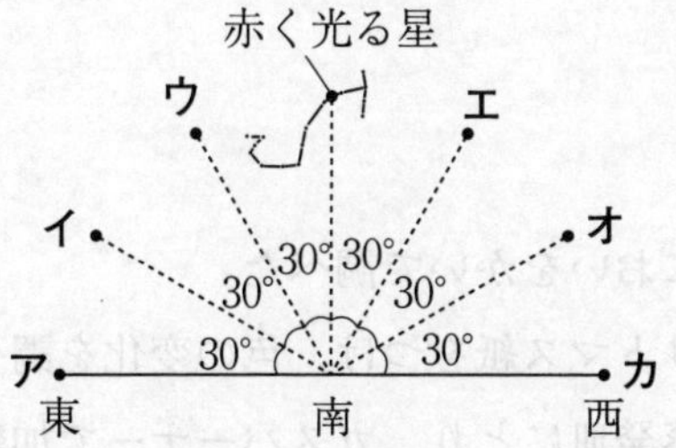

(1)　図の星座を何といいますか。名前を答えなさい。また，この観察を行った季節はいつですか。次の**ア**～**エ**から１つ選び，記号で答えなさい。

ア．春

イ．夏

ウ．秋

エ．冬

(2)　図で観察した星座について説明した以下の文の（　　　）に入る適当な言葉を答えなさい。

観察した星座が見える位置は時間がたつと（　　　）の方角へ動いて見える。

(3)　図の星座を観察した４時間後に同じ地点で南の空を見ました。このときの図の星座の赤く光る星はどの位置に見えますか。図の**ア**～**カ**から１つ選び，記号で答えなさい。

(4)　観察を行った日に，南半球のニュージーランドのある地点で図の星座を観察するとどのように見えますか。次の**ア**～**エ**から１つ選び，記号で答えなさい。

ア．南の空に見え，時間がたつと東から西の方角へ動いて見える。

イ．南の空に見え，時間がたつと西から東の方角へ動いて見える。

ウ．北の空に見え，時間がたつと東から西の方角へ動いて見える。

エ．北の空に見え，時間がたつと西から東の方角へ動いて見える。

4　５種類の水溶液《すいようえき》Ａ～Ｅがあります。これらの水溶液はうすい塩酸，炭酸水，食塩水，アンモニア水，石灰水《せっかいすい》のどれかです。これらを調べるために行った実験とその結果について以下の(1)～(4)に答えなさい。

【実験】

①　手であおぐようにして，においをかいで調べた。

②　それぞれの水溶液に青色リトマス紙をつけ，色の変化を調べた。

③　それぞれの水溶液を別の蒸発皿にとり，ガスバーナーで加熱して，加熱後の蒸発皿のようすを調べた。

	A	B	C	D	E
①	しなかった	つんとしたにおいがした	しなかった	しなかった	つんとしたにおいがした
②	変化しなかった	赤色に変化した	変化しなかった	赤色に変化した	変化しなかった
③	白い固体が残った	何も残らなかった	白い固体が残った	何も残らなかった	何も残らなかった

(1)　水溶液の質量に対するとけている物質の質量の割合を百分率で表したものを「質量パーセント濃度《のうど》」といいます。実験で使った食塩水には，食塩が36gとかしてあり，その質量パーセント濃度は30％です。このとき，実験で使った食塩水全体の重さは何ｇですか。

(2)　実験の結果から，水溶液Ｂ，Ｄは何性の水溶液ですか。また，これらの水溶液に緑色のＢＴＢ液を加えると，水溶液の色は何色に変わりますか。

(3)　水溶液ＡとＣはこの実験だけで区別することはできません。これらを区別するには，実験の①～③に加えてどのような操作を行えばよいですか。次の**ア**～**エ**から１つ選び，記号で答えなさい。

ア．加熱して残った固体の重さを調べる。

イ．水溶液にマグネシウムを加えて気体が発生するか調べる。

ウ．水溶液をしばらく置き，そこに固体がたまるか調べる。

エ．水溶液に二酸化炭素を通し，白くにごるか調べる。

(4)　水溶液Ｂ，Ｄ，Ｅは何ですか。それぞれ答えなさい。

問二 次の意味になる四字熟語を、あとの語群の漢字を組み合わせて、それぞれ書きなさい。

① 物事を自分に有利になるように取りはからうこと。
② 動作が非常にすばやいことや、非常に短い時間のこと。

単	田	光	異	直	水	電	大
入	小	火	引	同	我	石	刀

問三 次の熟語について、（　）の指示にあてはまる言葉をあとの語群から選び、漢字に直して書きなさい。

① 介抱《かいほう》（類義語）
② 義務（対義語）

きんべん	きんとう	けんしゅう	けんり	かんさつ	かんご

問四 次の①・②の□に入る漢字は部首がすべて同じです。共通する部首の名前をそれぞれひらがなで書きなさい。

① 私の家の□にはぶらんこがあり、妹がよく遊んでいる。
まずみんなに相談してから行動するのが順□というものだ。
駅前にある書□に本を買いに行った。

② 彼女《かのじょ》の□練された上品なふるまいに感心する。
いつまでも□を売っていないで作業を終わらせよう。
一週間後に行われる運動会の□備を進める。

問五　——線④「痛いほどの力がみぞおちから突き上げてきた」とありますが、これは草多のどのような様子を表現しているのですか。四十五字以内で説明しなさい。

問六　——線⑤「ときどき、草多は、雪さんの分厚い手の平の感触を思い出すことがあった」とありますが、雪さんの手の平の感触を思い出すとき、草多はどのような気持ちになるのですか。四十五字以内で説明しなさい。

問七　本文の表現についての説明として最も適切なものを、次の中から一つ選び記号で答えなさい。

ア　「草多」と「雪さん」の会話を中心に「草多」の気持ちの変化が描《えが》かれており、薬学の学び方になやむ「草多」が、「雪さん」から専門的な助言を受けて立ち直り、これまでの自分の学び方を反省する様子が表現されている。

イ　現在の場面と過去の場面が交互《こうご》に描かれており、久寿理島にいたころには全くわからなかった薬学の大切さを、「雪さん」との出会いを通して理解し成長していく「草多」の姿が表現されている。

ウ　登場人物の表情や動作が細かく描かれており、「草多」に会えて浮かれる「雪さん」の様子や、「雪さん」を警戒《けいかい》しつつも少しずつ心を開き、薬学を学ぶ苦しみをいやしていく「草多」の様子が表現されている。

エ　「草多」の視点から「草多」の心の中の思いや「雪さん」との交流が描かれており、「雪さん」や海女さんたちの『気休め丸』への愛着などを知ったことで、薬学を学ぶ姿勢が変化する「草多」の様子が表現されている。

三

次の各問いに答えなさい。

問一　次の——線の漢字はひらがなで書き、カタカナは漢字に直して書きなさい。

① 相手の事情を推察する。
② 鋼鉄の意志を持って行動する。
③ お小づかいでザッシを買う。
④ 紅茶にサトウを入れる。

＊わからん荘の呪い……わからん荘で暮らすと成績が落ちるという言い伝えがあった。　＊祐次……草多の同級生。
＊大塔秀有……草多の同級生で、大塔製薬の息子。　＊黒田真赤……草多の同級生。
＊竜骨……漢方薬《かんぽうやく》に使用される、古代動物の骨の化石。　＊蘭さん……わからん荘の大家。
＊行商……品物を各地へ持っていき、売って歩く商人。　＊お伊勢さん……三重《みえ》県にある伊勢神宮《じんぐう》のこと。
＊矢も盾もたまらず……あることを実行したい思いをおさえきれないこと。
＊お茶うけ……お茶を飲むときにいっしょに食べる菓子《かし》。　＊玉露……日本茶の一種で、高級茶として有名。
＊海女……海にもぐって海藻《かいそう》や貝などをとる仕事をする女性。

問一　――線①「軽い点数ばかりが入っているにもかかわらず、やけに重いかばんをひきずって」とありますが、この表現が示す草多の気持ちとしてふさわしくないものを、次の中からすべて選び記号で答えなさい。

ア　不安　**イ**　ためらい　**ウ**　あせり　**エ**　ゆううつ　**オ**　あきらめ

問二　［1］～［3］にあてはまる語を、次の中からそれぞれ一つずつ選び記号で答えなさい。

ア　しんみりと　**イ**　ひらりと　**ウ**　けろりと　**エ**　いそいそと　**オ**　さんさんと

問三　――線②「あたしがこうして元気でいられるのも、一日ひと粒の『気休め丸』を飲んでいるからなんだよ」とありますが、雪さんは『気休め丸』をどのような薬だと思っていますか。それが簡潔に表現されている部分を、本文中から十五字で書き抜《ぬ》きなさい。

問四　――線③「草多ははっと顔を上げた」とありますが、草多がこのような反応をした理由の説明として最も適切なものを、次の中から一つ選び記号で答えなさい。

ア　思いがけないことを聞いておどろいて、本当の話かどうか疑わしく思ったから。
イ　自分の目標に関わる重要な話だと感じて、もっとくわしく聞きたいと思ったから。
ウ　『気休め丸』に重大な欠点があると知って、実家に報告する必要を感じたから。
エ　自分が今最も興味を持っていることについての話題が出て、うれしくなったから。

「よおし。やるぞ！」

こんな気持ちになったのは初めてだった。

草多はこみ上げてくる熱い想《おも》いそのままに叫《さけ》んだ。両手を突き上げる。その勢いで、通学かばんが吹《ふ》っ飛び、なかからテスト用紙が飛び出した。特大の花吹雪《ふぶき》みたいに舞《ま》い散る。

十二点、八点、十六点、五点、二点……。

舞い散る答案用紙を体に浴びながら、草多は天に向かってもう一度両手を突き上げた。

それからの草多は、人が変わったようだった。予習、授業、復習、復習。

これまでただ真赤のノートを書き写すだけだった勉強法を、根本から変えた。自分なりに予習をすると知りたいところがいくつもでてくる。そこに集中して授業を受ければ、少なくともひとつは疑問が解決する。それでもわからないところは、繰《く》り返し復習。持っているものはなんでも使えのお達しどおり、なけなしの貯金でＩＣレコーダーも購入《こうにゅう》した。きき取れなかった説明を何度も繰り返してきいた。

そうこうしているうちに、多少、授業に慣れてきた。相変わらず厳しくはあるものの、少なくとも最初のころのような、異次元に放り出されたような感覚はない。理解のコツがつかめてきたのかもしれない。

あの、矢野先生の超速《ちょうそく》授業でさえ、耳に残る文脈が増えてきた。理解ができるようになると、授業中の景色が少し変わってきた。散漫《さんまん》だった教室の空気が、きゅっと張り詰《つ》めたように感じられる。おかげで、黒板の字も先生の声もはっきりと五感に届くようになった。

それをつなぎ合わせてノートに記すと、真赤のノートに近い完成度になることもあった。ただし、分量はまだ三分の二といったところだったが。

⑤ときどき、草多は、雪さんの分厚い手の平の感触《かんしょく》を思い出すことがあった。あの頼《たの》もしい手が、『気休め丸』を人々に届けてくれるのだ。そして待っていてくれる人がいる。

その事実が草多を強く励《はげ》ました。

草多はよみがえる感触を大事に握りこむようにシャーペンを握り、なんとか気持ちを奮い立たせた。

まはら三桃『わからん薬学事始《ことはじめ》①』（講談社）による

　雪さんは少し眉《まゆ》を寄せたが、話し始めた。

「初めはね、年に関係があるような気がしてたんだよ。年をとった人には効かないのかなあと思ってたの。でも、どうやらそうじゃない。海女さんのなかには、一日一粒の『気休め丸』で八十を過ぎても現役《げんえき》でいる人がいっぱいいる。逆にまだ若いのに、薬が効かなくて、体のあちこちに不具合が起きてくる人もいる」

　雪さんの［2］言う声に、草多は母の無念そうな顔を思い出し、肩《かた》を落とした。そんな草多を気づかうように、雪さんは明るい声で言った。

「でも効く人のほうがずっと多いよ。あたしだって、おかげで元気でいられるんだから」

「雪さんは行商で足腰《あしこし》も鍛《きた》えているから鬼《おに》に金棒じゃな。きっと百まででも生きられるよ」

　蘭さんが言うと、雪さんはうれしそうに笑った。

「まあ、お医者さんがそう言ってくれるなら安心だわね。まったく『気休め丸』は、飲んでよし、届けてよしのいい薬だね。あたしゃ鼻が高いよ」

と、蘭さんが赤福餅を食べすぎた不養生の医者だということなど、［3］忘れた様子で胸を張る。

　だが、その姿がとても誇《ほこ》らしげで、草多はふと久寿理島の人たちのことを思い出した。雪さんの笑顔《えがお》は島の人たちの笑顔によく似ている。島の人たちは、薬草の種まきや収穫《しゅうかく》の手伝いをしてくれながら、みんなこんな顔をしている。自慢《じまん》げな表情で、

「立派に育てよ」

と、種をまき、

「いい薬になれよ」

と、それらを刈《か》り取る。

　草多はまざまざと島の人たちの顔を思い出した。

　みんな『気休め丸』をこんなにも愛しているんだ。作り手も売り手も、そして使う人たちも。

　草多の頭の上のアンテナがぴんと伸《の》びた。もやもやしていた視界がすっと開けたような気分だった。

　おれは自分の手で作りたい。

　④痛いほどの力がみぞおちから突《つ》き上げてきた。草多はまぎれもなくそう思った。

どんな人にも喜んでもらえるような薬を。『新・気休め丸』を。

「あたし、*矢も盾《たて》もたまらず飛んできたよ。ひとことお礼が言いたくてさ」
「いえ、こちらこそ」
「ほんとにねえ。②あたしがこうして元気でいられるのも、一日ひと粒の『気休め丸』を飲んでいるからなんだよ」
「本当に雪さんは、行商やってるだけあって脚《あし》も強いよね。あんまりさっさと行っちゃうものだから、見失うとこだったよ」
「だって、草多さんに会えると思ったらうれしくてさあ」
雪さんは、豪快《ごうかい》に笑った。
それから、蘭さんがみやげに買ってきた、赤福餅を*お茶うけに上等の*玉露《ぎょくろ》を飲みながら、雪さんは『気休め丸』がいかにお客さんに愛されているかを、せつせつと語ってくれた。
「あたしが来るのを、*海女《あま》さんたちが首を長くして待ってくれてるんだよ。海女さんたちはね、息を止めて海にもぐるだろ。だからいっつも酸欠状態で、あちこち体がおかしくなるのさ。そんな体に『気休め丸』がよく効くんだって。昔から海女さんたちは、おまもりがわりにこれを持っているんだよ」
雪さんは、ふくよかな体で朗《ほが》らかに笑い、持っていた行商用のバッグを開けて見せてくれた。なかには『気休め丸』の袋《ふくろ》がきれいにそろえて入れられている。久寿理山をイメージした三角形のパッケージだ。
「でもねえ」
と、声を落とした。
「『気休め丸』は気まぐれ丸でしょ。ないときには、いくら欲《ほ》しがられても持っていけないのがつらいわね」
——大きな工場で安定的に作るべきだ。それが人類のためになる。
秀有が言ったことを思い出して、草多の胸はちくりと痛んだ。
「それに、なぜか効かない人がいるのがつらいわね」
③草多ははっと顔を上げた。
「それはどうして？」
「どうしてって、こっちがききたいよ」
「どんな人に効かないのかわかりますか？　おれはこれから、すべての人に効く薬を作りたいんです」
「そうねえ」

「やあ、おかえり」
「おかえりは、こっちのセリフですよ。いったいどこに行っていたんですか」
「いやあ、ちょっとのつもりだったんだが、ついあっちこっち行っちゃってね」
蘭さんはこともなげに笑った。蘭さんがふらりと旅に出てから、すでに二か月が経《た》っていた。
「でもよかったよ。おかげで君に会いたいっていう人に出会ったんだ。こちら、雪《ゆき》さん」
蘭さんがほくほくとした顔で、向かいの席に座《すわ》っている人を紹介《しょうかい》した。ふっくらとしたおばあさんだった。
雪さんといわれたおばあさんは、草多を見るなり［1］立ち上がり、深々と頭を下げた。
「いつもお世話になっております」
「え？」
そう言われても、草多にはなんの心あたりもない。
「雪さんはね、『気休め丸』の行商*をやっている方だよ」
「え！　そうなんですか」
草多は声を上げた。『気休め丸』は薬局では売られていない。昔から日本各地にいる行商の人たちが、お得意さんを回るというシステムを取っている。
「あちこち行っているうちに、ふと、伊勢《いせ》の赤福餅《あかふくもち》を食べたくなってね。お伊勢さん*に寄ったら食べすぎちゃって。胸やけでうんうんうなっていたところに、雪さんがちょうど通りかかって助けてくれたんだよ」
「またですか」
蘭さんの旅の話には、決まって自業《じごう》自得でおちいった不測の事態を誰《だれ》かが助けてくれるというエピソードがついている。
「黒い粒《つぶ》をね、飲ましてもらったんだよ。そしたらすーっと気分がよくなってね。『これはなんですか』ってたずねたら、『気休め丸』だっていうじゃないか」
「そうしたらこの方が、『気休め丸』の製造元のご子息がうちに下宿してるっていうじゃないかい。びっくりしたよ」
雪さんは蘭さんの話をもぎ取って、こらえきれないように、草多にせまった。草多の両手をむぎゅっと握る。
「いてて」
雪さんはおばあさんながら、なかなか手の力が強かった。

二 次の文章を読んで、あとの問いに答えなさい。（設問の都合上、一部手を加えてあります。）

人口二百人に満たない小さな島である久寿理島《くすりじま》にある久寿理島製薬は、代々『気休め丸』という万能薬を作っている。医者のいない久寿理島の人々は、この薬のおかげで大きな病気もせずに暮らしてきた。その久寿理島製薬を営む木葉《きば》家の一人息子《むすこ》である草多《そうた》は、薬学を学ぶために東京《とうきょう》の和漢《わかん》学園に入学し、「わからん荘《そう》」に下宿した。薬学に関する授業は難解で進度もはやいため、草多は大変な毎日を過ごしている。

授業がちんぷんかんぷんであるがごとく、テストもまた、さっぱり意味がわからない。当然つけられた点数も、それをみごとに反映していた。

「*わからん荘の呪《のろ》いだな、やっぱり」

テストが返されるたび、草多の点数を確認《かくにん》し、*祐次《ゆうじ》は確信を深めていたほどだ。返ってきた点数は、二十点満点ではないかと思われるものばかりだった。

教室前の廊下《ろうか》には、成績優秀《ゆうしゅう》者の名前が貼《は》り出されてあった。前を通りかかると、見たくもないのに目に入ってくる。

*大塔秀有《だいとうしゅうゆう》。

*黒田真赤《くろだまき》。

よく知っている名前が並んでいる。

「毎年、三十人もの生徒が、勉強の厳しさに耐《た》えられなかったり、資質が合わないと自覚してやめていくか、二年生になれずに留年してしまうのですよ」

矢野《やの》先生の言葉を、草多はぼんやりと思い浮《う》かべる。今、いちばん近いところにいるのは、まちがいなく自分だ。

心もとなさに、草多はベルトの*竜骨《りゅうこつ》をギュッと握《にぎ》りしめた。

①軽い点数ばかりが入っているにもかかわらず、やけに重いかばんをひきずって、草多がわからん荘に帰ると、談話室に人の気配があった。ひょいとのぞきこむと、テーブルに*蘭《らん》さんがいた。

「蘭さん！」

問二　[あ] に入れるのに適切なものを、次の中から一つ選び記号で答えなさい。
ア　生長させるのに非常に手間と時間がかかる　　イ　生き残るために特別な工夫をしている
ウ　人間の助けなしには育つことができない　　エ　これ以上収穫《しゅうかく》量を増やすことができない

問三　[い] にあてはまる語句を、次の中から一つ選び記号で答えなさい。
ア　得体の知れない　　イ　思いどおりにならない　　ウ　とりえのない　　エ　あつかいが容易でない

問四　――線①「地中海沿岸のメソポタミア文明、エジプト文明には麦類があり、南米のインカ文明にはジャガイモがある」とありますが、これらは何の具体例としてあげられているのですか。解答用紙の「の具体例。」につながるように、十五字以内で説明しなさい。

問五　――線②「本当に不思議である」とありますが、ここではどのようなことを不思議だと述べているのですか。解答用紙の「マヤの人々が、」に続けて、五十字以内で説明しなさい。

問六　[う] にあてはまる語を、本文中から漢字二字で書き抜《ぬ》きなさい。

問七　――線③「日本にはポルトガル船によって一五七九年に伝えられた」とありますが、日本でトウモロコシが食糧として受け入れられたのはなぜですか。三十五字以内で説明しなさい。

問八　本文中には次の一文が抜けています。本文のどこに入れるのがふさわしいですか。一文を入れたあとの八文字を書き抜きなさい。
ところがトウモロコシは、どのようにして生まれたのか、まったく謎《なぞ》に満ちているのである。

問九　本文中で他の植物との違いとしてあげられているトウモロコシの特徴《とくちょう》として適切でないものを、次の中から一つ選び記号で答えなさい。
ア　糸状である絹糸によって花粉を取りこんでいること。　　イ　種子の色が黄色や白、紫色、黒色など多様であること。
ウ　種子が皮で包まれていて、地面に散布されないこと。　　エ　起源となる植物が何であるかがはっきりしないこと。

穀粒《こくりゅう》が、花のついた場所とはまったく違う所にできる。これは自然の法則に反する」と評している。

植物は花が咲き終わると、そこに実や種子ができる。トウモロコシも同じである。[4]、トウモロコシの雌花である絹糸は、とても花には見えない。トウモロコシは他のイネ科植物と同じように、茎の先端に穂《ほ》をつけて花を咲かせる。しかし、これはトウモロコシの[う]だから、実はつかない。そして、絹糸のあったところに実がつくのである。

神が世界を創造したと信じるヨーロッパの人々にとって、自然の＊摂理《せつり》に反するものは信じがたい。そのため、トウモロコシは珍しい植物として観賞用に栽培されるだけで、食糧となることはなかったのである。

コロンブスによってヨーロッパにもたらされたトウモロコシは、ヨーロッパでは本格的に栽培されなかったが、アフリカ、中近東《ちゅうきんとう》、アジアの諸国へと広まっていった。③日本にはポルトガル船によって一五七九年に伝えられたとされている。コロンブスがアメリカ大陸に到達したのが一四九二年であるから、それから百年も経《た》たないうちに、極東の島国にトウモロコシが伝えられたことになる。日本にもイネがあったから、トウモロコシの栽培は大々的には行われなかったが、水田を拓《ひら》くことができない山間地では、トウモロコシは食糧として広まっていった。現在でも、山間地では、もちもちした食感のトウモロコシを栽培していることがある。これが、戦国《せんごく》時代に日本に伝えられたトウモロコシの系統である。

トウモロコシは、関西では「なんばん」や「なんば」の別名で呼ばれることがある。これは「＊南蛮《なんばん》」から伝えられたため、そう呼ばれているのである。

稲垣栄洋『世界史を変えた植物』（ＰＨＰ文庫）による

＊近縁……生物の種の分類で、近い関係にあること。　＊黄河文明……黄河流域で栄えた古代中国の文明。
＊インダス文明……インダス川流域で栄えた古代インドの文明。　＊長江文明……長江流域で栄えた古代中国の文明。
＊グローバル化……文化交流、経済活動などが地球規模で行われるようになること。
＊コロンブス……十五世紀のイタリア出身の航海者。　＊摂理……自然を支配する法則。
＊南蛮……昔の日本におけるポルトガルやスペインなどの呼び名。

問一 [1]～[4]にあてはまる語を、次の中からそれぞれ一つずつ選び記号で答えなさい。

ア しかし　**イ** さらに　**ウ** たとえば　**エ** そのため

子をくっつける。ところが、トウモロコシは、散布しなければならない種子を皮で包んでいるのだ。皮に包まれていては種子を落とすことはできない。さらには皮を巻いて黄色い粒を剝き出しにしておいても、種子は落ちることがない。種子を落とすことができなければ、植物は子孫を残すことができない。つまり、トウモロコシは［あ］のだ。まるで家畜《かちく》のような植物だ。

初めから作物として食べられるために作られたかのような植物――それがトウモロコシである。そのため、宇宙人が古代人の食糧《しょくりょう》としてトウモロコシを授《さず》けたのではないかと噂《うわさ》されているのである。

トウモロコシが宇宙から来た植物かどうかは定《さだ》かではないが、植物学者たちはこの［い］植物であるトウモロコシを「怪物《かいぶつ》」と呼んでいる。

すでに紹介《しょうかい》したように、人類の文明には、それを支えた作物がある。*黄河《こうが》文明にはダイズがあり、*インダス文明には麦類とイネが、*長《ちょう》江《こう》文明にはイネがある。そして、①地中海《ちちゅうかい》沿岸のメソポタミア文明、エジプト文明には麦類があり、南米のインカ文明にはジャガイモがある。

文明があったから作物が発達したのか、優《すぐ》れた作物が文明の発達を支えたのかはわからないが、いずれにしても、世界の文明の起源は、作物の存在と深く関係しているのである。

トウモロコシの起源地とされる中米に存在したアステカ文明やマヤ文明では、トウモロコシは重要な作物であったとされている。

マヤの伝説では、人間はトウモロコシから作られたとされている。人間がトウモロコシを創り出したのではなく、人間の方が後なのだ。伝説では、神々がトウモロコシを練って、人間を創造したと言われている。日本ではあまり見られないが、トウモロコシには黄色や白だけでなく、紫《むらさき》色や黒色、橙《だいだい》色などさまざまな色がある。［3］、トウモロコシから作られた人間もさまざまな肌《はだ》の色を持っているのだという。

*グローバル化した現代であれば、世界には白人や黒人、黄色人種など、肌の色の違《ちが》う人々がいることを知っている。

しかし、肌の白いスペイン人が中南米にやってきたのは、*コロンブスがアメリカ大陸に到達《とうたつ》した十五世紀以降のことである。そして、アフリカから黒人たちがアメリカ大陸へ連れてこられたのも十五世紀以降のことである。マヤの人々はどうして世界中にさまざまな肌の色の人間がいることを知っていたのだろうか。②本当に不思議である。

アメリカ大陸の先住民の食糧として広く栽培《さいばい》されていたトウモロコシは、コロンブスの最初の航海によってヨーロッパに持ち込《こ》まれたとされている。しかし、ヨーロッパに紹介された後も、トウモロコシがヨーロッパの人々に受け入れられることはなかった。麦類を見慣れたヨーロッパの人々にとって、トウモロコシは奇妙《きみょう》な穀物であった。植物学者でさえも「トウモロコシは珍《めずら》しい植物だ。

2023年度 本庄東高等学校附属中学校

【国語】〈第一回試験〉（五〇分）〈満点：一〇〇点〉

一 次の文章を読んで、あとの問いに答えなさい。（設問の都合上、一部手を加えてあります。）

トウモロコシは宇宙からやってきた植物であるという都市伝説がある。

本当だろうか。

まさか、そんなことはないだろう。そう思うかもしれないが、トウモロコシはじつに不思議な植物である。

なにしろトウモロコシには明確な祖先種である野生植物がない。たとえば私たちが食べるイネには、祖先となった野生のイネがある。また、コムギは直接の祖先があったわけではないが、コムギの元となったとされるタルホコムギやエンマコムギという植物が明らかになっている。

トウモロコシは中米原産の作物である。祖先種なのではないかと考えられている植物には、テオシントと呼ばれる植物がある。しかし、テオシントの見た目はトウモロコシとは異なる。［1］、仮にテオシントが起源種であったとしても、テオシントにも＊近縁《きんえん》の植物はないのだ。

トウモロコシはイネ科の植物だが、ずいぶんと変わっている。

一般《いっぱん》的に植物は、一つの花の中に雄《お》しべと雌《め》しべがある。イネやコムギなどイネ科の多くは、一つの花の中に雄しべと雌しべがある両性花である。ところが、トウモロコシは茎《くき》の先端《せんたん》に雄花が咲《さ》く。そして、茎の中ほどに雌花ができる。雌花もずいぶんと変わっていて、絹糸《けんし》という長い糸を大量に伸《の》ばしている。この絹糸で花粉をキャッチしようとしているのである。

この雌花の部分が、私たちが食べるトウモロコシになる部分である。トウモロコシを食べるときには皮を剝《む》いて食べる。皮を剝くと中から黄色いトウモロコシの粒《つぶ》が現れる。このトウモロコシの粒は、種子である。

当たり前のように思えるが、考えてみるとこれも不思議である。

植物は種子を散布するために、さまざまな工夫《くふう》を凝《こ》らしている。［2］タンポポは綿毛で種子を飛ばすし、オナモミは人の衣服に種

2023年度
本庄東高等学校附属中学校 ▶解説と解答

算　数　＜第１回試験＞（50分）＜満点：100点＞

解　答

1 (1)　102　(2)　$\frac{2}{3}$　(3)　$\frac{5}{11}$　(4)　311　**2** (1)　12題　(2)　10ｇ　(3)　29番目　(4)　15個　(5)　56度　**3** (1)　20通り　(2)　36通り　(3)　47通り
4 (1)　6 cm　(2)　27cm^2　(3)　3：2　**5** (1)　24.5cm　(2)　2200cm^3
6 (1)　5：3　(2)　40分後　(3)　3分後

解　説

1 四則計算，逆算，単位の計算

(1)　$2023\div(223-13\times8)+5\times(35-18)=2023\div(223-104)+5\times17=2023\div119+85=17+85=102$

(2)　$\left\{\frac{2}{3}\div(1-0.25)+\frac{2}{9}\right\}\times\frac{3}{10}+\frac{1}{3}=\left\{\frac{2}{3}\div\left(1-\frac{1}{4}\right)+\frac{2}{9}\right\}\times\frac{3}{10}+\frac{1}{3}=\left(\frac{2}{3}\div\frac{3}{4}+\frac{2}{9}\right)\times\frac{3}{10}+\frac{1}{3}=\left(\frac{2}{3}\times\frac{4}{3}+\frac{2}{9}\right)\times\frac{3}{10}+\frac{1}{3}=\left(\frac{8}{9}+\frac{2}{9}\right)\times\frac{3}{10}+\frac{1}{3}=\frac{10}{9}\times\frac{3}{10}+\frac{1}{3}=\frac{1}{3}+\frac{1}{3}=\frac{2}{3}$

(3)　$12\times\left(\frac{5}{8}\div\square-1\frac{1}{6}\right)-\frac{3}{5}=1\frac{9}{10}$より，$12\times\left(\frac{5}{8}\div\square-\frac{7}{6}\right)=1\frac{9}{10}+\frac{3}{5}=\frac{19}{10}+\frac{6}{10}=\frac{25}{10}=\frac{5}{2}$，$\frac{5}{8}\div\square-\frac{7}{6}=\frac{5}{2}\div12=\frac{5}{2}\times\frac{1}{12}=\frac{5}{24}$，$\frac{5}{8}\div\square=\frac{5}{24}+\frac{7}{6}=\frac{5}{24}+\frac{28}{24}=\frac{33}{24}=\frac{11}{8}$　よって，$\square=\frac{5}{8}\div\frac{11}{8}=\frac{5}{8}\times\frac{8}{11}=\frac{5}{11}$

(4)　1 kL＝1000L，1 L＝10dL，1 dL＝100mLより，0.07kL－48L＋9100mL＝(0.07×1000×10)dL－(48×10)dL＋(9100÷100)dL＝700dL－480dL＋91dL＝220dL＋91dL＝311dL

2 つるかめ算，濃度《のうど》，数列，約数と倍数，角度

(1)　17題すべてを８点にすると，合計点は，８×17＝136(点)になるが，100点満点のテストをつくるためには，136－100＝36(点)多い。１題の点数を８点から５点に変えるたびに，合計点は，８－５＝３(点)少なくなる。よって，100点満点のテストをつくるためには，５点の問題を，36÷３＝12(題)にすればよい。

(2)　６ｇの食塩をとかして10％の食塩水をつくるとき，食塩水の重さは，６÷0.1＝60(ｇ)である。同様に，６ｇの食塩をとかして12％の食塩水をつくるとき，食塩水の重さは，６÷0.12＝50(ｇ)である。よって，10％の食塩水から，60－50＝10(ｇ)の水を蒸発させれば，12％の食塩水になる。

(3)　問題文中の数列は，｛3，1，9，2，4｝の５つの数字を周期として，くり返し並べられたものである。この１つの周期に並ぶ数の和は，３＋１＋９＋２＋４＝19である。この数列の数を左から順にたしていくとき，110÷19＝５余り15，15＝３＋１＋９＋２より，和が110になるまでに，周期が５回くり返され，さらに３，１，９，２の４個の数字が並ぶ。以上より，和が110になるのは，５×５＋４＝29(番目)の数までたしたときである。

(4)　７でわると２あまる整数は，７の倍数に２を加えたものである。ただし，２も含《ふく》むことに注意する。100以下の７の倍数は，（０，）７，14，21，…，98で，これに２を加えると，２，９，16，23，

…，100となる。98は７の倍数の中で小さいほうから，98÷７＝14(番目)の数だから，１から100までの整数の中で，７でわると２あまる整数は全部で，１＋14＝15(個)ある。

(5)　右の図で，平行線の錯角《さっかく》は等しいので，㋒の角の大きさは，㋐の角と等しい62度である。すると，㋓の角の大きさは，180－62＝118(度)となる。また，折り返しているので，㋑の角と㋒の角の大きさの合計は，㋓の角の大きさと等しい。したがって，㋑の角の大きさは，118－62＝56(度)となる。

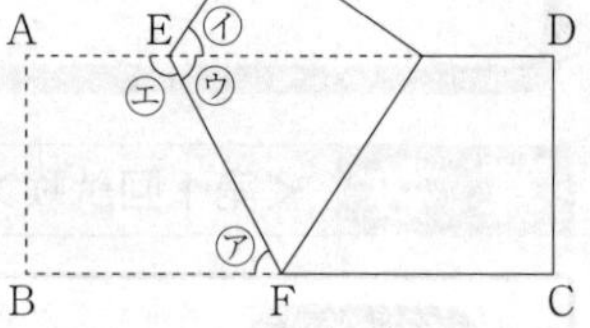

3　場合の数

(1)　百の位の数を１にすると，十の位の数は，６つの数から１をのぞいた，６－１＝５(つ)から，一の位の数は，５つの数からさらに１つの数をのぞいた，５－１＝４(つ)から，選ぶことができる。よって，百の位の数が１である整数は全部で，５×４＝20(通り)できる。

(2)　５の倍数をつくるには，一の位の数を０か５にすればよい。一の位の数を０にすると，百の位の数は５つから，十の位の数は４つから選べるので，５×４＝20(通り)できる。また，一の位の数を５にすると，０を十の位には使えるが百の位には使えないから，百の位の数は４つから，十の位の数も４つから選べるので，４×４＝16(通り)できる。よって，５の倍数は全部で，20＋16＝36(通り)できる。

(3)　230より大きい，百の位が２の整数は，23□で，□＝１，４，５の３通り，24□で，□＝０，１，３，５の４通り，25□で，□＝０，１，３，４の４通り，合計で，３＋４＋４＝11(通り)ある。また，百の位が３の整数は，いずれも230より大きく，450より小さくなり，それらは合計で，(1)と同様に考えて，５×４＝20(通り)ある。さらに，450より小さい，百の位が４の整数は，40□，41□，42□，43□のいずれかで，一の位の数は残った数のうち，なんでもよいから，これらは合計で，４×４＝16(通り)ある。したがって，230より大きく，450より小さい整数は全部で，11＋20＋16＝47(通り)できる。

4　平面図形―辺の比と面積の比・相似

(1)　辺ADと辺BCが平行だから，三角形AEDと三角形CEBの相似より，AE：CE＝AD：CB＝10：15＝２：３である。また，辺FEと辺BCが平行なので，三角形AEFと三角形ACBの相似より，EF：CB＝AE：AC＝２：(２＋３)＝２：５である。よって，EFの長さは，$15\times\frac{2}{5}=6$(cm)となる。

(2)　(1)より，AE：CE＝２：３だから，三角形ABEと三角形CBEの面積の比も２：３である。三角形ABCの面積は，15×９÷２＝67.5(cm^2)なので，三角形ABEの面積は，$67.5\times\frac{2}{2+3}=27$($cm^2$)となる。

(3)　(1)より，AF：FB＝AE：EC＝２：３である。また，辺ADと辺EGが平行より，三角形ACDと三角形ECGは相似で，DG：GC＝AE：EC＝２：３である。つまり，AF：FB＝DG：GC＝２：３とわかる。一方，三角形ABCと三角形DBCは，底辺をBCと見ると高さが等しい三角形だから，面積も等しく，この２つの三角形は，三角形EBCで重なっているので，２つの三角形から三角形EBCをのぞいた，三角形ABEと三角形DECも面積は等しい。すると，AF：FB＝２：３より，三角形BEFの面積は，三角形ABEの面積の，$\frac{3}{2+3}=\frac{3}{5}$で，DG：GC＝２：３より，三角形DEGの面積は，三角形DECの面積の，$\frac{2}{2+3}=\frac{2}{5}$である。したがって，三角形BEFと三角形DEGの面積の比は，$\frac{3}{5}:\frac{2}{5}=3:2$とわかる。

5 立体図形―水の深さと体積

⑴　水そうに入っている水の体積は，$20\times35\times21=14700(cm^3)$である。この水そうに，問題文中の図２のように直方体のおもりを入れると，水の底面積が，$20\times35-10\times10=600(cm^2)$になるので，水の深さは，$14700\div600=24.5(cm)$になる。

⑵　直方体のおもりの高さは，水そうの高さと同じ25cmなので，問題文中の図３において，２つのおもりはすべて水に沈《しず》んだと見なしてよい。はじめにあった水の体積と，おもり２つの体積の合計は，$14700+10\times10\times25\times2=19700(cm^3)$である。また，水そうの容積は，$20\times35\times25=17500(cm^3)$だから，$19700-17500=2200(cm^3)$の水が水そうからあふれた。

〔ほかの考え方〕　問題文中の図１の時点で，水そうにはあと，$20\times35\times(25-21)=2800(cm^3)$までのものを，水をあふれさせずに入れられる。直方体のおもり２つの体積の合計は，$10\times10\times25\times2=5000(cm^3)$なので，これらを水そうに入れたことで，$5000-2800=2200(cm^3)$の水があふれる。

6 グラフ―速さと比，旅人算

⑴　問題文中の図２で，兄はＡ地点を出発して15分後にＣ地点を通過し，さらにその，$24-15=9$(分後)にＢ地点を通過した。これにかかった時間の比は，$15:9=5:3$だから，Ａ地点からＣ地点までの道のりと，Ｃ地点からＢ地点までの道のりの比も，５：３となる。

⑵　妹は，Ｂ地点を出発してからＣ地点を通過するまでに15分かかる。⑴より，妹がＢ地点からＣ地点まで行くのと，Ｃ地点からＡ地点まで行くのにかかる時間の比は３：５なので，妹がはじめてＡ地点を通過するのは，出発してから，$15\times\frac{3+5}{3}=40$(分後)である。

⑶　２人は出発して15分後にはじめてすれちがい，45分後に２回目にすれちがった。この間の，$45-15=30$(分間)で，２人合わせて池のまわり１周分だけ進んだことになる。兄と妹が１分で進む距《きょ》離《り》をそれぞれ５，３とすると，池１周の距離は，$(5+3)\times30=240$と表せる。このとき兄は，出発して，$240\div5=48$(分)で池のまわりを１周する。したがって，２人が２回目にすれちがってから，$48-45=3$(分後)に，兄がＡ地点にはじめてもどる。

社　会　＜第１回試験＞（30分）＜満点：50点＞

解　答

1 **問１**　**成田国際空港**　ウ　**名古屋港**　ア　**問２**　エ　**問３**　（例）鉄道や船も利用することで，二酸化炭素の排出量をおさえることができるから。　**問４**　イ　**問５**　貿易まさつ　**問６**　ア　**問７**　ウ　**問８**　SNS　**2** **問１**　中臣鎌足　**問２**　平清盛　**問３**　イ　**問４**　日米和親条約　**問５**　エ　**問６**　米騒動　**問７**　ウ　**問８**　ア　**問９**　石油危機　**3** **問１**　廃藩置県　**問２**　ウ　**問３**　（例）住民に身近な課題の解決のために，直接政治に参加できる場面が多いから。　**問４**　エ　**問５**　リコール　**問６**　国庫支出金　**問７**　ふるさと納税

解　説

1 貿易・情報通信を題材とした問題

問１　成田国際空港から輸出されるものは航空機での輸送に適した軽量で価格の高いものが中心と考えられるので，半導体等製造装置や金(非貨幣用)，科学光学機器などが上位を占めているウと判断できる。名古屋港は中京工業地帯に位置しており，中京工業地帯は自動車などの輸送用機械の生産が盛んであることから，自動車や自動車部品などが上位を占めているアと判断できる。なお，イは東京港，エは千葉港の輸出額上位５品目とその割合を示している。

問２　貨物輸送に用いられる，荷物の積み替えの手間がかからない金属製の巨大な容器はコンテナと呼ばれ，コンテナをたくさん載せて運ぶ輸送をコンテナ輸送という。よって，エがあてはまる。なお，アのタンカーは原油などを輸送する船のことであり，イのジャスト・イン・タイムは生産過程において各工程に必要な部品などを必要な時に必要な量だけ供給する生産システムのことであり，ウのコールドチェーンは温度管理が必要な生鮮食料品などを生産から消費地まで一貫して低温状態に保って運ぶ仕組みのことである。

問３　トラックなどの自動車による輸送に比べると，大量輸送が可能な鉄道や船は二酸化炭素の排出量が少ないといえる。そのため，トラックなどの自動車による貨物輸送を一部鉄道や船による輸送に転換するモーダルシフトが推進されていると考えられる。

問４　2021年における日本の石油の輸入相手国上位３か国は，サウジアラビア，アラブ首長国連邦，クウェートという中東の国々なので，イが適当とわかる。なお，アのアメリカ合衆国・カナダ・オーストラリアは小麦，ウのオーストラリア・マレーシア・カタールは液化天然ガス(LNG)，エのオーストラリア・インドネシア・ロシア連邦は石炭である。統計資料は『日本国勢図会2022／23』による。

問５　貿易の輸出額と輸入額に差が生じることで，貿易をおこなう２か国間の利益が不平等になり，問題が生じることを，貿易まさつという。日本とアメリカ合衆国の間では，1980年代に日本からアメリカ合衆国への自動車輸出に関して貿易まさつによる問題が生じた。

問６　環太平洋パートナーシップ協定の略称は，アのTPPである。なお，イのFTAは自由貿易協定の略称，ウのEPAは経済連携協定の略称，エのAPECはアジア太平洋経済協力会議の略称。

問７　インターネットで得る情報が正しいかどうかを判断する力は，インターネットを利用する上で必要な力なので，ウが正しい。インターネット上で知らない人とやりとりするときに，個人情報は簡単に明かすと悪用される場合もあることから，個人情報は簡単には明かさないほうがよいので，アは適当でない。インターネット上であってもうそや他人の悪口を書きこむことは犯罪に当たる場合があるので，イは適当でない。売れた商品の数や数量の管理を，オンラインを使って行うしくみはPOSシステムであり，AIは人工知能のことなので，エは適当でない。

問８　インターネット上で登録された利用者どうしが交流できるサービスは，SNS(ソーシャル・ネットワーキング・サービス)という。

2 歴史上のできごとを題材とした問題

問１　中大兄皇子とともに大化の改新をおこなった人物には，中臣鎌足がいる。

問２　武士として初めて太政大臣となった人物は，平清盛である。

問３　元寇のときの鎌倉幕府の執権は，イの北条時宗である。なお，アの北条泰時は1232年に御成敗式目を出した執権である。ウの北条時政は初代執権である。エの北条政子は鎌倉幕府を開いた源頼朝の妻である。

問４　1854年に江戸幕府が結んだ，下田・函館の２港を開くことや下田にアメリカの領事を置くことなどを認めて日本を開国させた条約は，日米和親条約である。

問５　幕末期の日本の主な輸出品としては，エの生糸が適当である。アの毛織物，イの綿織物，ウの綿糸は，いずれも幕末期の日本においては輸入品だった。

問６　1918年に全国に広がったのは，米の安売りを求める米騒動である。米騒動が起こった背景には，シベリア出兵をみこした米の買い占めや売りおしみによって米の値段が大幅に上昇したためである。

問７　米騒動によってアの寺内正毅内閣が退陣した後，原敬内閣が成立したので，ウが適当。なお，イの吉野作造は民本主義を唱えた人物として知られる。また，エの伊藤博文は初代内閣総理大臣である。

問８　高度経済成長期に「三種の神器」と呼ばれて一般家庭に普及した家庭電化製品はイの白黒テレビ，ウの電気洗濯機，エの電気冷蔵庫で，アの自動車があてはまらない。なお，自動車は1960年代後半にカラーテレビ，クーラーとともに３C(新三種の神器)と呼ばれた。

問９　1973年の第四次中東戦争をきっかけに起こった石油危機は，原油価格の高騰による世界的な不況を引き起こし，日本の高度経済成長を終了させた。

3　地方分権を題材とした問題

問１　明治新政府が中央集権国家をつくりあげるために行った，藩を廃止して日本全国を府と県に分けた政策は，廃藩置県である。

問２　司法を担うのは裁判所であり，司法は地方ではなく国の仕事なので，ウが地方公共団体の仕事としてあてはまらない。アの公立の学校の設置は地方公共団体の仕事である。イのごみの収集は地方公共団体の中でも市(区)町村の仕事である。エの警察は地方公共団体の中でも都道府県の仕事である。

問３　地方自治は住民が身近な地域の政治への参加を通して主権者としての自覚を高めることができるため，「地方自治は民主主義の学校」と呼ばれている。

問４　都道府県知事に立候補できる年齢は，エの30才以上が適当である。なお，参議院議員に立候補できる年齢も30才以上であるが，衆議院議員や地方議会議員，市(区)町村長に立候補できる年齢は25才以上である。

問５　首長や地方議会議員を辞めさせたり議会を解散させたりすることを求めることができる制度をリコールという。

問６　依存財源のうち，教育や道路の整備など，国が使いみちを指定して地方公共団体に交付するものを国庫支出金という。なお，依存財源のうち，地方公共団体間の財政格差を是正する目的で公布される使いみちが指定されないものは地方交付税交付金という。

問７　地方自治体へ寄付することで，寄付金額の一部が所得税および住民税から差し引かれるしくみを，ふるさと納税という。

理　科　＜第１回試験＞（30分）＜満点：50点＞

解　答

1 (1) **記号**…エ　**名前**…花粉のう　(2) オ　(3) 風　(4) イ，エ　2 (1) (例) ふれはば　(2) (例) ２倍になる。　(3) (例) 変化しない。　(4) 2.8　3 (1) **名前**…さそり座　**記号**…イ　(2) 西　(3) オ　(4) ウ　4 (1) 120g　(2) **水溶液**…酸性　**色**…黄色　(3) エ　(4) **B**　うすい塩酸　**D**　炭酸水　**E**　アンモニア水

解　説

1 マツの花のつくりについての問題

(1)　問題文中の図１で，雄《お》花のエの部分で見られるつくりを花粉のうといい，花粉は花粉のうの中に入っている。なお，アとウの部分をりんぺん，イの部分を胚珠《はいしゅ》という。

(2)　マツは，受粉後に受精をするまで１年以上かかる。そのため，マツの種子があるのは，一昨年の雌《め》花のまつかさの部分であると考えられる。

(3)　マツの花粉は空気ぶくろというふくろ状のつくりにより，風によって運ばれる。このように，花粉が風に運ばれて受粉が行われる花を風媒《ばい》花という。

(4)　種子をつくる植物のうち，マツやイチョウ，ソテツなどの裸《ら》子植物の雌花には子房《ぼう》がなく，胚珠がむき出しになっている。一方，タンポポのように胚珠が子房でおおわれている植物を被《ひ》子植物という。なお，イヌワラビは種子ではなく，胞《ほう》子で増《ふ》える。

2 ふりこの運動についての問題

(1)　ふりこをゆらし始めた位置から，おもりがいちばん下にきた位置までの角度をふれはば(ふれ角などとも)という。ふつう，ふれはばを大きくすればするほど，ふりこが最も速くなるときの速さが速くなる。

(2)　問題文中の表で，左から５番目のときのふりこは，左から６番目のときのふりことくらべて，Xの角度とおもりの重さが同じで，ふりこの長さが，100÷25＝４(倍)になっているから，これらのふりこが１往復する時間に注目をして考えればよい。左から５番目の結果でふりこが１往復する時間は2.0秒，左から６番目の結果でふりこが１往復する時間は1.0秒になっているので，他の条件を変えずに，ふりこの長さのみを４倍にすると，ふりこが１往復をする時間は，2.0÷1.0＝２(倍)になるとわかる。

(3)　表より，左から４番目のときのふりこは，左から１番目のときのふりことくらべて，Xの角度とふりこの長さが同じで，おもりの重さが，100÷25＝４(倍)になっている。それぞれのふりこの１往復する時間は1.4秒で同じだから，他の条件を変えずに，おもりの重さのみを４倍にしても，ふりこが１往復をする時間に変化はないと考えられる。

(4)　(2)から，他の条件を変えずに，ふりこの長さのみを４倍にすると，ふりこが１往復をする時間が２倍になるとわかる。表より，右から１番目のときのふりこは，左から３番目のときのふりことくらべて，Xの角度とおもりの重さが同じで，ふりこの長さが，200÷50＝４(倍)だから，ふりこが１往復をする時間は２倍になると考えられる。よって，左から３番目のふりこが１往復する時間は1.4秒なので，表のYにあてはまる数字は，1.4×２＝2.8(秒)と求められる。

3 星座や星についての問題

⑴　問題文中の図の星座はさそり座で，日本では夏の夜に南の空の低いところで観察ができる。なお，このときに赤く光って見える星の名前をアンタレスという。

⑵，⑶　南の空に見えた星座は，時間がたつと東から西の方角へ動いて見える。このように星座が動いて見えるのは，地球が西から東へ自転をしているためである。よって，地球は１時間に，360÷24＝15(度)自転をするから，このときの図の星座の赤く光る星は，４時間後に，15×４＝60(度)西の方角へ動いて見える。

⑷　北半球と南半球では，同じ星座を観察するときに星座を見上げる方角が反対になるので，北半球で南の空に見えていた星座は，南半球では北の空に見える。一方，北半球でも南半球でも，地球が自転をする方角は変わらないから，南半球でも北半球と同様に，北の空に見えた星座は時間がたつと東から西の方角へ動いて見えると考えられる。

4 水溶液《すいようえき》の濃度《のうど》や性質についての問題

⑴　問題文より，食塩水全体の30％にあたる食塩の重さが36ｇとわかるので，食塩水全体の重さは，36÷0.3＝120(ｇ)と求められる。

⑵　青色リトマス紙が赤色に変化をするのは，青色リトマス紙を酸性の水溶液につけたときである。酸性の水溶液に緑色のBTB溶液を加えると，水溶液の色が黄色に変化する。

⑶　実験③に注目をすると，水溶液ＡとＣは固体が水にとけてできた水溶液とわかるから，食塩水か石灰水《せっかいすい》のいずれかと考えられる。石灰水に二酸化炭素を通すと石灰水が白くにごるが，食塩水に二酸化炭素を通しても変化はないので，水溶液ＡとＣを区別するためには，エの操作を行えばよい。

⑷　うすい塩酸やアンモニア水にはつんとしたにおいがあるが，炭酸水にはにおいがないので，実験①から，水溶液Ｄは炭酸水とわかる。また，⑵より，青色リトマス紙を酸性の水溶液につけると赤色に変化するから，実験②より，水溶液Ｂは酸性の水溶液といえる。うすい塩酸は酸性，アンモニア水はアルカリ性の水溶液なので，水溶液Ｂがうすい塩酸で，水溶液Ｅがアンモニア水と考えられる。

国　語　＜第１回試験＞（50分）＜満点：100点＞

解　答

一 **問１**　１　イ　　２　ウ　　３　エ　　４　ア　　**問２**　ウ　　**問３**　ア　　**問４**　(例)　人類の文明を支えた作物(の具体例。)　　**問５**　(例)　(マヤの人々が，)白人や黒人が中南米に来る前から，世界中にさまざまな肌の色を持つ人間がいることを知っていたこと。　　**問６**　雄花　　**問７**　(例)　水田を拓くことができない山間地で，イネの代わりの食糧になったから。　**問８**　トウモロコシは中　　**問９**　イ　　**二** **問１**　イ，オ　　**問２**　１　エ　　２　ア　　３　ウ　　**問３**　飲んでよし，届けてよしのいい薬　　**問４**　イ　　**問５**　(例)　どんな人にも喜んでもらえる薬を，自分の手で作りたいという熱い想いがこみ上げてきた様子。　　**問６**　(例)　『気休め丸』を届ける雪さんや，『気休め丸』を待つ人たちの存在に強く励まされる気持ち。　　**問７**　エ　　**三** **問１**　①　すいさつ　　②　こうてつ　　③・④　下記を参照のこと。　　**問２**　①　我田引水　　②　電光石火　　**問３**　①　看護　　②　権利　　**問４**　①

まだれ　②　さんずい

●漢字の書き取り

三 問１　③　雑誌　④　砂糖

解　説

一 **出典は稲垣栄洋《いながきひでひろ》『世界史を変えた植物』による。**明確な祖先種がない不思議な植物であるトウモロコシについて，種子を散布する変わった仕組みや，その起源地で栄えた文明などについて説明している。

問１　**１**　テオシントがトウモロコシの祖先種であったとしても不思議な点が残るということを説明するために，その見た目に加えて，近縁《きんえん》についての話を挙げているので，前のことがらを受けて別のことを加えるときに使う「さらに」が合う。　**２**　種子散布を工夫している植物の例として，タンポポやオナモミが挙げられているのだから，具体例を挙げるときに用いる「たとえば」が入る。　**３**　伝説によれば，人間にさまざまな肌《はだ》の色がある理由は，トウモロコシにさまざまな色があるからだとされているので，前のことがらを理由・原因として，後にその結果をつなげるときに用いる「そのため」があてはまる。　**４**　花が咲《さ》き終わると実や種子ができるが，そのとき，トウモロコシがほかとはちがう特徴《とくちょう》をもっていることを説明しているので，前のことがらを受けてそれに反する内容を述べるときに用いる「しかし」が合う。

問２　「作物として食べられるために作られたかのような」「家畜《かちく》のような」とあることから，トウモロコシは，人間の助けがなければ育つことができないのだとわかる。

問３　「宇宙から来た」「怪物《かいぶつ》」などといわれるのは，トウモロコシが正体のよくわからない不思議な植物だからである。

問４　直後の段落に，「世界の文明の起源は，作物の存在と深く関係している」と書かれているので，麦類やジャガイモは，「世界の文明の起源」と「深く関係している」作物の例だとわかる。

問５　肌の色の異なる人が南米にやって来た十五世紀よりも前に，なぜ「世界中にさまざまな肌の色の人間がいること」をマヤの人々が知っていたのか，筆者は不思議に思っているのである。

問６　「トウモロコシは茎《くき》の先端《せんたん》に雄花《おばな》が咲く」と書かれていることから，「茎の先端に穂《ほ》をつけて花を咲かせる」ことができないのは，それが「雌花《めばな》」ではなく「雄花」だからだとわかる。

問７　「水田を拓《ひら》くことができない山間地」で，食糧《しょくりょう》として広まったと書かれているので，トウモロコシは，山間部で栽培《さいばい》できないイネの代わりとなる食糧として，広まったのだとわかる。

問８　「ところが」とあるので，直前には，別の植物が「どのようにして生まれたのか」ということについて書かれているはずである。したがって，コムギの起源である「タルホコムギ」「エンマコムギ」について書かれた部分の直後に入れればよいとわかる。

問９　「絹糸《けんし》で花粉をキャッチしようとしている」ことが，「変わっている」と書かれているので，アは正しい。「さまざまな色がある」とは書かれているが，それが「他の植物との違い」であるとは書かれていないので，イは誤りである。「皮に包まれていては種子を落とすことはできない」ことは，トウモロコシの不思議な性質なので，ウは正しい。エは，「祖先種である野生植物がない」ことを，不思議だと述べているので正しい。

二 **出典はまはら三桃《みと》『わからん薬学事始《やくがくことはじめ》①』による。**『気休め丸』という薬を作る会社の一人息子の草多《そうた》が，『気休め丸』を大切に思ってくれる人たちの思いを背負って，一念発起して勉強をがんばる場面である。

問１　「やけに重い」「ひきずって」などの言葉から，重くゆううつな気持ちが読み取れる。草多は，薬学に関する難解な授業に苦戦しており，毎年三十人もの生徒が脱落するという矢野先生の言葉を聞いて，「いちばん近いところにいるのは，まちがいなく自分だ」と不安になり，なんとかしなければとあせっているのである。

問２　**１**　雪さんが，「会いたい」と思っていた草多にあいさつをしようとしているのだから，うれしそうに行動するようすの「いそいそと」があてはまる。　**２**　「無念そう」な顔を思い出したとあるので，心がしずんでいるようすを表す「しんみりと」が合う。　**３**　完全に「忘れた」ようすは，「けろりと」である。

問３　『気休め丸』の行商をやっている雪さんは，『気休め丸』がいかにお客さんに愛されているかを語り，「飲んでよし，届けてよしのいい薬」と言って，うれしそうに笑っている。

問４　『気休め丸』が「効かない人がいる」という話を聞いた草多は，「どんな人に効かないのかわかりますか？」「すべての人に効く薬を作りたいんです」と言っている。ここから，草多が雪さんの話を，「自分の目標に関わる重要な話」だと感じたことがわかる。

問５　『気休め丸』が多くの人に愛されていることを知ったことで，自分の手で，どんな人にも喜んでもらえる『新・気休め丸』をつくりたいという気持ちが，心の底からこみあげてきているのである。

問６　『気休め丸』を届ける雪さんの分厚い手のひらの感触《かんしょく》を思い出すことで，草多は，『気休め丸』を「届けてくれる」人と「待っていてくれる」人のことを思って，強く励《はげ》まされている。そして，難しい勉強へと向かう気持ちを奮い立たせている。

問７　学校の授業について行けずに落ちこむ草多のもとに，雪さんがやって来て，『気休め丸』のすばらしさを語ったことで，決意を新たに勉強に取り組むようになったのだから，エが正しい。アは「専門的な助言」，イは「現在の場面と過去の場面が交互《こうご》に描《えが》かれて」，ウは「『雪さん』を警戒《けいかい》しつつ」が誤りである。

三　漢字の読みと書き取り，四字熟語の完成，類義語と対義語，同じ部首を持つ漢字

問１　①　相手の気持ちや事情をおしはかること。　②　とても固いことのたとえ。　③　週刊や月刊などの形で出版されるもの。　④　甘みのある調味料。

問２　①　「我田引水」は，自分勝手に物事を都合よく利用するという意味。　②　「電光石火」は，とてもすばやいこと。

問３　①　「介抱《かいほう》」「看護」は，病人などの世話をすること。　②　「義務」は，しなければいけないと決められていることで，「権利」は，あることをしてもよいという資格のことである。

問４　①　順に「庭」「序」「店」という漢字があてはまる。この三字に共通する部首は「まだれ」である。　②　順に「洗」「油」「準」という漢字が入る。この三字に共通する部首は「さんずい」である。

Memo

2023年度 本庄東高等学校附属中学校

【算　数】〈第２回試験〉（50分）〈満点：100点〉

1 次の□にあてはまる数を求めなさい。

⑴ $264 \div \{(23-9)\times 6 - 18\} = \square$

⑵ $1-\left(0.75\times 1\dfrac{3}{5} - 1.7 \div 2\dfrac{5}{6}\right)\times\dfrac{1}{3} = \square$

⑶ $4.5-(3.1-\square)\div\dfrac{8}{9}=2\dfrac{7}{10}$

⑷ 7200mm ＋ 0.015km － 340cm ＝ □ m

2 次の問いに答えなさい。

⑴ りんご20個を１つのかごに入れて買うと代金の合計は3400円です。また，りんご25個を１つのかごに入れて買うと代金の合計は4150円です。このとき，かご１つの値段《ねだん》は何円ですか。ただし，消費税は考えないものとします。

⑵ 6％の食塩水300ｇと3％の食塩水400ｇを混ぜてできた食塩水に，何ｇの水を入れると4％の食塩水になりますか。

⑶ 右のように，整数をある規則にしたがって並《なら》べていきます。たとえば，２行目３列目の数は９です。このとき，100は何行目何列目の数ですか。

	1列目	2列目	3列目	4列目	5列目	6列目
1行目	1	2	3	4	5	6
2行目	7	8	9	10	11	12
3行目	13	14	15	16	17	18
⋮	⋮	⋮	⋮	⋮	⋮	⋮

(4)　右の図は，３つの半円を組み合わせた図形です。斜線《しゃせん》部分の面積は何 cm^2 ですか。ただし，円周率は 3.14 とします。

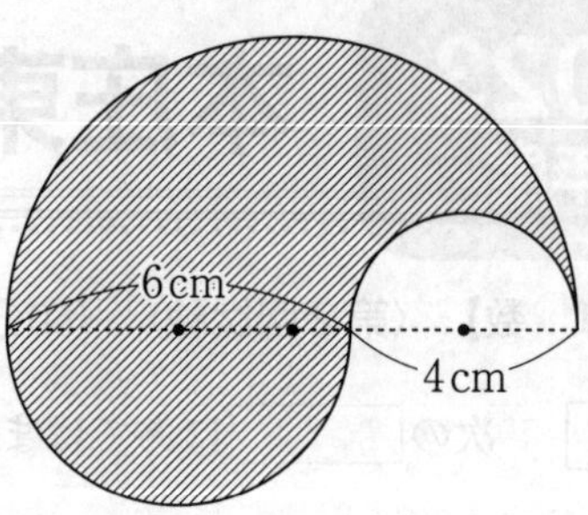

(5)　右の図は，縦《たて》の長さが 20cm，横の長さが 15cm，高さが 18cm の直方体から，高さが 18cm の円柱を半分にした立体をとりのぞいたものです。この立体の体積は何 cm^3 ですか。ただし，円周率は 3.14 とします。

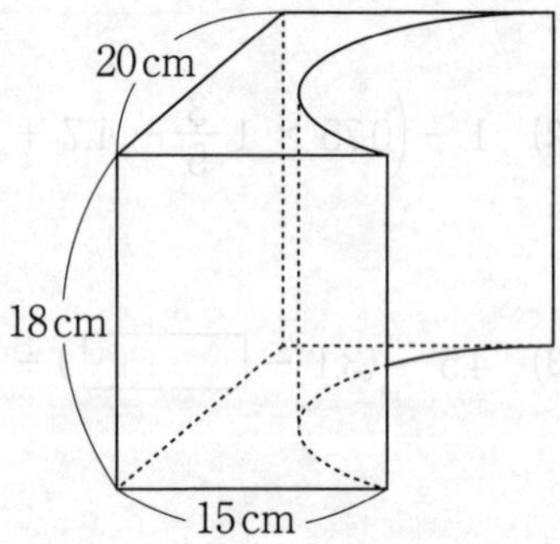

3　右の図のような，縦の道と横の道が垂直《すいちょく》に交わる道があります。次の問いに答えなさい。

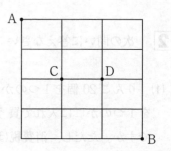

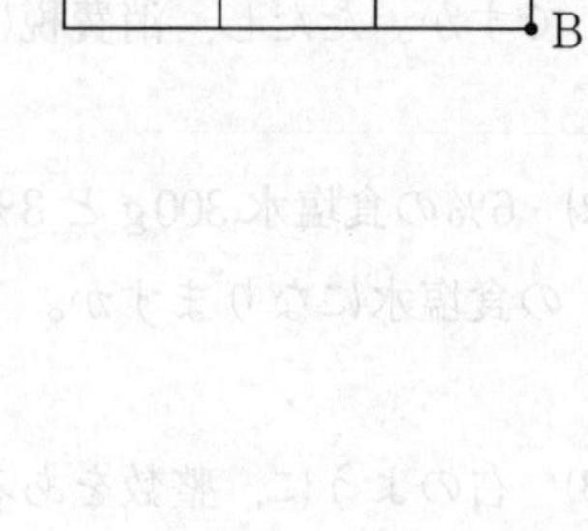

(1)　Ａ地点からＢ地点まで行くのに，まわり道をしないで，最も短い道のりで進む道順は全部で何通りありますか。

(2)　Ａ地点からＢ地点まで行くのに，途《と》中《ちゅう》でＣ地点とＤ地点の間の道を通ることにします。このとき，まわり道をしないで，最も短い道のりで進む道順は全部で何通りありますか。

4　右の**図１**のような，縦の長さが30cm，横の長さが60cmの長方形ＡＢＣＤと，長方形の辺上を動く２点Ｐ，Ｑがあります。点Ｐは頂点《ちょうてん》Ａから矢印の方向に一定の速さで動き，頂点Ｂを通って頂点Ｃに向かいます。点Ｑは頂点Ａから矢印の方向に一定の速さで動き，頂点Ｄを通って頂点Ｃに向かいます。２点Ｐ，Ｑは頂点Ａを同時に出発し，どちらかの点が先に頂点Ｃに着くまで動きます。**図２**は，２点Ｐ，Ｑが出発してからの時間と，どちらかの点が先に頂点Ｃに着くまでの間の四角形ＡＰＣＱの面積との関係をグラフに表したものです。ただし，四角形ＡＰＣＱのいずれかの頂点が重なって三角形になるときは三角形の面積を表します。次の問いに答えなさい。

図１

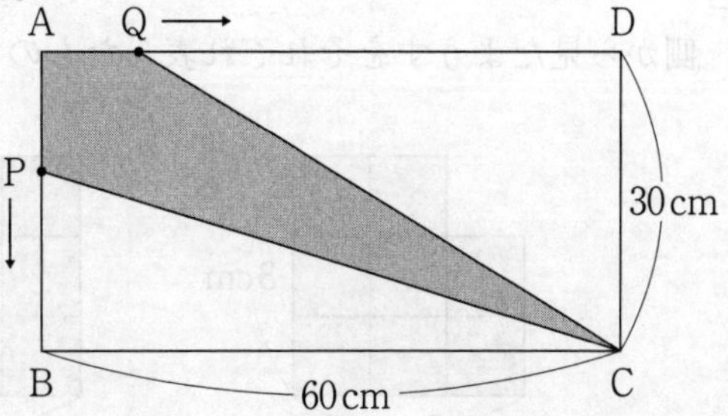

図２

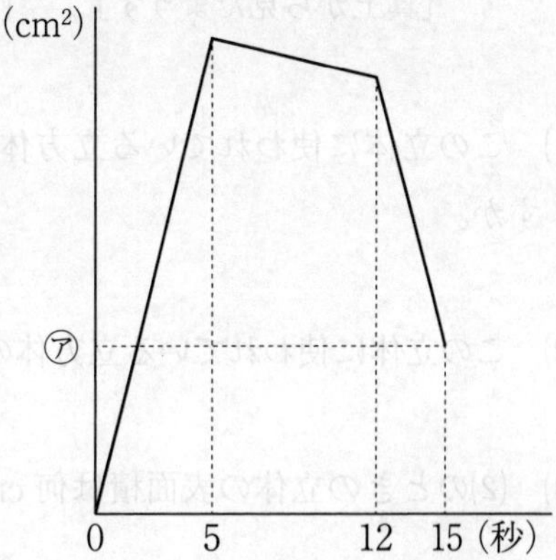

(1)　点Ｐの動く速さは秒速何cmですか。

(2)　**図２**の㋐にあてはまる数を求めなさい。

(3)　四角形ＡＰＣＱの面積が２回目に930cm^2になるのは２点Ｐ，Ｑが出発してから何秒後ですか。

5　下の図は，１辺の長さが１cmの立方体を何個か積み重ねて作った立体を真上，正面，右側から見たようすをそれぞれ表したものです。次の問いに答えなさい。

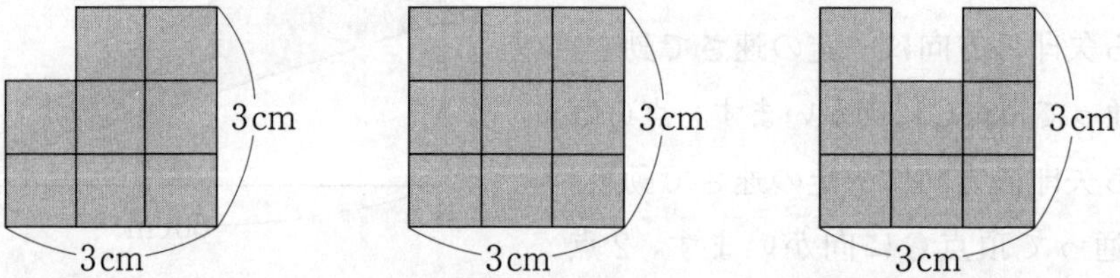

［真上から見たようす］　［正面から見たようす］　［右側から見たようす］

⑴　この立体に使われている立方体の個数として考えられるもので，最も少ない場合は何個ですか。

⑵　この立体に使われている立方体の個数として考えられるもので，最も多い場合は何個ですか。

⑶　⑵のときの立体の表面積は何cm^2ですか。

6　秒速20mで進む普通《ふつう》列車Ａと秒速15mで進む貨物列車Ｂがあります。列車の先頭があるトンネルに入り始めてから列車全体がトンネルから完全に出るまでの時間は，普通列車Ａが１分５秒で，貨物列車Ｂが１分32秒です。また，普通列車Ａと貨物列車Ｂが反対方向から進んできて先頭が出会ってからすれちがい終わるまでに８秒かかります。次の問いに答えなさい。

⑴　普通列車Ａがトンネルに入り始めてから列車全体がトンネルから完全に出るまでに進んだ道のりは何mですか。

⑵　トンネルの長さは何mですか。

⑶　普通列車Ａと貨物列車Ｂが同じ方向に進んだとき，普通列車Ａの先頭が貨物列車Ｂの最後《さいこう》尾《び》に追いついてから完全に追いこすまでに何秒かかりますか。

【社　会】〈第２回試験〉（30分）〈満点：50点〉

1　次の地図を見て，あとの問いに答えなさい。

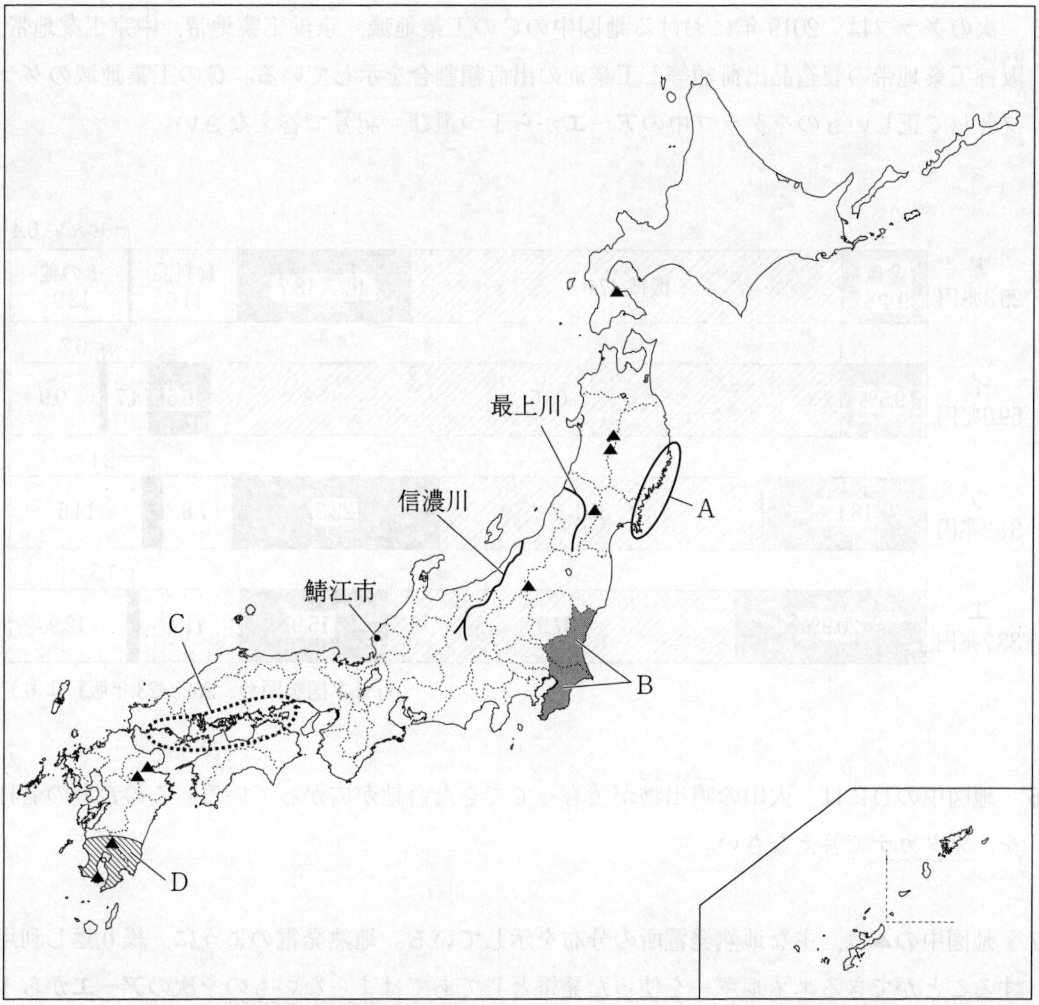

問１　地図中の信濃《しなの》川と最上《もがみ》川は，米の生産がさかんな地域を流れる川である。信濃川と最上川の流域に広がる平野の名称《めいしょう》を，それぞれ漢字で答えなさい。

問２　地図中の鯖江《さばえ》市では，めがね枠《わく》の生産がさかんである。鯖江市が位置している都道府県名を，漢字で答えなさい。

問３　地図中のAは，リアス海岸となっている三陸《さんりく》海岸の一部を示している。このような海岸付近では，養殖《ようしょく》がさかんにおこなわれている。このような地形で養殖がさかんな理由を簡潔に答えなさい。

問４　地図中のＢの２県では，畑作がさかんにおこなわれていて，都市部に野菜を出荷《しゅっか》している。このような大都市の近くでおこなわれている農業の名称を答えなさい。

問５　次のグラフは，2019年における地図中のＣの工業地域，京浜《けいひん》工業地帯，中京《ちゅうきょう》工業地帯，阪神《はんしん》工業地帯の製造品出荷額等と工業別の出荷額割合を示している。Ｃの工業地域のグラフとして正しいものをグラフ中の**ア**～**エ**から１つ選び，記号で答えなさい。

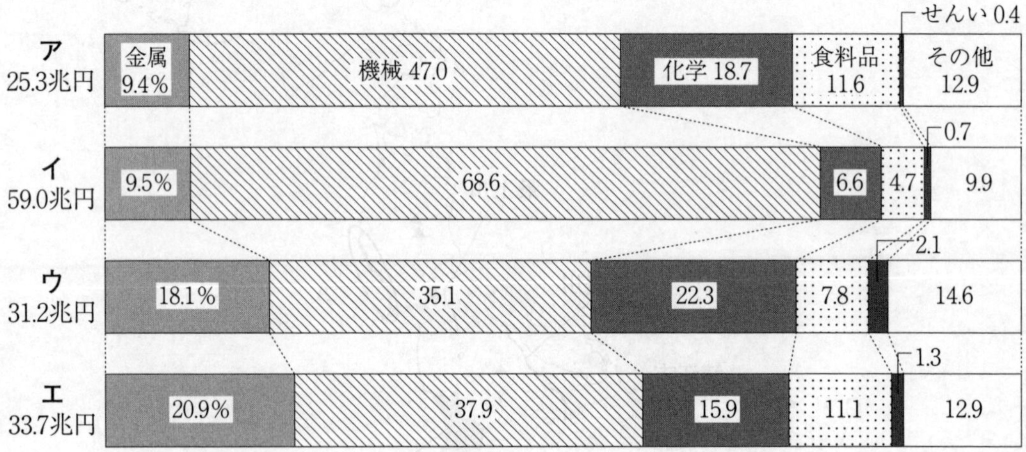

（『日本国勢図会　2022/23年版』より）

問６　地図中のＤには，火山の噴出物《ふんしゅつぶつ》が積もってできた台地が広がっている。この台地の名称を，カタカナで答えなさい。

問７　地図中の▲は，主な地熱発電所の分布を示している。地熱発電のように，繰《く》り返し利用することができるエネルギーを使った発電としてあてはまらないものを次の**ア**～**エ**から１つ選び，記号で答えなさい。

ア．太陽光発電　　**イ**．火力発電　　**ウ**．風力発電　　**エ**．バイオマス発電

問８　現在の製造業と販売《はんばい》業において，製品の原材料の調達から生産，消費，廃棄《はいき》までの流れを記録して明らかにするシステムの導入が広まっている。このシステムの名称を次の**ア**～**エ**から１つ選び，記号で答えなさい。

ア．トレーサビリティ　　**イ**．ユニバーサルデザイン

ウ．インクルージョン　　**エ**．フェアトレード

2 次の年表を見て，あとの問いに答えなさい。

【年表】

年	主なできごと
607	聖徳太子《しょうとくたいし》が（　①　）を遣隋使《けんずいし》として派遣《はけん》する。
894	菅原道真《すがわらのみちざね》のすすめで，遣唐使《けんとうし》が停止される。　…②
1429	尚氏《しょうし》によって沖縄島が統一され，（　③　）が建国される。
1549	イエズス会の（　④　）がキリスト教を日本に伝える。
1641	オランダ商館を長崎の出島《でじま》に移し，鎖国《さこく》が完成する。　…⑤
1871	（　⑥　）を全権大使とした使節団が欧米《おうべい》に派遣される。
1895	ロシア・ドイツ・フランスが日本に対して三国干渉《かんしょう》をおこなう。　…⑦
1931	柳条湖《りゅうじょうこ》《リウティアオフー》事件をきっかけに，（　⑧　）が起こる。
1933	日本が（　⑨　）の脱退《だったい》を通告する。

問1　空らん（　①　）にあてはまる人物の名を，漢字4字で答えなさい。

問2　②の結果，国風《こくふう》文化と呼ばれる文化が生み出された。この文化の説明として正しいものを次の**ア**～**エ**から1つ選び，記号で答えなさい。

ア．唐《とう》の影響《えいきょう》を強く受け，奈良の都を中心に栄えた文化。
イ．飛鳥《あすか》地方を中心に栄えた，日本で最初の仏教文化。
ウ．宋《そう》の文化を反映し，写実的で力強く，武士を中心に栄えた文化。
エ．日本の風土や生活，日本人の感情に合った，貴族を中心に栄えた文化。

問3　空らん（　③　）にあてはまる語句を，漢字4字で答えなさい。

問4　空らん（　④　）にあてはまる人物の名を答えなさい。

問５　⑤について，鎖国中に交流を持った国と藩《はん》の組み合わせとして正しいものを次の**ア**～**エ**から１つ選び，記号で答えなさい。

ア．清《しん》　－　松前藩《まつまえ》
イ．オランダ　－　薩摩藩《さつま》
ウ．朝鮮《ちょうせん》　－　対馬藩《つしま》
エ．イギリス　－　長州藩《ちょうしゅう》

問６　空らん（　⑥　）にあてはまる人物の名を，漢字４字で答えなさい。

問７　⑦の結果，日本は下関《しものせき》条約で中国から獲得《かくとく》した地域を返還《へんかん》することとなった。この地域・都市として正しいものを次の**ア**～**エ**から１つ選び，記号で答えなさい。

ア．澎湖《ほうこ》《ポンフー》諸島　**イ**．遼東《りょうとう》《リャオトン》半島　**ウ**．上海《シャンハイ》　**エ**．南京《ナンキン》

問８　空らん（　⑧　）にあてはまるできごとの名称を，漢字４字で答えなさい。

問９　空らん（　⑨　）にあてはまる語句を，漢字４字で答えなさい。

3　次の会話文を読んで，あとの問いに答えなさい。

A：1946年に日本国憲法が公布され，日本の憲法は大日本帝国《ていこく》憲法から日本国憲法に変わりました。

B：大日本帝国憲法において，天皇は神聖な存在とされ，不可侵《ふかしん》で統治権を持つ元首という位置付けでしたが，日本国憲法ではその位置付けに変化はあったのでしょうか。

A：日本国憲法では，天皇は日本国および日本国民統合の（　①　）という位置付けに変わりました。

B：そうなんですね。日本国憲法では，天皇の位置付けの他に，②平等権，自由権，社会権，参政権をはじめとしてさまざまな人権が保障されていますよね。

A：そうです。さらに，③日本国憲法第25条では，すべての国民が「健康で文化的な最低限度の生活を営む権利」を持つことが規定されています。この権利は，特に病気や失業などで生活に困っている人にとって重要なものです。そういった人のために，生活保護法にもとづいて必要な費用が支給されることになっています。

B：なるほど。障がいのある人々も利用しやすいように，公共の交通機関や建物では段差をなくすなどの（　④　）という取り組みも進められていますよね。

A：最近では，これらの権利の他に，⑤新しい人権が主張され，認められるようになりました。

B：日本の政治には立法権を持つ国会，行政権を持つ内閣，司法権を持つ裁判所の３つの権力がありますよね。

A：これらの権力が独立し，互《たが》いに抑制《よくせい》しあうことを⑥三権分立と呼びます。この中で，⑦国会は国権の中で最高機関とされています。

問１　空らん（　①　）にあてはまる語句を答えなさい。

問２　次のア～エは，下線部②の４つの権利について説明しています。このうち，自由権にあてはまるものを１つ選び，記号で答えなさい。

ア．人種や性別，社会的身分によって差別されない。

イ．国民は教育を受ける権利を持っている。

ウ．自分の意思で，財産を所有することができる。

エ．18歳《さい》以上であれば，選挙において投票することができる。

問３　下線部③で規定されている権利の名称を答えなさい。

問４　空らん（　④　）にあてはまる語句を，カタカナで答えなさい。

問５　下線部⑤のうち，プライバシーの権利についての説明として正しいものを次の**ア**～**エ**から１つ選び，記号で答えなさい。

ア．自分の生き方や生活の仕方について，自分の意思に従って決定できる権利。
イ．政治に関する判断をするために必要な情報を手に入れる権利。
ウ．きれいな空気や水，日当たりなど住みやすい環境を求める権利。
エ．自分の私生活が，他人から干渉《かんしょう》されない権利。

問６　下線部⑥のしくみを示した次の図中のXにあてはまる内容をあとの**ア**～**カ**から１つ選び，記号で答えなさい。

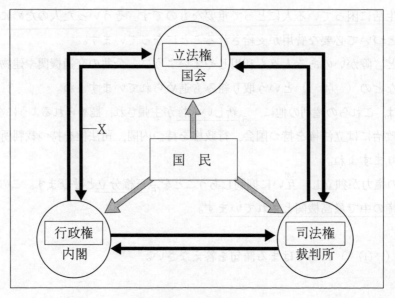

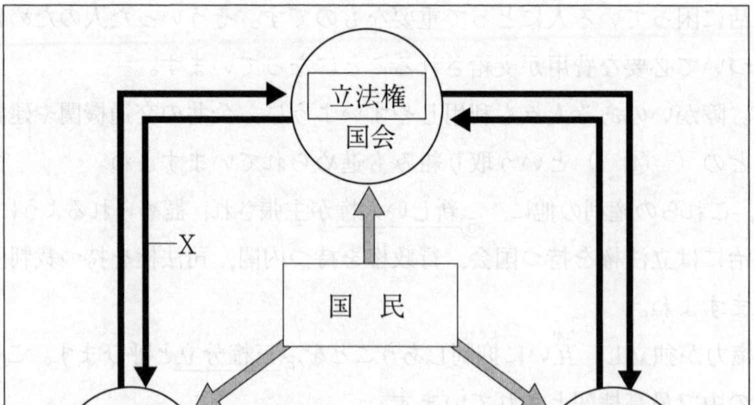

ア．国会召集《しょうしゅう》の決定　**イ**．法律の違憲審査《いけんしんさ》　**ウ**．内閣総理大臣の指名
エ．弾劾《だんがい》裁判所の設置　**オ**．行政裁判の実施《じっし》　**カ**．最高裁判所長官の指名

問７　下線部⑦の理由を簡潔に答えなさい。

【理　科】〈第２回試験〉（30分）〈満点：50点〉

1　ヒトの体の中にはさまざまな臓器《ぞうき》があり，たがいに関係し合っています。下の図は，ヒトの体の内部のある臓器を表したものです。この臓器は，血液を送るポンプのようなはたらきをしていて，縮《ちぢ》んだりゆるんだりすることにより血液を送り出しています。この臓器の動きをはく動といい，はく動が血管を伝わり，手首や首筋《くびすじ》などで感じる動きを脈はくといいます。これについて，以下の(1)～(4)に答えなさい。

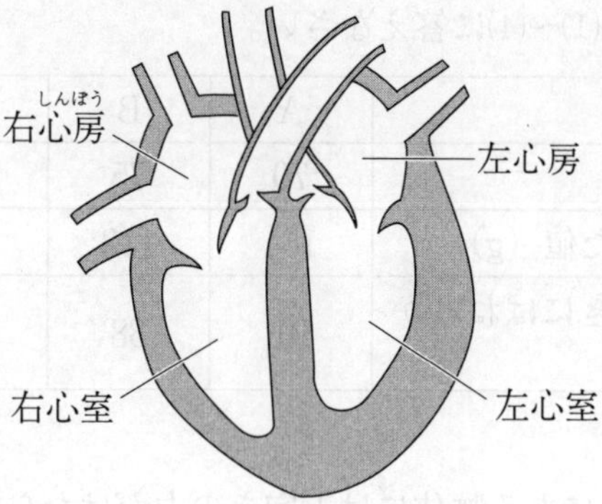

(1)　この臓器を何といいますか。名前を答えなさい。

(2)　体の正面から見たとき，肺へ向かう静脈血《じょうみゃくけつ》（A）と，全身へ向かう動脈血（B）の流れの向きを矢印で表したものとして適当なものを，次の**ア**～**エ**から１つ選び，記号で答えなさい。

ア

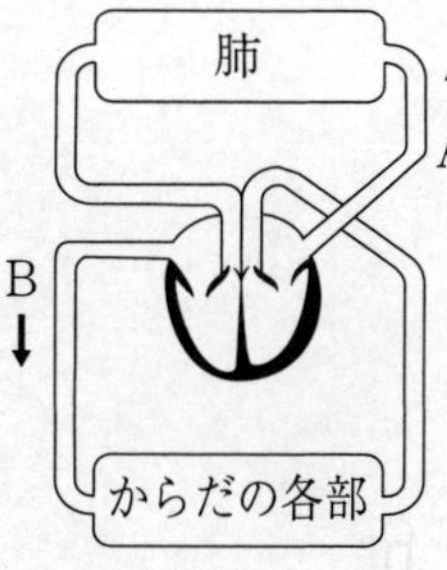

イ

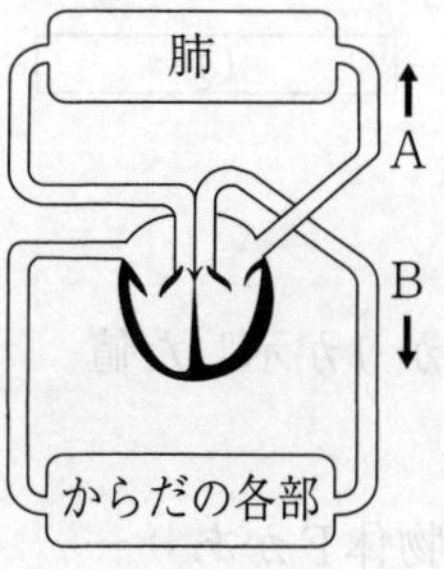

ウ

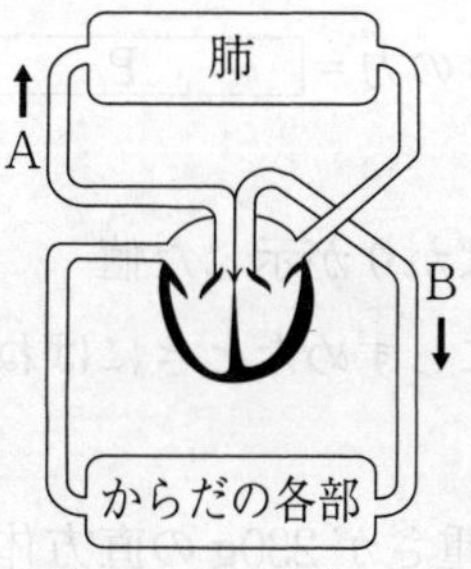

エ

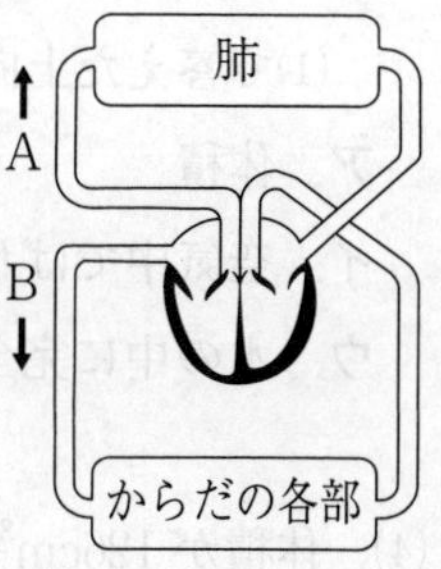

(3)　この臓器から送り出された血液は，体の中をあみの目のようにはりめぐらされている細い血管を通ります。このような細い血管を何といいますか。名前を答えなさい。

(4)　ヒトの脈はくの回数は，大人で１分間に60～80回程度といわれていますが，激しい運動をすると脈はくの回数が多くなります。運動をすると脈はくの回数が多くなる理由を答えなさい。

2　体積が異《こと》なる５つの物体Ａ～Ｅを用意しました。

まず，物体Ａをばねばかりにつるし，**図１**のように空気中ではかったときにばねばかりが示した値《あたい》と，**図２**のように水の中に完全にしずめてはかったときにばねばかりが示した値を調べました。物体Ｂ～Ｅも同じように調べて，その結果を下の表にまとめました。これについて，以下の(1)～(4)に答えなさい。

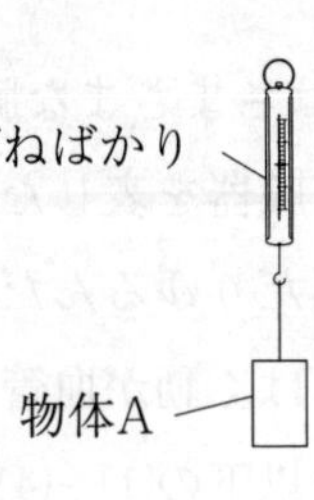

図１

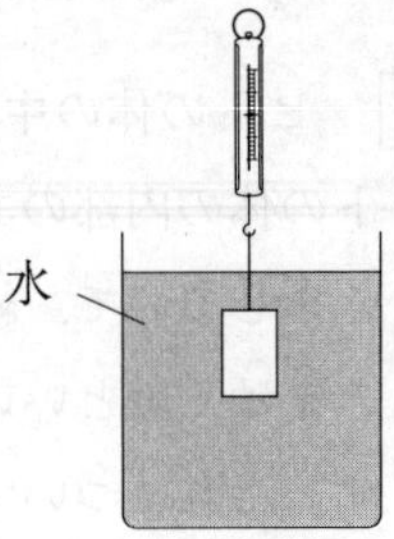

図２

物体	A	B	C	D	E
体積（cm^3）	70	75	40	90	95
空気中でばねばかりが示した値（g）	161	113	127	132	173
水の中に完全にしずめたときにばねばかりが示した値（g）	91	38	87	42	X

(1)　実験の結果から，水の中にある物体には上向きの力がはたらくことがわかります。この力を何といいますか。名前を答えなさい。

(2)　表の中のＸの値を答えなさい。

(3)　次の式は，(1)で答えた上向きの力を求める式です。［Ｐ］，［Ｑ］にあてはまる内容として適当なものを，あとの**ア**～**ウ**から１つ選び，記号で答えなさい。

(1)で答えた上向きの力＝［Ｐ］－［Ｑ］

ア．体積

イ．空気中でばねばかりが示した値

ウ．水の中に完全にしずめたときにばねばかりが示した値

(4)　体積が $126cm^3$，重さが230gの直方体の物体Ｆがあります。この物体Ｆを，**図３**のように体積の半分だけ水中にしずめたときにばねばかりが示す値を答えなさい。

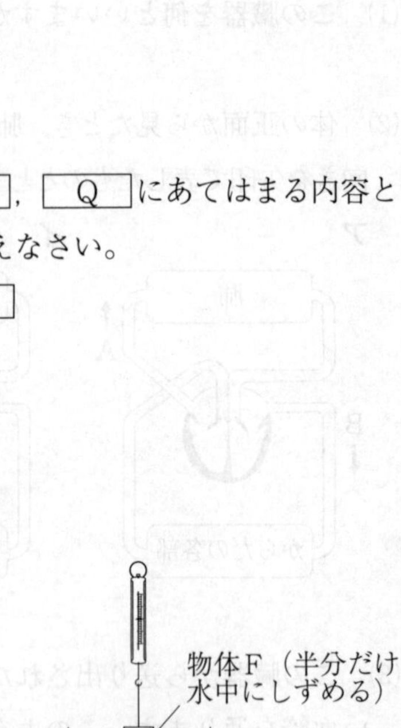

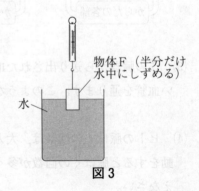

図３

3　マグマや火山のようすについて調べた次の実験と調査について，以下の⑴～⑷に答えなさい。

【実験】　ホットケーキミックス100gと水 40cm^3 をよく混ぜ合わせた混合物Ａをポリエチレンのふくろに入れ，**図１**のように，中央に穴《あな》をあけた板の下にとりつけた。**図２**は，ふくろを手でにぎって混合物Ａをしぼり出したときのようすを横から見たものである。次に，**図１**の板を新しいものにとりかえ，ホットケーキミックス100gと水 60cm^3 をよく混ぜ合わせた混合物Ｂについても同様の操作を行った。**図３**は，混合物Ｂをしぼり出したときのようすを横から見たものである。

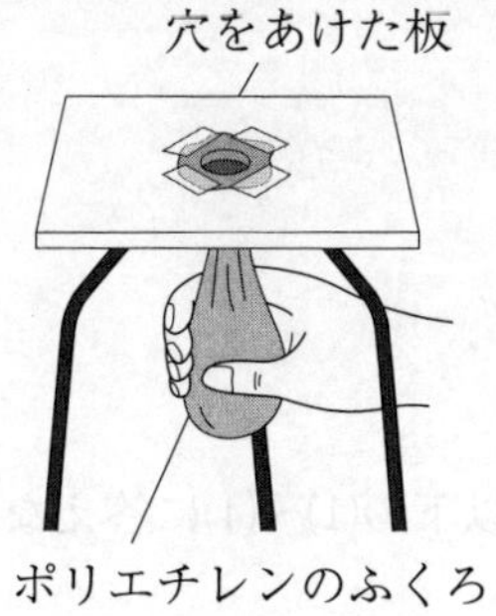

図１

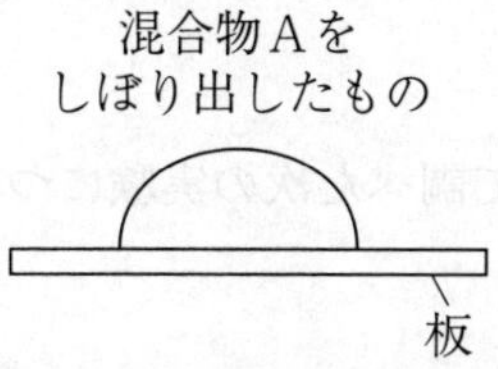

図２

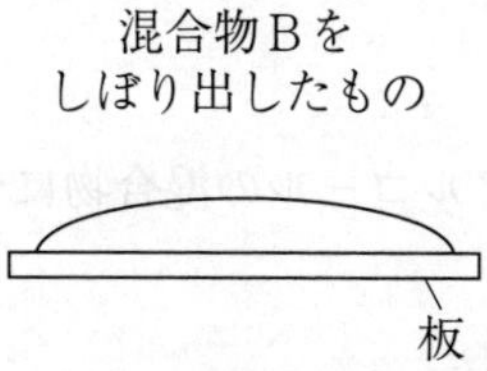

図３

【調査】　マグマの性質によって，火山には，**図４**のＰのようなかたむきがゆるやかな火山，Ｑのようなドーム型の火山，Ｒのような円すい型の火山があることがわかった。

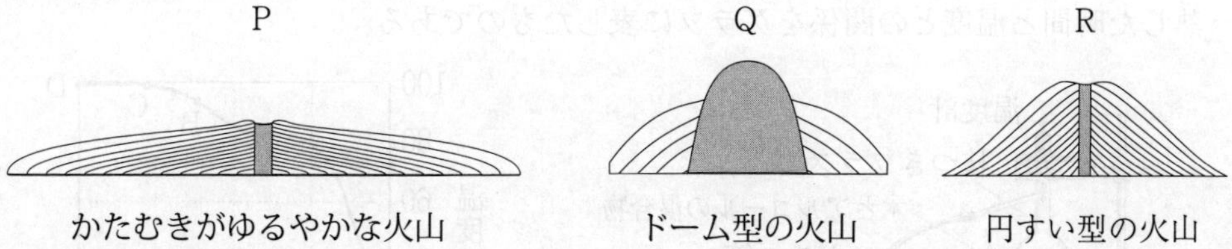

図４

⑴　板の上にしぼり出された混合物Ａ，Ｂは，地下にあるマグマにあたると考えることができます。実験で用いた混合物Ａは，調査でわかった火山Ｐ，Ｑのどちらの火山のマグマにあたると考えられますか。適当なものを，記号で答えなさい。

⑵　⑴で答えた理由を，「マグマの広がり方が，」という書き出しに続けて答えなさい。

(3)　火山がふん火したとき，火口からはさまざまなものがふき出されますが，ふき出されたものをまとめて火山ふん出物といいます。火山ふん出物のうち，マグマが冷えて固まったものが細かく割《わ》れ，直径２mm 以下のつぶになり，風に運ばれて広いはん囲に降《ふ》り積もるものを何といいますか。名前を答えなさい。

(4)　(3)で答えた火山ふん出物のつぶ（X）と，海岸の砂のつぶ（Y）を顕微鏡《けんびきょう》で観察したとき，そのつぶのようすにどのような特ちょうがありますか。適当なものを，次の**ア**～**エ**から１つ選び，記号で答えなさい。

ア．XもYも丸みを帯びている。

イ．XもYも角ばっている。

ウ．Xは丸みを帯びているが，Yは角ばっている。

エ．Xは角ばっているが，Yは丸みを帯びている。

4　水とアルコールの混合物について調べた次の実験について，以下の(1)～(4)に答えなさい。

【実験】

①　水 18cm³ とアルコール３cm³ を枝つきフラスコに入れた。これにふっとう石を加えて温度を測定しながら**図１**のように弱い火で加熱し，フラスコ内の混合物を少しずつ気体に変化させ，発生した気体を水につけた試験管の中で冷やして液体にした。**図２**は，加熱した時間と温度との関係をグラフに表したものである。

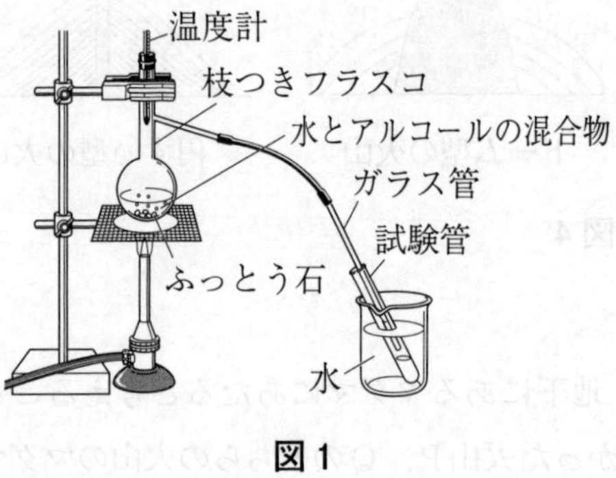

図１

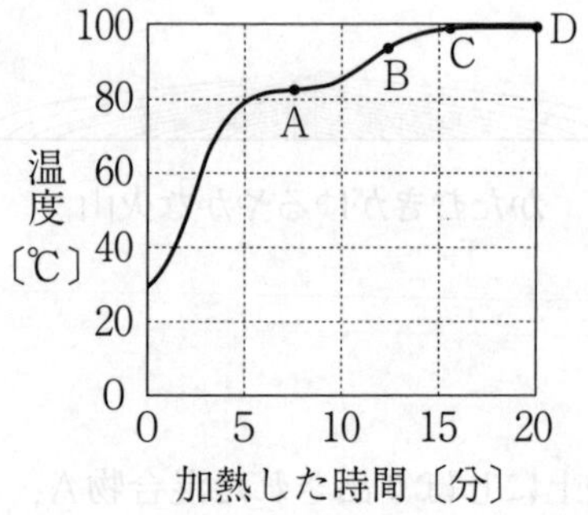

図２

② フラスコの中に水だけを入れて，①と同様の方法で温度の変化を調べた。次に，フラスコの中にアルコールだけを入れて，①と同様の方法で温度の変化を調べた。**図3**は，それぞれの結果をグラフに表したものである。

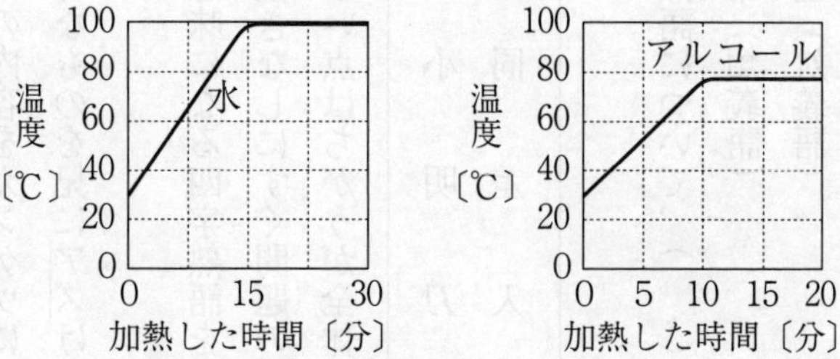

図3

(1) 水が気体になったものを何といいますか。名前を答えなさい。

(2) 実験の①で，フラスコから最初に盛んに出てきた物質として適当なものを，次の**ア**～**ウ**から１つ選び，記号で答えなさい。

ア．水の割合が大きい，水とアルコールの混合物

イ．アルコールの割合が大きい，水とアルコールの混合物

ウ．水とアルコールの割合がほぼ等しい，水とアルコールの混合物

(3) **図2**のグラフで，フラスコからアルコールが最も盛んに出てきたと考えられる点として適当なものを，**図2**のA～Dから１つ選び，記号で答えなさい。

(4) この実験は，水とアルコールの何のちがいを利用した実験か答えなさい。

三

次の各問いに答えなさい。

問一 次の――線の漢字はひらがなで書き、カタカナは漢字に直して書きなさい。

① この地域では養蚕がさかんだ。

② バス五台を連ねて観光地へ行く。

③ 文章の内容をカンケツにまとめる。

④ 大切なものを兄にアズける。

問二 次の意味になる四字熟語を、あとの語群の漢字を組み合わせて、それぞれ書きなさい。

① 前置きなしにすぐ問題の要点に入ること。

② 細かい点はちがうが全体的に似ていること。

公　小　明　刀　無　大　当　直

短　同　差　入　異　正　単　接

問三 次の熟語について、（　）の指示にあてはまる言葉をあとの語群から選び、漢字に直して書きなさい。

① 使命（類義語）

② 安全（対義語）

ぶじ　しんぱい　じゅうよう　きけん　しれん　にんむ

問四 次の意味を持つことわざを、□の中にひらがなを一文字ずつ入れて答えなさい。

① わずかなものもたくさん集まると大きなものになる　→　□□も積もれば山となる

② 勝ったからといって油断しないで次に備えるべきだ　→　勝って□□□の緒《お》をしめよ

問五　――線④「笑っても涙がでてきた」とありますが、このときのつばさの気持ちとして適切なものを、次の中から一つ選び記号で答えなさい。

ア　笑って見送らなければと思いつつ、これでお別れになると約束が果たせなくなると悲しい気持ち。
イ　りんちゃんの笑顔《えがお》につられてつい笑ってしまったが、約束を守ろうと気を引きしめる気持ち。
ウ　約束を思い出して友情を確かめ合ったが、別れのさびしさをぬぐい去ることはできず切ない気持ち。
エ　かなわないだろうとうすうす気づきつつも、約束にすがって別れのさびしさをまぎらわす気持ち。

問六　本文を大きく二つの場面にわけて、二つめの場面の初めの五文字を書き抜きなさい。

問七　次に示すのは、この文章を読んだ生徒たちの感想です。本文の内容や表現についての意見として適切なものを、次の中から一つ選び記号で答えなさい。

ア：つばさはりんちゃんが引っこすことに納得《なっとく》しておらず、いいたいことがいろいろあってモヤモヤしていますね。でも、うまくまとまらないため、結局何もいえずに送りだすしかないのですね。
イ：つばさが獅子舞の道具を借りるために走っている場面では、情景がたとえを用いてえがかれています。計画の実現に向けてつばさは山からも声をかけてもらっているように感じているのですね。
ウ：りんちゃんはつばさと共に獅子舞を舞ったことですっかりあきらめがついていますが、つばさもやるだけのことはやったと納得し、さまざまな思いをこめてりんちゃんに別れを告げていますね。
エ：りんちゃんは、これからの生活には必要がないものを手放すことによって新たな生活にふみだそうとして、引っこす前に自分の宝物をつばさにわたしてけじめをつけることにしたのですね。

さよならのかわりに、つばさは獅子舞の最後に唄《うた》われる千秋楽の謡《うたい》を唄《うた》った。りんちゃんに聞こえるように、大きな声で唄《うた》った。りんちゃんも口ずさんでいるのが聞こえた。

千秋楽には民《たみ》をなで
千秋楽には命をのべ
あーあ　相生《あいおい》の松風
颯々のこえを楽しむ
颯々のこえを楽しむ

りんちゃんを乗せた車は、すぐにカーブの向こうに消えて見えなくなった。

最上一平『夏のサイン』（角川学芸出版）による

問一 [1]～[4]にあてはまる語を、次の中からそれぞれ一つずつ選び記号で答えなさい。
ア ウンウンと　**イ** ジーンと　**ウ** ぽっかりと　**エ** ピカピカッと

問二 ――線①「つい、『んまいよ』と、つばさはいってしまった」とありますが、なぜですか。六十字以内で説明しなさい。

問三 ――線②「つばさは家をとびだした」とありますが、このときのつばさの考えについて説明した次の文の[(1)]・[(2)]にあてはまる語を、本文中からそれぞれ五字で書き抜《ぬ》きなさい。
改まった別れのあいさつをするのは[(1)]から、代わりに獅子舞でりんちゃんの[(2)]をおくろうという考え。

問四 ――線③「つばさは一度も止まらずに、ロン毛のキーちゃんの家まで走った」とありますが、そこから空き地へ行くまでのつばさの気持ちの変化を、七十字以内で説明しなさい。

がした。くすくす笑っているようにも思える。はずかしくなった。

　急いで空き地まで歩いた。まだ十時にはなっていないだろう。時どき、大通りを車が行きかった。運転手がこちらを見て驚いていた。獅子がうなだれているのだ。元気のない、がっかりした獅子なんて、さまになるわけがなかった。お母さんといっしょにお別れに行った方がよかったかと、つばさはちょっと後悔《こうかい》した。

　だいぶ待ったように思う。今か今かと、道路を気にしているが、りんちゃん達はなかなかあらわれなかった。待ちくたびれた。腰《こし》をおろしそうになった時、やっとりんちゃんの家の車がやってきた。

　つばさはあわてて舞いはじめた。獅子舞の演目の中の『宮まいり』だ。三匹の獅子の舞だから、変な感じではあったが、今さらやめるわけにもいかない。車が近づいてくるのがわかった。気がついてくれた。車が止まって、りんちゃんがおりてきた。お父さんとお母さんもおりてきてくれた。

「つばさくん、ありがとう」

と、りんちゃんのお母さんの声が聞こえた。つばさはホッとした。獅子頭をふって、くるりと体をまわし、太鼓を打った。

　りんちゃんがはじかれたようにとびこんできた。つばさの正面だ。つばさに合わせて舞った。

――ギッタン、ギッタン、オットウ。ギッタン、ギッタン、オットウ――

　しばらく二人は息を合わせて舞った。

「つばさ、ありがとな。りん、そろそろ行ぐべえ。つばさ、さえなら。ありがとう」

　りんちゃんのお父さんは、車に乗りこんだ。りんちゃんは舞うのをやめて、ぼうぜんと獅子を見ていた。つばさも舞うのをやめてりんちゃんを見た。

　つばさは、キャンプでの一本杉《すぎ》のことを思いだした。いつか二人で見に行こうと約束した一本杉だ。いつか一本杉を見に行くべという思いをこめて、人差し指をたてると、りんちゃんも同じように、人差し指を一本たてた。それからニイッといつもの笑いをした。少しゆがんだ笑い顔だった。

　つばさは胸がいっぱいになった。獅子の幕の中だからつばさの顔は見えない。けれど、りんちゃんの笑い顔を見たら、いつものようにつられて笑いたくなった。つばさは少し笑った。④笑っても涙《なみだ》がでてきた。

　りんちゃんが車に乗りこんで、窓から体をいっぱいにだして、手をふった。

「バイバイ。バイバイ」

「考える」

「りんちゃんの家から見送ればいいべ。最後のあいさつちゃんとしろ。今度いつ会えるかわからねぞ」

「……。うん。どっかでする」

そういうと、②つばさは家をとびだした。

つばさは、りんちゃんの顔を見て、さようならとか、バイバイとか、いえそうにないと思った。そんなのはいやだった。

川向こうの山ぎわには、今日も霧《きり》がたちこめていた。山が[3]浮《う》かんでいるようだった。朝日がさして、霧がほんの少しピンク色だった。山はえぐられている所が黒ぐろとして、りりしく見える。

つばさは走りながら、横目で山を見た。山もいっしょに動いて、ついてくるように見える。なにか話しかけているような気がした。

③つばさは一度も止まらずに、ロン毛のキーちゃんの家まで走った。きのうの夜から計画していたことを実行するためだった。

ロン毛のキーちゃんの家にとびこんだ。

「ハアハアして、どうした。また熊か？」

つばさはキーちゃんにお願いした。

「りんちゃんを……。獅子舞《ししまい》でおくりたい……。だから……。獅子舞の道具貸してください……」

「オーオー、そうか、今日が出発だったな。いっちょまえに。わがった。そういうことならまかしとけ」

ロン毛のキーちゃんは、つばさの頭をぐらぐらゆすって、[4]うなずいた。

「そうだな、つばさ。イナズマ小僧《こぞう》ん家の門出《かどで》だ。おまえがひと舞《ま》いして、新しい門出の露《つゆ》はらいをしてやれ。ウン、イイ。ヤレ！」

単純で感激屋のキーちゃんは、気持ちがたかぶってきたらしく、顔を赤くした。

「ヨシ、ヨシ。わかった。協力すっぞお」

キーちゃんはつばさを軽トラに乗せると、石畑《いしはた》地区の区長にかけあって許可をとってくれた。それから熊野《くまの》神社に行き、獅子頭《がしら》や太鼓《たいこ》やいしょうをだしてくれた。神社の一番奥に獅子頭はおさめられている。キーちゃんは、いしょうを着るのを手伝ってくれた。

時計を見ると、もう九時になるところだった。キーちゃんは、りんちゃんの家まで行こうといったが、つばさはことわった。家の前で舞うのは気がすすまなかった。それで、りんちゃんの家から来て、大通りのぶつかった所で待つことにした。そこに小さな空き地があった。

つばさは獅子舞の姿で熊野神社をでた。祭りでもないのに、獅子が一匹《いっぴき》だけ歩いているのは、場ちがいな感じがしてきた。完全に浮いているだろう。獅子がトボトボ歩いているのは、さぞこっけいにちがいない。だれにも会わないのに、だれかにじろじろ見られている気

「最後の一発！」

というと、ゆっくりひきがねを引いた。

プシュッ！

弾《たま》が闇《やみ》の中に消えていった。

「じゃあな」

りんちゃんは、エアガンをおしつけるようにつばさにわたした。そして走りだした。

つばさは、なにかいいたかったけれど、胸の中がモヤモヤして、なにもいえなかった。りんちゃんの背中が暗闇に消えるあたりで、やっと声がでた。

「りんちゃーん。ありがとう」

朝が来てしまった。つばさは朝めしに赤飯を食べた。おかずはごぼう、レンコン、にんじん、しいたけ、こんにゃく、こんぶの煮《に》しめ。

お母さんが、赤飯と煮しめをタッパにつめていた。

「どうするの？」

とつばさがきくと、ふろしきにつつみながら、お母さんがこたえた。

「りんちゃんとこ、今日引っこしだべ。お昼にでも食べてもらおうかと思って」

「ふーん」

つばさは、お母さんを見た。

「ちょっと、しょっぱかったべか」

そういって、にんじんをひとつつまんで、ポイッと口に入れた。もぐもぐかんでいる。りんちゃんの家のお昼を作っているお母さんを、いいなあとつばさは思った。それで①つい、

「んまいよ」

と、つばさはいってしまった。実をいうと、にんじんが大きらいだった。

「十時ごろ家を出発するっていうから、つばさも見送りに行くべ」

「おれ、ちがうどこで見送るからいい」

「どこで？」

二 次の文章を読んで、あとの各問いに答えなさい。（設問の都合上、一部手を加えてあります。）

小学四年生のつばさの、唯一《ゆいいつ》の同級生であるりんちゃんが引っこしてしまうことになった。

りんちゃんはあした引っこしてしまう。つばさが時計を見ると、ちょうど八時になるところだった。りんちゃんはあした十時に出発するという。

あと十四時間。……と思った時、玄関《げんかん》で声がした。りんちゃんの声だった。つばさは、玄関にすっとんでいった。りんちゃんはてれたように笑った。それで、つばさもなんとなくニマッと笑った。

「ヨオッ！」

と、りんちゃんは手をちょっと上げると、玄関をでた。つばさもサンダルをつっかけて外にでた。

雲がかかっているのか、空が暗かった。川向かいのずっと奥《おく》の山かげが、一瞬《いっしゅん》[1]光った。稲妻《いなずま》だ。音はしなかった。遠い所でかみなりが鳴っているのだろう。稲穂《いなほ》のでる今じぶんは、よく稲妻が走った。

りんちゃんがふりかえって、Ｔシャツをたくしあげた。ニヤッとした。

「これ、おいてく」

ジーパンには黒色のエアガンがつきさしてあった。引きぬくと、りんちゃんは、前庭のかすかに見えるなつめの木の方に向かって一発撃《う》った。プシュッと音がした。

「今度行くとこに熊はいないべ。おれ必要ない」

「いいのかよお」

りんちゃんが大切にしていたエアガンだった。つばさは驚《おどろ》きながらも受け取った。ずしりとした重みが、[2]胸にしみた。

「りんちゃん、もう一発撃てよ」

つばさはエアガンをさしだした。

「うん」

りんちゃんが、わざとおもしろいような顔をつくってうなずいた。そして、今度はエアガンを両手で持ち、なつめの木のてっぺんあたりに、ねらいをさだめた。

問七 [あ] にあてはまる語を、次の中から一つ選び記号で答えなさい。

ア 画期的　**イ** 客観的　**ウ** 否定的　**エ** 逆説的

問八 本文中には次の一文が抜けています。本文のどこに入れるのがふさわしいですか。一文を入れたあとの五文字を書き抜きなさい。

そのため、星を見るのが仕事の役人までいたと言われています。

問九 本文の内容に合っているものを、次の中から一つ選び記号で答えなさい。

ア エジプトにおけるピラミッドの形の進化には各時代の試行錯誤《さくご》のあとが見られ、真正ピラミッドが最も美しいとされる。

イ ピラミッドは、それが建造された当時のエジプトに現代の最新技術に勝《まさ》る測量技術が存在していたことを示している。

ウ エジプトにおいてピラミッドの形は時代をおって進化しており、信仰と結びついた形で建造されてきたと考えられている。

エ ピラミッドの内部構造を明らかにするために生まれたミューオンを利用した研究手法により、火山の研究も進展している。

問一　――線①「『ミューオン』という素粒子で透視する方法」とありますが、これによって、ピラミッドの内部構造についてどのように考えられるようになりましたか。適切なものを、次の中から一つ選び記号で答えなさい。

ア　ピラミッドの内部にはそれまで考えられてきたよりも多くの空洞があり、もろい構造ではないかと考えられるようになった。
イ　太陽信仰に基づいた階段ピラミッドとしての外形だけでなく、内部も階段状の構造ではないかと考えられるようになった。
ウ　王の棺がピラミッドの内部にある空洞の中心に置かれ、そこから上へ登るような構造ではないかと考えられるようになった。
エ　ピラミッドの内部の空洞が想定より広く、そこで埋葬された王の昇天を見送る構造ではないかと考えられるようになった。

問二　――線②「屈折ピラミッド」とありますが、どういうものですか。適切なものを、次の中から一つ選び記号で答えなさい。

ア　初めはゆるやかに切石を積み上げ、途中で急勾配に切りかえたピラミッド。
イ　途中で勾配をゆるめたため、底辺の長さと高さの黄金比がくずれたピラミッド。
ウ　側面が正三角形にはならずに、二等辺三角形になっているピラミッド。
エ　途中で勾配が変化して、ピラミッドのはしの線が曲がっているピラミッド。

問三　――線③「昔から何をするにしても、まず『東西南北』を気にしていた」とありますが、その証拠《しょうこ》として何が挙げられていますか。その特徴《とくちょう》をふくめて四十字以内で説明しなさい。

問四　[1]～[3]にあてはまる語を、次の中からそれぞれ一つずつ選び記号で答えなさい。

ア　では　**イ**　または　**ウ**　ちなみに　**エ**　それでも

問五　――線④「かなり正確に東西南北を向いている」とありますが、ここで挙げられている東西南北の測定方法を、本文中から十五字以内で書き抜《ぬ》きなさい。

問六　――線⑤「最も大きな『クフ王のピラミッド』」とありますが、「クフ王のピラミッド」とはどのようなものですか。四十五字以内で説明しなさい。

全体も大きいのですが、積み上げられている一つひとつの切石も、1片《ぺん》が1m50cmから1m60cmと、非常に大きなものが使われています。これだけ大きな切石を使って、これだけ巨大なピラミッドを作るというのは、相当な労力と時間がかかるわけです。クフ王のピラミッドのほか、2番目に大きな「カフラー王のピラミッド」、「メンカウラー王のピラミッド」と、同じ場所に三大ピラミッドが並んでいます。

三大ピラミッドが並んだ向きは、古代エジプトの都市「ヘリオポリス」を向いています。「ヘリオポリス」とは、ギリシャ語で「太陽(ヘリオス)の町」という意味です。

これらの巨大なピラミッドは、東西南北に向いた状態で、三つが次の地図(省略)のように並んでいます。

「これはオリオン座の三つ星を表現している」という人もいますが、説得力に欠け、エジプト学の研究者からは[あ]にとらえられています。

三大ピラミッドは、かなり正確に東西南北に合わせて建造されています。およそ4500年前、彼らはどうやって精度の高い東西南北の測量を実現したのでしょうか。

いくつか考えられる中の一つが、星を使って方位を計測する方法です。

遥《はる》か昔から、エジプトの人たちにとって、星を見るのは、国の興亡がかかるほど重要なことでした。

彼《かれ》らがどれくらい正確に東西南北を計測していたかというと、現在の技術で測量した東西南北の方位とほんのわずかしかずれがないほどのレベルと言えます。その微妙《びみょう》なずれは、現在の最新の測量技術を使って、やっとわかるぐらいの誤差の範囲《はんい》に収まっています。それほど、当時のエジプトの測量技術は卓越《たくえつ》していたのです。

渡部　潤一『古代文明と星空の謎』(ちくまプリマー新書)による

＊火道……火口につながるマグマの通り道。

この信仰のため、北半球に住む昔の人たちは「北向き」に安置されたと考えられています。

時代が過ぎて第四王朝になると、次第《しだい》に形が整ってきますが、[２]まだちょっと曲がった部分がある「屈折ピラミッド」という形態になっていきます。

その代表が「第四王朝のスネフェル王の屈折ピラミッド」です。

このピラミッドは、地上から49m地点までの勾配《こうばい》が約54度ときつく、そこから先は勾配が約43度とゆるくなっています。この勾配の変化によって、ピラミッドのへりの線が直線ではなく、途中《とちゅう》で曲がっているので、「屈折ピラミッド」と呼ばれています。

勾配が途中で変わった理由については、いろんな解釈《かいしゃく》があります。一説には、ピラミッドを下の土台の方から、最初は54度の急勾配でつくっていたのですが、積み上げていくにつれて、その急勾配では石を持ち上げられなくなり、途中で諦《あきら》めて、49m地点からは勾配をゆるめたのではないかと言われています。

この屈折ピラミッドの登場からしばらくして、一般《いっぱん》的に「ピラミッド」と呼ばれるタイプのものが出てきます。それが「真正ピラミッド」です。

その中でも一番古いものが「赤いピラミッド」と呼ばれるピラミッドです。先に紹介《しょうかい》した第四王朝のスネフェル王が、ダハシュールという街に建造しました。

このピラミッドでは、途中で勾配が変化することなく、「屈折ピラミッド」の上の部分と同じ43度の勾配で、全体が積み上げられています。横から見ると、側面は二等辺三角形になります。これは〝太陽光線〟を象徴《しょうちょう》していて、〝太陽信仰〟につながるものだと考えられています。

[３]、なぜ当時、エジプトの王たちは、これほど大きな建造物をつくったのでしょうか。その理由については、さまざまな分野の専門家が研究されています。中には「ほかの国から来る人に対して、「エジプト」という国の豊かさや王の権威《けんい》の大きさを見せつけるためにつくった」という説もあります。

いずれにせよ、これらのピラミッドのほとんどは、④かなり正確に東西南北を向いているのです。

真正ピラミッドとしてよく知られているのは、カイロの郊外《こうがい》にあるギザの大ピラミッド群の「三大ピラミッド」です。

特に有名なのが、⑤最も大きな「クフ王のピラミッド」です。

勾配は51度52分と、スネフェル王の「赤いピラミッド」の43度よりもきつくなっています。大きさはかなり巨大《きょだい》で、正方形の底面の１辺の長さは２３０ｍ、高さは１４６ｍです。この２３０と１４６は、最も美しい比率と言われている黄金比（１・６対１）になっています。

2023年度 本庄東高等学校附属中学校

【国　語】〈第二回試験〉（五〇分）〈満点：一〇〇点〉

一　次の文章を読んで、あとの各問いに答えなさい。（設問の都合上、一部手を加えてあります。）

最近は、ピラミッドの内部構造を①「ミューオン」という素粒子《そりゅうし》で透視《とうし》する方法が成果を出しています。ミューオンは空から降ってくる中性子なのですが、これを使って、日本人の研究者が、ピラミッドの中に未発見の空洞《くうどう》があることを発見したことから、現在はピラミッドなど古い構造物の重要な研究手法の一つになっています。このミューオンを利用した透視の能力はかなり高く、火山の「火道*」を透視できたり、マグマがどこにあるのかまで、わかるのです。

このミューオンによる透視の研究成果をもとに、太陽信仰《しんこう》だったエジプトにおいて、ピラミッドの内部は、その中心に置かれた棺《ひつぎ》から、埋葬《まいそう》された王が天に昇《のぼ》るための階段を模した構造なのではないかと考えられるようになりました。

ピラミッドは、建造された年代の古い順番から「階段ピラミッド」「②屈折《くっせつ》ピラミッド」「真正ピラミッド」というふうに進化していきます。

階段ピラミッドの代表が、第三王朝の宰相《さいしょう》イムホテプが設計した「ジェセル王の階段ピラミッド」です。

この頃《ころ》から、ピラミッドは東西南北の方向に合わせて建造されています。③昔から何をするにしても、まず「東西南北」を気にしていたと思われます。そのことは、ジェセル王の階段ピラミッドの図面をみても明らかです。

このピラミッドは、上からみると南北に長い長方形になっています。ピラミッドだけでなく、葬祭殿《そうさいでん》と思われるものや彫像《ちょうぞう》の安置場所など、ほかの構造物もほぼ正確に南北の方向に向けられています。

[1]、王様の彫像は「北天」を見上げています。これは東洋で言うところの「北辰《ほくしん》信仰」に基《もと》づいたものと思われます。夜、星空を見たとき、それ自体は動かず、その周りをほかの星がぐるぐる回っているように見える星を「北極星」と呼びます。今の時代だと「こぐま座アルファ星」がこれに当たります。この北極星の周りを星々が永遠に回り続けるので、「魂《たましい》が天に昇っても永遠であり続ける」という信仰につながっているのです。

2023年度

本庄東高等学校附属中学校 ▶解説と解答

算　数　＜第２回試験＞（50分）＜満点：100点＞

解　答

[1] (1)　4　(2)　$\frac{4}{5}$　(3)　1.5　(4)　18.8　[2] (1)　400円　(2)　50g　(3)　17行目4列目　(4)　47.1cm^2　(5)　2574cm^3　[3] (1)　35通り　(2)　9通り　[4] (1)　秒速６cm　(2)　450　(3)　13秒後　[5] (1)　15個　(2)　21個　(3)　54cm^2　[6] (1)　1300m　(2)　1200m　(3)　56秒

解　説

[1] 四則計算，逆算，単位の計算

(1)　$264\div\{(23-9)\times6-18\}=264\div(14\times6-18)=264\div(84-18)=264\div66=4$

(2)　$1-\left(0.75\times1\frac{3}{5}-1.7\div2\frac{5}{6}\right)\times\frac{1}{3}=1-\left(\frac{3}{4}\times\frac{8}{5}-1\frac{7}{10}\div\frac{17}{6}\right)\times\frac{1}{3}=1-\left(\frac{6}{5}-\frac{17}{10}\times\frac{6}{17}\right)\times\frac{1}{3}$
$=1-\left(\frac{6}{5}-\frac{3}{5}\right)\times\frac{1}{3}=1-\frac{3}{5}\times\frac{1}{3}=1-\frac{1}{5}=\frac{4}{5}$

(3)　$4.5-(3.1-\square)\div\frac{8}{9}=2\frac{7}{10}$より，$(3.1-\square)\div\frac{8}{9}=4.5-2\frac{7}{10}=4.5-2.7=1.8$，$3.1-\square=1.8\times\frac{8}{9}$
$=\frac{9}{5}\times\frac{8}{9}=\frac{8}{5}$　よって，$\square=3.1-\frac{8}{5}=3.1-1.6=1.5$

(4)　1m＝1000mmより，7200mm＝7.2m，1km＝1000mより，0.015km＝15m，1m＝100cmより，340cm＝3.4mだから，7200mm＋0.015km－340cm＝7.2m＋15m－3.4m＝22.2m－3.4m＝18.8m。

[2] 消去算，濃度《のうど》，周期算，面積，体積

(1)　りんご１個の値段《ねだん》を●，かごの値段を△と表すと，右の図１となる。(イ)の式から(ア)の式を引くと，●×25－●×20＝●×(25－20)＝●×５と，4150－3400＝750(円)は等しいので，りんご１個の値段は，●＝750÷５＝150(円)とわかる。すると，(ア)の式より，かごの値段は，△＝3400－150×20＝400(円)と求められる。

図１
●×20＋△＝3400円…(ア)
●×25＋△＝4150円…(イ)

(2)　６％の食塩水300gに含《ふく》まれる食塩の重さは，300×0.06＝18(g)，３％の食塩水400gに含まれる食塩の重さは，400×0.03＝12(g)である。すると，それらを混ぜた食塩水，300＋400＝700(g)に含まれる食塩の重さは，18＋12＝30(g)となる。この食塩水に水を加えても食塩の重さは30gのままである。水を加えると食塩水は４％になるので，水を加えた後の食塩水の重さは，30÷0.04＝750(g)と求められる。よって，加えた水の重さは，750－700＝50(g)とわかる。

(3)　１からはじまり，それぞれの行に６個の整数が並んでいる。よって，100÷６＝16余り４より，数が16行並んだ後に４個の数が残るので，100は，16＋１＝17(行目)の４列目とわかる。

(4)　下の図２で，太線の半円の半径は，(６＋４)÷２＝５(cm)，半円アの半径は，６÷２＝３(cm)，半円イの半径は，４÷２＝２(cm)である。よって，図２の斜線《しゃせん》部分の面積は，太線の半円と半円アの面積の和から，半円イの面積を引いて，$5\times5\times3.14\times\frac{1}{2}+3\times3\times3.14\times\frac{1}{2}-2\times2\times$

$3.14\times\frac{1}{2}=(25+9-4)\times3.14\times\frac{1}{2}=30\times3.14\times\frac{1}{2}=15\times3.14=47.1(cm^2)$と求められる。

図２

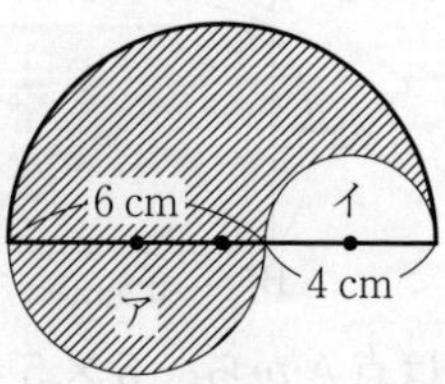

図３

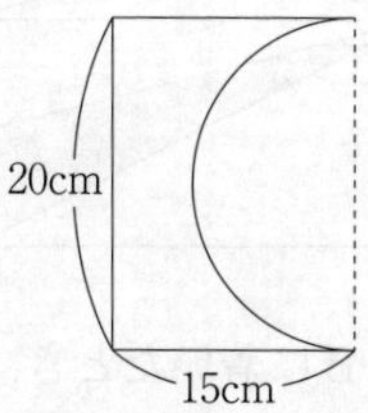

⑸　問題文中の図の立体を上から見ると，上の図３のように見える。図３の図形の面積は，長方形の面積から，半径が，$20\div2=10$(cm)の半円の面積を引いて，$20\times15-10\times10\times3.14\times\frac{1}{2}=300-157=143(cm^2)$となる。よって，求める立体の体積は，$143\times18=2574(cm^3)$である。

３　場合の数

⑴　下の図１で，上と左の１は，Ａ地点をスタートしてそれぞれの地点に最も短い道のりで進む道順が１通りあることを表す。図１で地点アに最も短い道のりで進むには，２つの矢印で表したように左から進むか，上から進むしかないので，地点アに最も短い道のりで進む道順は，$1+1=2$(通り)である。同様に，地点イに進むには，地点アから右に進むか，地点イの上から進むしかないので，地点イに進む道順は，$2+1=3$(通り)，地点ウに進む道順も，$1+2=3$(通り)，地点エに進む道順は，$3+3=6$(通り)となる。よって，それぞれの地点に進む道順が何通りあるか調べると，下の図２のようになり，Ａ地点からＢ地点まで最も短い道のりで進む道順は，$15+20=35$(通り)とわかる。

⑵　図２より，Ａ地点からＣ地点まで最も短い道のりで進む道順は３通りある。また，Ｃ地点からＤ地点までの道のりは１通りのみで，Ｄ地点を出発してＢ地点まで最も短い道のりで進む道順は，下の図３より，$1+2=3$(通り)とわかる。よって，Ｃ地点とＤ地点の間の道を通ってＡ地点からＢ地点まで最も短い道のりで進む道順は，$3\times1\times3=9$(通り)あるとわかる。

図１

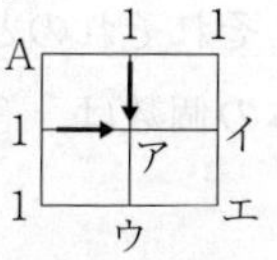

図２

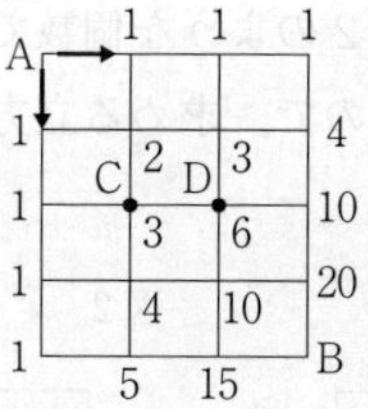

図３

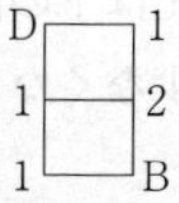

４　平面図形，グラフ―点の移動，面積

⑴　辺BCの長さは辺ABの長さの２倍なので，点Ｐが頂点《ちょうてん》Ａを出発してから頂点Ｃに着くまでの時間は，頂点Ｂに着くまでの時間の３倍である。よって，問題文中の図２のグラフより，点Ｐが５秒後に頂点Ｂに着き，その３倍である，$5\times3=15$(秒後)に頂点Ｃに着くとわかる。したがって，点Ｐの速さは秒速，$30\div5=6$(cm)となる。

⑵　15秒後に点Ｐは，⑴より，下の図①のように頂点Ｃに着く。また，図２のグラフより，12秒後に点Ｑが頂点Ｄに着くので，点Ｑの速さは秒速，$60\div12=5$(cm)とわかる。すると，15秒後に点Ｑは，図①のように辺DC上にあり，DQの長さは，$5\times(15-12)=15$(cm)となる。また，四角形APCQは図①でかげをつけた三角形APQとなり，その底辺の長さは，$QP=DP-DQ=30-15$

＝15(cm)なので，面積は，15×60÷２＝450(cm^2)と求められる。よって，図２の㋐は450である。

図①

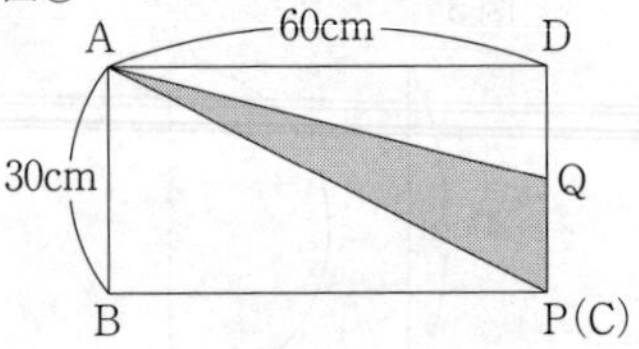

図②

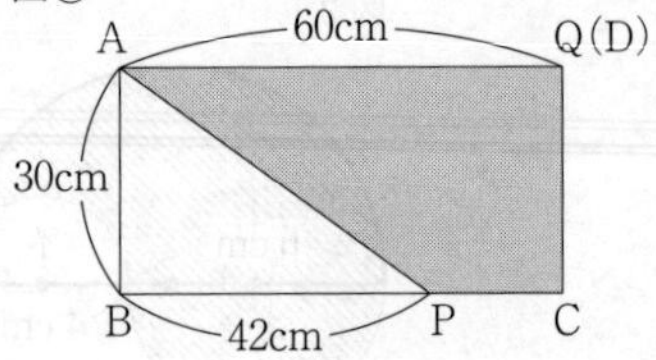

(3)　点ＰがＡを出発してＢに着いたとき，点Ｑは点Ａから，５×５＝25(cm)の地点にいる。このときの四角形APCQの面積は，(25＋60)×30÷２＝1275(cm^2)なので，１回目に930cm^2になるのは，その前になる。また，動き始めてから12秒間で，点Ｐは，６×12＝72(cm)進むので，12秒後に点Ｐは，上の図②のように，頂点Ｂから，72－30＝42(cm)のところにある。このとき，図②で，PC＝60－42＝18(cm)である。また，(2)より，12秒後に点Ｑは頂点Ｄに着くから，四角形APCQは図②でかげをつけた台形となり，その面積は，(18＋60)×30÷２＝1170(cm^2)である。したがって，図２のグラフより，四角形APCQが２回目に930cm^2となるのは，12秒から15秒の間で，面積が1170cm^2から，1170－930＝240(cm^2)減ったときとわかる。12秒後から15秒後の，15－12＝３(秒間)で減った面積は，1170－450＝720(cm^2)なので，１秒間に減る面積は，720÷３＝240(cm^2)である。よって，２回目に四角形APCQの面積が930cm^2となるのは，12秒の，240÷240＝１(秒後)であり，12＋１＝13(秒後)と求められる。

5　立体図形―構成，表面積

(1)　下の図１は真上から見た図である。問題文中の正面から見たようすの図より，ア～ウのそれぞれの矢印について，矢印上のそれぞれのところに積み上げられた立方体の個数は１個～３個であり，立方体の個数が最も少ないのは，それぞれの矢印上の１か所だけに３個積み上げたときである。同様に，問題文中の右側から見たようすの図より，エとカの矢印上に積み上げられた立方体の個数は１個～３個，オの矢印上に積み上げられた立方体の個数は，１個～２個であり，立方体の個数が最も少ないのは，エとカの矢印上の１か所だけに３個，オの矢印上の１か所だけ２個積み上げたときとわかる。よって，たとえば下の図２のような個数で，それぞれのところに立方体を積み上げたとき，立方体の個数は最も少なくなるので，求める立方体の個数は，３×３＋２＋１×４＝15(個)となる。

図１

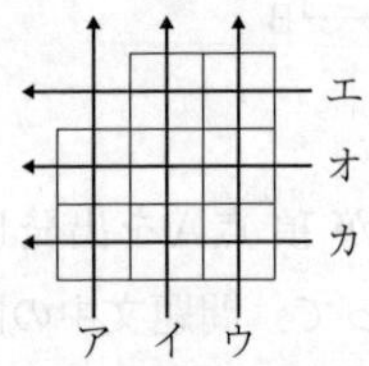

図２

	3	3
1	2	1
3	1	1

図３

	3	3
2	2	2
3	3	3

(2)　積み上げた立方体の個数が最も多いのは，上の図３のように立方体を積み上げたときである。よって，立方体の個数は，最も多いとき，３×５＋２×３＝21(個)と求められる。

(3)　問題文中の図より，真上，正面，右側から立体を見たとき，それぞれ，１辺の長さが１cmである正方形が８個，９個，８個ずつ見える。この立体を真下から見たときに見える正方形の個数は，真上から見たときと等しい。同様に，真後ろから見た個数は，正面から見たときと，左側から見た

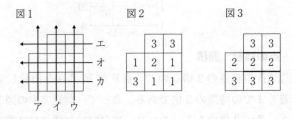

ときの個数は，右側から見たときと等しいので，真上，真下，正面，真後ろ，右側，左側の６方向から見える正方形の個数は，（８＋９＋８）×２＝50(個)となる。さらに，６方向のどこからも見えない正方形が，図３の太線部分に４個あるので，⑵の立体の表面には，50＋４＝54(個)の正方形がある。よって，⑵の立体の表面積は，（１×１）×54＝54(cm^2)と求められる。

6 通過算

⑴　下の図１で，普通列車Ａがトンネルに入り始めてから列車全体がトンネルから完全に出るまでに，列車の先頭が進むのは，矢印の道のりである。この道のりを，普通列車Ａが秒速20mで，１分５秒＝65秒進むので，20×65＝1300(m)と求められる。

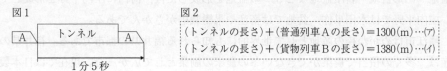

図１

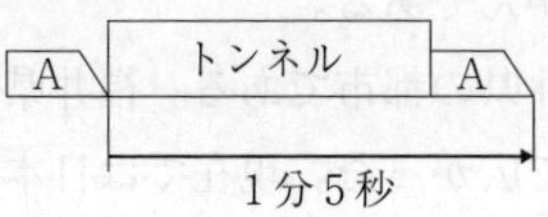

図２

（トンネルの長さ）＋（普通列車Ａの長さ）＝1300(m)…㋐
（トンネルの長さ）＋（貨物列車Ｂの長さ）＝1380(m)…㋑

⑵　⑴より，（トンネルの長さ）＋（普通列車Ａの長さ）＝1300(m)である。また，速さが秒速15mである貨物列車Ｂが，トンネルに入り始めてから列車全体がトンネルから完全に出るまでの時間が，１分32秒＝92秒なので，（トンネルの長さ）＋（貨物列車Ｂの長さ）＝15×92＝1380(m)となる。すると，上の図２で㋑の式から㋐の式を引くと，（貨物列車Ｂの長さ）－（普通列車Ａの長さ）＝1380－1300＝80(m)とわかる。また，列車どうしがすれちがう場合，すれちがい始めるときには，下の図３のように，２つの列車の最後尾は列車の長さの和だけはなれていて，それらの最後尾が出会うとき列車がすれちがい終わるので，（すれちがいにかかる時間）＝（列車の長さの和）÷（速さの和）となる。すると，列車の長さの和を□mとすると，□÷(20＋15)＝８(秒)より，□＝８×35＝280(m)となる。これより，２つの列車の長さは下の図４のように表され，普通列車Ａの長さは，(280－80)÷２＝100(m)とわかる。よって，図２の式㋐より，トンネルの長さは，1300－100＝1200(m)と求められる。

図３

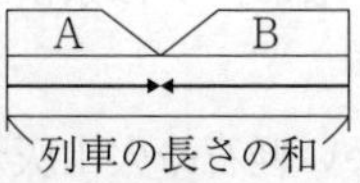

図４

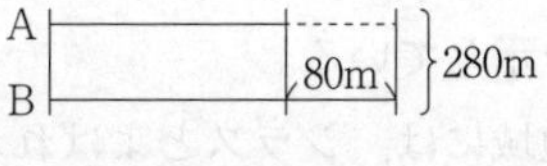

図５

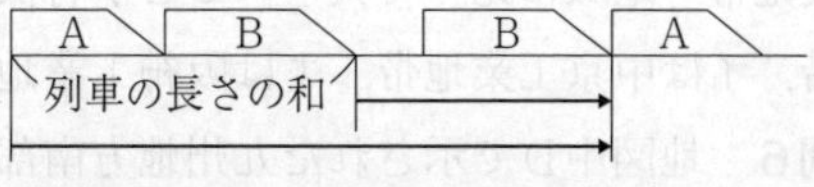

⑶　普通列車Ａが貨物列車Ｂを追いこすには，上の図５のように，普通列車Ａの最後尾が，貨物列車Ｂの先頭を列車の長さの和だけ追いこせばよい。よって，追いこしにかかる時間は，（追いこしにかかる時間）＝（列車の長さの和）÷（速さの差）より，280÷(20－15)＝56(秒)とわかる。

社会　＜第２回試験＞（30分）＜満点：50点＞

解答

1 **問１**　**信濃川**…越後(平野)，**最上川**…庄内(平野)　**問２**　福井県　**問３**　(例)　海岸線が入り組んでいて，波が静かだから。　**問４**　近郊農業　**問５**　ウ　**問６**　シラス(台地)　**問７**　イ　**問８**　ア　**2** **問１**　小野妹子　**問２**　エ　**問３**　琉球王国　**問４**　(フランシスコ・)ザビエル　**問５**　ウ　**問６**　岩倉具視　**問７**　イ　**問８**　満州

事変　**問９**　国際連盟　**3** **問１**　象徴　**問２**　ウ　**問３**　生存権　**問４**　バリアフリー　**問５**　エ　**問６**　ウ　**問７**　（例）国会が主権を持つ国民の投票で選ばれた代表者によって成り立っているから。

解　説

1 **日本地図を使った地理分野の総合問題**

問１　**信濃川**　長野県から新潟県へと流れる信濃川は下流域で越後平野を形成し，日本海へと注ぐ。信濃川は日本最長の河川で，長野県では千曲川とよばれる。　**最上川**　山形県を流れる最上川は，米沢盆地・山形盆地・新庄盆地など５つの盆地を形成した後，河口に庄内平野を形成して日本海に注ぐ。庄内平野では水田単作，盆地では畜産や果樹栽培がさかんである。

問２　鯖江市はめがね枠の産地として世界的にも知られる福井県の都市である。福井県のめがね枠の生産は，多くの積雪で農業ができない冬の農家の副業として広がった。現在では日本製のめがね枠の約95％が福井県で生産されている。

問３　海岸線が複雑に入り組んだリアス(式)海岸は湾が深く，波が穏やかなため，養殖業がさかんである。県の東側が三陸海岸にあたる岩手県ではわかめとこんぶ，宮城県ではカキの養殖がさかんに行われている。

問４　近郊農業とは，大都市の周辺で行われる農業をいう。消費地に近いため，鮮度の高い農作物を輸送費をあまりかけずに出荷することができるという利点がある。地図中Ｂの茨城県と千葉県では東京や横浜といった大消費地に近いという地の利をいかした近郊農業がさかんで，農業生産額はそれぞれ全国第３位と第４位を誇る。統計資料は『日本国勢図会』2022/23年版による(以下，同じ)。

問５　地図中Ｃは，中国・四国地方の瀬戸内海沿岸地域に広がる瀬戸内工業地域を示している。瀬戸内工業地域は，瀬戸内の海運と埋め立て地や塩田跡地を利用した広大な工業用地を背景に発達し，工業生産額は中京工業地帯，阪神工業地帯，関東内陸工業地域についで４番目に大きい。臨海部には石油化学コンビナートが建設されているため，製造品出荷額等に占める化学工業の割合が他の工業地帯・地域に比べて大きいことが特徴である。したがって，ウが正しい。なお，アは京浜工業地帯，イは中京工業地帯，エは阪神工業地帯を示している。

問６　地図中Ｄで示された九州地方南部の地域には，シラスとよばれる細かい軽石や火山灰が積もっている。そのため，この地域はシラス台地とよばれる。シラス台地は水はけがよいため稲作には不向きで，畜産業のほか茶やさつまいもなどを栽培する畑作がさかんである。

問７　自然界に常に存在し，繰り返し利用可能なエネルギーを再生可能エネルギーという。再生可能エネルギーには，地熱・太陽光・風力・バイオマスのほか，波力や潮力などがふくまれる。したがって，化石燃料である石炭や石油，天然ガスといった有限な資源を利用する火力発電はあてはまらない。

問８　トレーサビリティとは，製品がいつどこで誰によってつくられたかを明らかにするために，原材料の調達から生産，消費または廃棄に至るまでの流れを追跡できる状態にするためのシステムである。したがって，アが正しい。なお，イのユニバーサルデザインは年齢や性別，障害の有無などにかかわらず，誰でも利用しやすいデザインのこと。ウのインクルージョンには「包括」という意味があり，組織内で多様な人々の個々の特性(経験や能力，考え方など)を十分に活かせる状態を指す。エのフェアトレードを直訳すると，「公正な貿易」となる。途上国の生産者と先進国の消費者が対等な立場で貿易を行い，途上国の原料や製品を適正な価格で先進国が購入することで，途上国の生産者や労働者の生活や社会の成長を助け，貧困のない平等な社会を実現しようという考えにもとづいて行われる貿易のことである。

2 各時代の外交についての問題

問１　隋(中国)と対等な関係を築き，大陸の進んだ文化やしくみを日本に取り入れるために，聖徳太子は小野妹子を遣隋使として派遣した。隋に渡った小野妹子は，「日出づる処の天子，書を日没する処の天子に致す」の書き出しで知られる国書を隋の皇帝である煬帝に届けた。

問２　遣唐使の停止によって，唐(中国)の文化をもとに平安時代の貴族を中心とする日本風の文化が誕生した。これを，国風文化というので，エが正しい。国風文化では，摂関政治を背景に紫式部や清少納言など宮廷の女性が活躍し，日本で発明されたかな文字による文学や和歌が発達した。なお，アは天平文化，イは飛鳥文化，ウは鎌倉文化について説明している。

問３　室町時代に尚巴志が沖縄島を統一し，琉球王国を建国した。琉球王国は中国や東南アジア，日本などの国との中継貿易で栄えたが，1609年に薩摩藩による軍事侵攻を受け，日本と中国両方の支配下に置かれた。

問４　イエズス会のスペイン人宣教師である(フランシスコ・)ザビエルは，1549年に鹿児島に上陸し，日本に初めてキリスト教を伝えた。ヨーロッパでは宗教革命によってカトリック教会やローマ法王の権威が低下したため，ザビエルらが立ち上げたイエズス会は世界各地への布教を積極的に行った。

問５　中国とオランダに限り長崎でのみ交易を行うことを許した江戸幕府の対外政策を，鎖国という。ただし，鎖国中でも対馬藩の宗氏は朝鮮と，薩摩藩の島津氏は琉球王国と，松前藩の松前氏はアイヌとの交易が認められていたので，組み合わせとして正しいものはウである。

問６　岩倉具視は幕末から明治時代初期に活躍した公家出身の政治家である。岩倉具視を全権大使とする岩倉使節団は，1858年に江戸幕府が結んだ不平等条約改正の準備交渉と欧米社会の視察を兼ねて1871年に欧米に派遣された。

問７　日清戦争の講和条約として1895年に結ばれた下関条約によって，日本は台湾・澎湖諸島・遼東半島を日本に譲り渡すことを清(中国)に認めさせた。しかし，日本の朝鮮半島や満洲への進出を警戒したロシアが，フランス・ドイツとともに遼東半島の清への返還を求める三国干渉を行ったため，遼東半島は清に返還されることになった。

問８　関東軍が奉天郊外の柳条湖付近で南満州鉄道を爆破し，これを中国側の犯行として中国への軍事攻撃を開始した。この柳条湖事件をきっかけに日本は満州全土を占領し，1932年に清王朝最後の皇帝溥《ふ》儀《ぎ》を執政にすえ，満州国を建国した。この一連のできごとを満州事変という。

問９　中国が満州事変を日本の侵略として国際連盟に訴えたので，国際連盟はリットン調査団を満州に派遣した。調査の結果，満州国の取り消しと日本軍の満洲からの撤退を国際連盟が勧告したため，日本は1933年に国際連盟を脱退し，国際的な孤立を深めることになった。

3 会話文を題材にした日本国憲法についての問題

問１　日本国憲法は第１条で，「天皇は日本国の象徴であり日本国民統合の象徴であって，この地位は，主権の存する日本国民の総意にもとづく。」とし，天皇の地位と国民主権について定めている。

問２　基本的人権の一つである自由権は，身体の自由・精神の自由・経済活動の自由に分類できる。自分の意思で財産を所有する権利は，経済活動の自由にふくまれ，財産権の不可侵として第29条に規定されている。したがって，ウがあてはまる。なお，アは平等権，イは教育を受ける権利(社会権)，エは選挙権(参政権)について説明している。

問３　日本国憲法第25条は「すべて国民は，健康で文化的な最低限度の生活を営む権利を有する。」とし，生存権について規定している。なお，生存権とは社会権の一つで，人間が人間らしく生きる権利のことをいう。この条文にもとづき国の社会保障制度は義務化されており，厚生労働省がこれを担当している。

問４　障害者や高齢者が建築物を使用しようとしたとき，邪魔になるさまざまな障壁(バリア)を取り除こうという考えを，バリアフリーという。日本では不特定の人々が使用する公共施設において，出入り口や廊下・階段・トイレなどを障害者や高齢者が支障なく使用できるよう対策を促すハートビル法と障害者や高齢者が公共交通機関を利用した移動を円滑に進められるよう促す交通バリアフリー法とが統合・拡充され，2006年にバリアフリー新法が制定された。

問５　新しい人権とは，憲法の条文には存在しないが，時代がすすむにつれて憲法条文の精神を発展的に解釈することで認められるようになった権利をいう。その中で，個人および家庭内の私事や私生活を他人や社会に知られず，干渉されない権利をプライバシーの権利というので，エが正しい。この権利は，表現の自由や知る権利に対して個人のプライバシーを守る必要が生じたため，認められるようになった。なお，アは自己決定権，イは知る権利，ウは環境権について説明しており，いずれも新しい人権として認められている。

問６　ア　国会の召集を決定するのは内閣の仕事なので，内閣から国会へ向かう矢印で表される。　イ　法律の違憲審査は法律を制定した国会に対して裁判所が行う仕事なので，裁判所から国会へ向かう矢印で表される。　ウ　内閣(行政権)の首長である内閣総理大臣の指名は，国会(立法権)によって行われる。したがって，国会から内閣へ向かう矢印Xにあてはまる。　エ　裁判官をやめさせるかどうかの裁判を行う弾劾裁判所は国会が設けるので，国会から裁判所へ向かう矢印で表される。　オ　行政機関(国や地方公共団体)を相手に起こす行政処分についての裁判は裁判所が行うので，裁判所から内閣へ向かう矢印で表される。　カ　最高裁判所長官の指名は内閣が行うので，内閣から裁判所へ向かう矢印で表される。なお，最高裁判所長官の任命は天皇が行い，その他の裁判官については，内閣が任命する。

問７　三権分立は，フランスの思想家モンテスキューが「法の精神」の中で提唱した考え方である。権力を分散して互いに抑制し合うことで，権力の濫用と権利の侵害を防ごうというものであるが，日本国憲法は第41条で「国会は国権の最高機関であり，唯一の立法機関である。」と規定している。三権分立を採用しながらも国会を最高機関とする理由は，国会が主権者である国民によって直接選挙された国会議員によって構成されているからである。

理　科　＜第２回試験＞（30分）＜満点：50点＞

解　答

[1]　(1)　心臓　　(2)　ウ　　(3)　毛細血管　　(4)　(例)　体全体に多くの酸素を送る必要がある

から。　2 ⑴　浮力　⑵　78　⑶　P　イ　Q　ウ　⑷　167g　3 ⑴　Q　⑵　（例）（マグマの広がり方が，）混合物Aと同じように盛り上がっているから。　⑶　火山灰　⑷　エ　4 ⑴　水蒸気　⑵　イ　⑶　A　⑷　ふっ点

解　説

1 ヒトの血液じゅんかんについての問題

⑴　問題文中の図のような臓器《ぞうき》を心臓といい，ヒトの心臓には２つの心房《しんぼう》と２つの心室がある。なお，左心房は肺静脈と，左心室は大動脈と，右心房は大静脈と，右心室は肺動脈とつながっている。

⑵　動脈血は肺から取り入れた酸素を多くふくむ血液のことをいい，静脈血は全身へ酸素をとどけたあとの二酸化炭素や老廃物《ろうはいぶつ》を多くふくむ血液のことをいう。肺から取り入れた酸素を多くふくむ血液は，肺静脈を通って心臓の左心房へ入り，左心室から大動脈を通って全身へ送り出される。全身へ酸素を送りとどけたあとの血液は，大静脈を通って心臓の右心房へ入り，右心室から肺動脈を通って肺へ送り出される。

⑶　体の中であみの目のようにはりめぐらされた細い血管を毛細血管といい，全身の細胞《さいぼう》へ酸素や栄養をとどけたり，細胞から不要となった二酸化炭素や老廃物を受け取ったりする役割をしている。

⑷　激しい運動をすると，体の各部が必要とする酸素が安静時とくらべて多くなる。したがって，激しい運動をすると脈はくの回数が増《ふ》えるのは，体全体に多くの酸素を送る必要があるからと考えられる。

1 浮力についての問題

⑴　水の中にある物体へはたらく上向きの力を浮力という。なお，浮力は，水の中に入れた物体により押しのけられた水が元の位置へ戻《もど》ろうとするために発生する。このとき，水１cm^{3}あたりの重さは１gだから，水の中へ入れた物体にはたらく浮力の大きさは，水の中へ入れた物体が押しのけた水の体積分の重さと等しくなる。

⑵　体積95cm^{3}の物体Eが完全に水の中に入っているので，⑴より，このときの物体Eへはたらく浮力の大きさは，$1\times95=95$(g)と考えられる。したがって，Xの値は，$173-95=78$(g)とわかる。

⑶　浮力の大きさは，(空気中でばねばかりが示した値)－(水の中に完全にしずめたときにばねばかりが示した値)で求められる。なお，浮力の大きさを表す単位はgで，体積の大きさを表す単位はcm^{3}だから，アを選ぶのは適切ではない。

⑷　問題文中の図３のとき，物体Fは，$126\times\frac{1}{2}=63$(cm^3)が水の中へ入っている。よって，⑵と同様に考えると，物体Fにはたらく浮力の大きさは，$1\times63=63$(g)とわかる。したがって，図３のばねばかりが示す値は，$230-63=167$(g)と求められる。

3 マグマや火山のようすについての問題

⑴，⑵　火山をつくるマグマのねばり気が弱いと，マグマが中心から外側へ流れやすいため，問題文中の図３や図４のPのようなかたむきがゆるやかな火山ができることが多い。一方，火山をつくるマグマのねばり気が強いと，マグマが中心から外側へ流れにくいため，問題文中の図２や図４のQのようなドーム型の火山ができやすい。

⑶　火山ふん出物のうち，マグマが冷えて固まったものが細かく割れ，直径２mm以下のつぶとなったものを火山灰という。なお，火山灰などがたい積してできた岩石は凝灰岩《ぎょうかいがん》とよばれる。

(4)　海岸の砂のつぶは，流れる水のはたらきで運ばれる途中《とちゅう》で角が取れ，丸みを帯びているものが多い。一方，ふつう火山灰のつぶは角ばっている。

4　水やアルコールのふっとうについての問題

(1)　固体の状態の水を氷，気体の状態の水を水蒸気《すいじょうき》とよぶ。なお，このように物質が固体・液体・気体のあいだですがたを変えることを状態変化という。

(2)　水とアルコールをくらべると，水よりもアルコールのほうが液体から気体へ変化しやすいから，実験①でフラスコから最初に盛《さか》んに出てきた物質には，水よりもアルコールのほうが多くふくまれると考えられる。

(3)　フラスコから水やアルコールが最も盛んに出てくるのは，水やアルコールがふっとうをしているときである。問題文中の図３から，水がふっとうをし始める温度は約100℃で，アルコールがふっとうをし始める温度は約80℃であると考えられる。よって，アルコールが最も盛んに出てきたのは，問題文中の図２のＡである。なお，水やアルコールがふっとうをしているときは，液体から気体へすがたを変えるために多くの熱が使われるため，加熱をしても温度が上昇《じょうしょう》しにくくなる。

(4)　(3)で考えたとおり，この実験は水やアルコールがふっとうをし始める温度のちがいを利用した実験とわかる。このように，液体がふっとうをし始める温度のことをふっ点という。なお，この実験のようなふっ点のちがいを利用して，液体を取り出す方法を蒸留という。

国　語　＜第２回試験＞（50分）＜満点：100点＞

解　答

一 **問1**　ウ　**問2**　エ　**問3**　(例)　構造物がほぼ正確に南北方向に向けられているジェセル王の階段ピラミッドの図面。　**問4**　**1**　ウ　**2**　エ　**3**　ア　**問5**　星を使って方位を計測する方法　**問6**　(例)　底面の１辺の長さと高さの比が黄金比になっており，非常に大きな切石で作られた巨大なもの。　**問7**　ウ　**問8**　彼らがどれ　**問9**　ウ　**二** **問1**　**1**　エ　**2**　イ　**3**　ウ　**4**　ア　**問2**　(例)　大きらいなにんじんが入っているが，りんちゃん一家に対する母の思いやりに心を動かされて，母をほめてあげたくなったから。　**問3**　(1)　いやだった　(2)　新しい門出　**問4**　(例)　初めは計画を実行するため無我夢中だったが，獅子舞のいしょうを着て空き地へ向かう途中で周りの目が気になってはずかしくなってきている。　**問5**　ウ　**問6**　朝が来てし　**問7**　イ　**三** **問1**　①　ようさん　②　つら　③・④　下記を参照のこと。　**問2**　①　単刀直入　②　大同小異　**問3**　①　任務　②　危険　**問4**　①　ちり　②　かぶと

●漢字の書き取り

三 **問1**　③　簡潔　④　預

解　説

一　出典は渡部潤一《わたなべじゅんいち》『古代文明と星空の謎《なぞ》』による。エジプトのピラミッドを「階段ピラミッド」「屈折《くっせつ》ピラミッド」「真正ピラミッド」の三つに分けて，天文学と関連づけながら説明している。

問1　「ミューオンによる透視《とうし》の研究成果」をもとにして，ピラミッドの内部は，「中心に置かれた

棺《ひつぎ》から，埋葬《まいそう》された王が天に昇《のぼ》るための階段を模した構造」だと考えられるようになったのである。

問２　「屈折ピラミッド」は，「勾配《こうばい》の変化」によって，ピラミッドのへりの線が直線ではなく，途《と》中《ちゅう》で曲がっているものである。

問３　階段ピラミッドの時代から，ピラミッドの「東西南北」を気にしていたことは，「ジェセル王の階段ピラミッドの図面」から明らかだと，直後に書かれている。

問４　**１**　ジェセル王のピラミッドの「東西南北」の話に関連して，「王様の彫像《ちょうぞう》」の向いている方向の話をしているので，関係のあることがらを述べる「ちなみに」が，あてはまる。　**２**　「形が整って」きたことと，「ちょっと曲がった部分がある」ことを並べているので，前に述べたことと反する内容を導く「それでも」があてはまる。　**３**　前までのピラミッドの構造の内容を受け，新たに，エジプトの王が大きな建造物をつくった理由の話が後に続いているので，前のことがらを受けて，それをふまえながら次のことを導く働きの「では」がふさわしい。

問５　少し後の「どうやって精度の高い東西南北の測量を実現したのでしょうか」という問いかけのあとに，「星を使って方位を計測する方法」が挙げられている。

問６　三大ピラミッドのなかでも最も大きい「クフ王のピラミッド」の特徴《とくちょう》は，正方形の底辺が黄金比になっていることと，非常に大きな切石が使われていることである。

問７　「説得力に欠け」ているのだから，打ち消す意味の「否定的」があてはまる。

問８　「星を見るのが仕事の役人までいた」ことからは，星を見ることが大切な意味を持っていたことがわかるので，「星を見るのは，国の興亡がかかるほど重要なことでした」のあとに入れるとよい。

問９　ピラミッドは，時代を追って「階段」「屈折」「真正」の順に変化しており，「太陽信仰《しんこう》」という「信仰」に結びついていたと考えられているので，ウが正しい。アは「最も美しいとされる」，イは「現代の最新技術に勝《まさ》る」，エは「内部構造を明らかにするために生まれた」の部分が，それぞれ誤りである。

二　**出典は最上一平《もがみいっぺい》『夏のサイン』による。**唯一《ゆいいつ》の同級生だったりんちゃんが引っこししてしまうことになったため，つばさは神社でいしょうを借りて，獅子舞《ししまい》を舞《ま》う。

問１　**１**　稲妻《いなずま》が光るようすなので，「ピカピカッと」がよい。　**２**　「胸にしみ」ているようすなので，「ジーンと」が合う。　**３**　「浮《う》かんでいるよう」なようすを表すのは，「ぽっかりと」である。　**４**　「うなずいた」という動きを表す「ウンウンと」がふさわしい。

問２　つばさは，本当は「にんじんが大きらい」なのだが，「りんちゃんの家のお昼を作っているお母さん」を「いいなあ」と思ったので，思わず，おいしいと言ってしまった。これは，引っこしの日に，いそがしくしているりんちゃん一家のために，お昼を用意した母の思いやりに，心を動かされたということである。ここで「大きらい」などと言って，その思いを台無しにしたくなかったのである。

問３　りんちゃんの顔を見て，「さようならとか，バイバイとか」を言うのは，「いやだった」ので，「新しい門出《かどで》」を祝うために，獅子舞の姿で見送ることに決めたのである。

問４　「きのうの夜から計画していたことを実行するため」に，キーちゃんの家まで夢中で「走った」つばさだったが，獅子舞の道具を借りて，獅子舞の姿で神社を出たころには，「場ちがいな感じ」がしてきて，「はずかしくなっ」ている。

問５　一本杉を二人で見に行く約束を思い出して，人差し指を一本たてると，りんちゃんも人差し指をたてていつものように笑ってくれたが，これでりんちゃんとはお別れだと思うと，さびしい気持ちでいっぱいになり，涙《なみだ》が出てきたのである。

問６　「りんちゃんはあした引っこしてしまう」という文で始まっているように，文章の前半は，引っこし前日のことが描《えが》かれている。「朝が来てしまった」という一文は，日が改まったことを表しており，ここ以降は引っこし当日を描いている。

問７　イは，「りりしく見える」というたとえや，「なにか話しかけているような気がした」という「山からも声をかけてもらっているよう」な表現があるので，正しい。アは「何もいえずに送りだすしかない」，ウは「すっかりあきらめがついて」，エは「けじめをつける」という部分が，それぞれ誤りである。

三　漢字の読みと書き取り，四字熟語の完成，類義語と対義語，ことわざの完成

問１　①　蚕を飼って生糸をつくること。　②　音読みは「レン」で，「連続」などの熟語がある。　③　簡単でわかりやすくすること。　④　音読みは「ヨ」で，「預金」などの熟語がある。

問２　①　「単刀直入」は，前置きなしに本題に入るという意味。　②　「大同小異」は，細かなところはちがうがだいたい同じであるということ。

問３　①　「使命」「任務」は，あたえられた務めのこと。　②　「安全」はあぶなくないこと，「危険」はあぶないこと。

問４　①　「ちりも積もれば山となる」は，小さなことも積み重ねると，大きなことやものになるということ。　②　「勝ってかぶとの緒《お》をしめよ」は，うまくいっても油断してはいけないという意味。

Memo

Memo

2022年度　本庄東高等学校附属中学校

〔電　話〕　0495(27)6711
〔所在地〕　〒367－0025　埼玉県本庄市西五十子大塚318
〔交　通〕　JR高崎線「岡部駅」南口よりスクールバス８分

【算　数】〈第１回試験〉（50分）〈満点：100点〉

1　次の $\square$ にあてはまる数を求めなさい。

(1)　$2022 \div (259 + 6 \times 13) + 7 \times (21 - 13) = \square$

(2)　$\left\{\frac{1}{4} \times (1 - 0.3) + 0.2\right\} \div \frac{3}{5} + 2\frac{1}{3} = \square$

(3)　$3\frac{1}{3} \times \left(1.2 \times \square - \frac{3}{5}\right) - 1\frac{1}{4} = 1\frac{5}{12}$

(4)　$0.05\,\mathrm{km} - 12\,\mathrm{m} + 3200\,\mathrm{mm} = \square\,\mathrm{cm}$

2　次の問いに答えなさい。

(1)　50円の切手と80円の切手を何枚かずつ買いました。切手の代金の合計は2040円で，50円切手と80円切手の枚数の差は６枚でした。このとき，50円切手は何枚買いましたか。ただし，50円切手を買った枚数よりも，80円切手を買った枚数の方が多いとします。

(2)　90ｇの水に食塩を10ｇ混ぜて食塩水を作りました。同じ濃度《のうど》の食塩水を250ｇ作るのに水は何ｇ必要であるか求めなさい。

(3)　次のように，ある規則にしたがって数が並んでいます。左から数えて15番目の数はいくつですか。

1，4，7，10，13 …

(4)　右の図は，正三角形ＡＢＣを，頂点Ａが辺ＢＣに重なるように折り返した図です。㋐の角度を求めなさい。

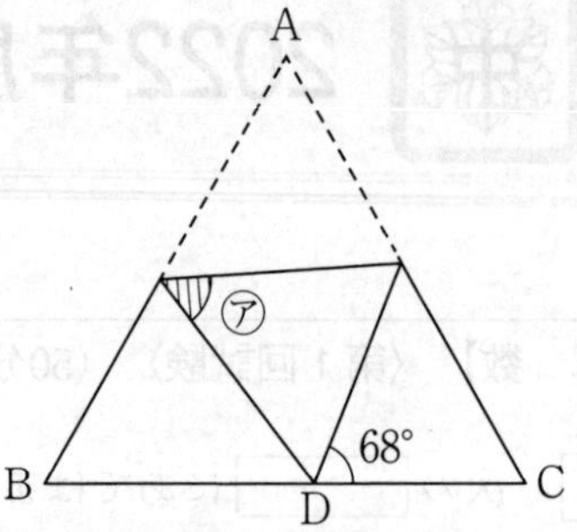

(5)　下の図の立体の体積について，最も小さいものを①～③のうちから番号で答えなさい。ただし，円周率は3.14とします。

①円すい

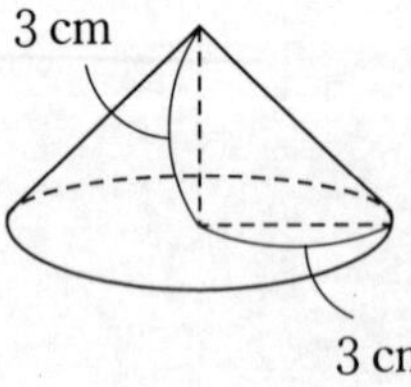

②立方体

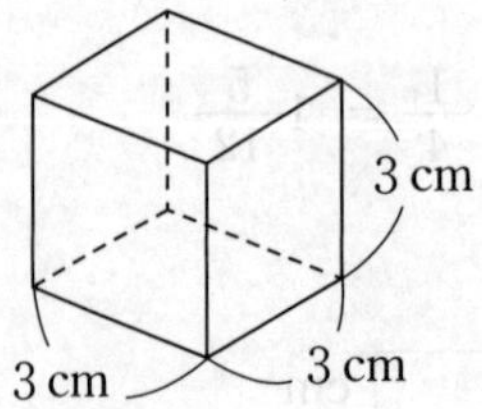

③円すいと円柱の組み合わせ

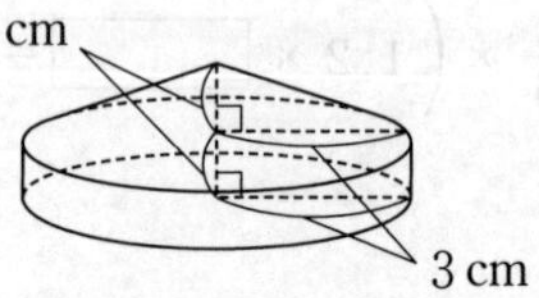

3　図のようなＡ，Ｂ，Ｃ，Ｄ，Ｅの５つの文字を赤，青，黄，緑，黒でぬります。となりの文字どうしが同じ色にならないようにぬるとき，次の問いに答えなさい。ただし，同じ色を使ってぬってもよいことにします。

(1)　５つの色でＡＢＣＤＥの５つの文字をぬる方法は何通りありますか。

(2)　ＢとＤの２つの文字を赤でぬる場合，何通りのぬり方がありますか。

(3)　赤と青と黄の３つの色だけを使うぬり方は何通りありますか。

4 下の図のように，直線上に２つの長方形Ａ，Ｂがあります。Ａが図の位置から矢印の方向に毎秒１cm の速さで動きます。（ただし，この図形は15秒までしか動きません。）

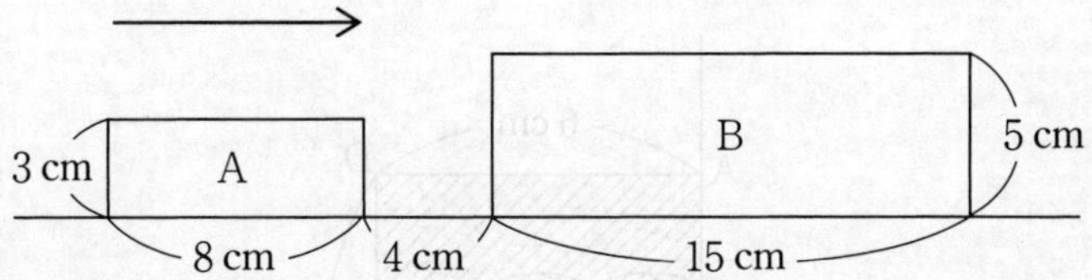

⑴ 動きはじめてから６秒後のＡとＢが重なる部分の面積を求めなさい。

⑵ ＡとＢが重なる部分の面積が15 cm^2 になるのは，動きはじめてから何秒後ですか。

⑶ 長方形Ａの図形を底辺８cm，高さ３cm の二等辺三角形Ｃに変えます。
Ｃも図の位置から矢印の方向に毎秒１cm の速さで動きます。動きはじめてから10秒後のＣとＢが重なる部分の面積を求めなさい。

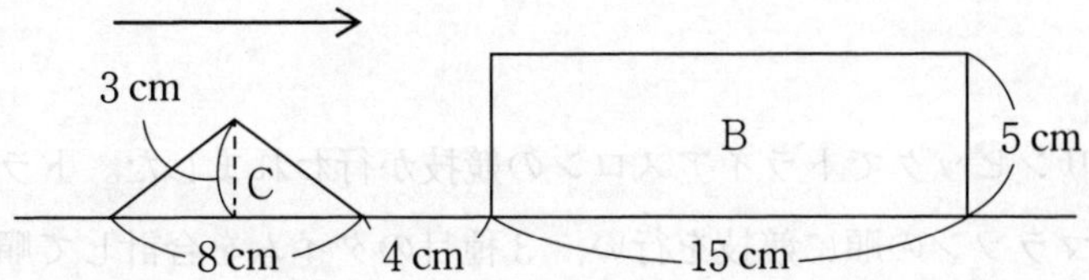

5 図のような長方形ＡＢＣＤがあります。以下の問いに答えなさい。
ただし，円周率は3.14とします。

⑴ 長方形ＡＢＣＤを辺ＡＢを軸《じく》に回転させたときにできる立体の体積は何 cm^3 ですか。

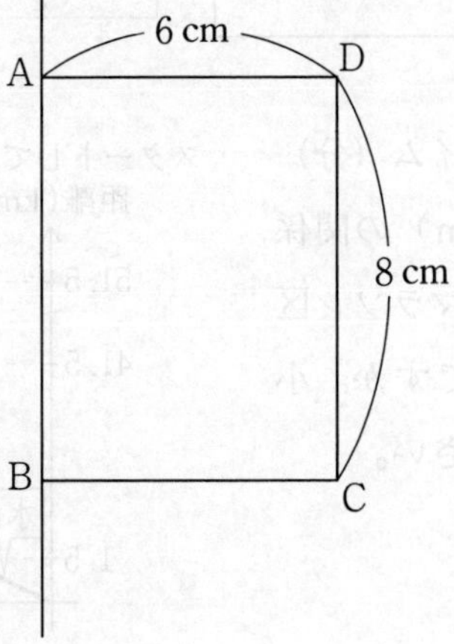

(2) 長方形ＡＢＣＤの内側から図のように長方形を切り取ってできる斜《しゃ》線部分の図形を考えます。この図形を，辺ＡＢを軸《じく》として回転させたときにできる立体の体積は何 cm^3 ですか。

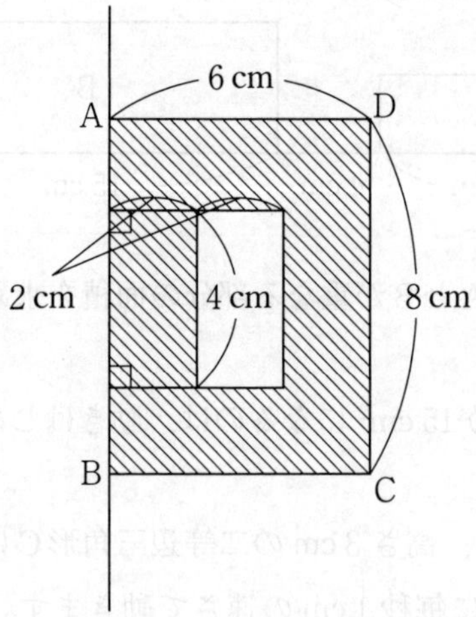

6 昨年，東京オリンピックでトライアスロンの競技が行われました。トライアスロンとは，水泳，自転車，マラソンの順に競技を行い，３種目のタイムを合計して順位を決めるスポーツです。走るコースや距離《きょり》は下の図の通りです。

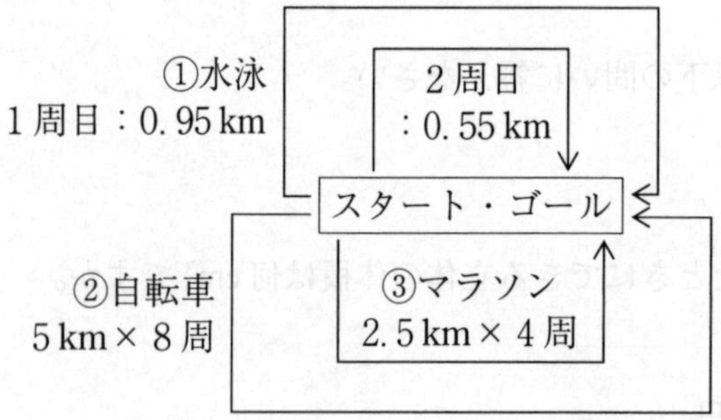

種目	距離（km）
①水泳	0.95 km + 0.55 km = 1.5 km
②自転車	5 km × 8 周 = 40 km
③マラソン	2.5 km × 4 周 = 10 km

(1) 右のグラフは，世界記録のタイム（分）とスタートしてからの距離《きょり》（km）の関係を表したものです。この選手のマラソン区間における速さは，分速何ｍですか。小数第２位を四捨五入して求めなさい。

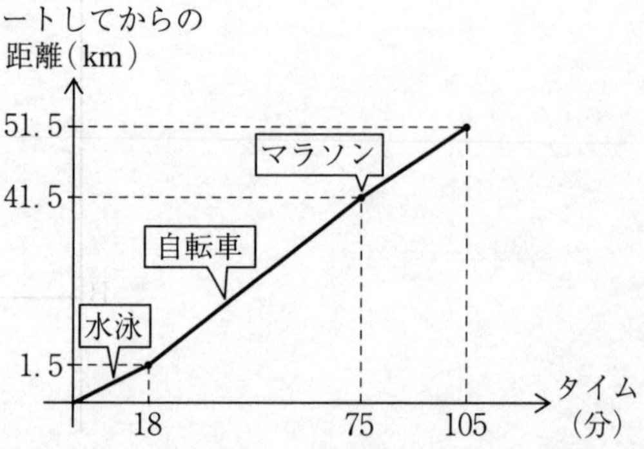

(2) 高校生のすなお君は，ハンデをもらってこの世界記録と競争をしてみることになりました。すなお君のコースは左下の図の通りで，右下のグラフはすなお君のタイム（分）とスタートしてからの距離《きょり》（km）の関係を表したものです。すなお君の３種目の速さは，それぞれ水泳が分速50 m，自転車が分速500 m，マラソンが分速250 m です。すなお君の水泳，自転車の２種目が終わるまでにかかったタイム（分）であるグラフの ア に当てはまる数字を求めなさい。

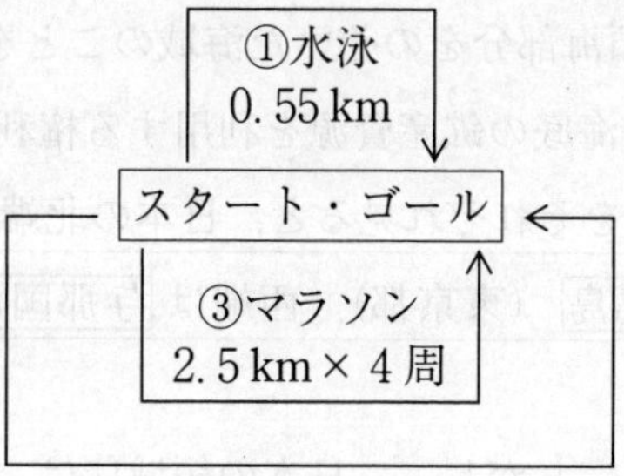

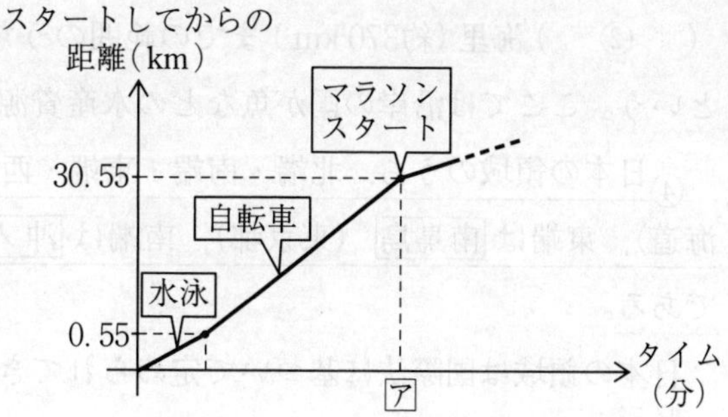

(3) 右のグラフは世界記録とすなお君の，マラソン区間のみのグラフです。すなお君が世界記録に抜かれるのはスタートしてから何分後ですか。グラフの イ に当てはまる数字を求めなさい。

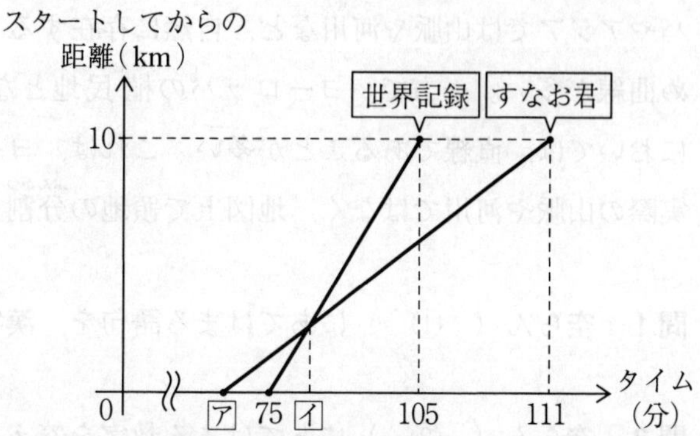

【社　会】〈第１回試験〉（30分）〈満点：50点〉

1　次の文章を読んで，あとの問いに答えなさい。

国（国家）は，領土・領海・（　①　）の３つから成る「領域」というものを持っている。領土はその国の主権がおよぶ陸地の部分，領海は同じく海洋の部分，（　①　）は領土と領海の上空にある空間（宇宙空間は含まない）のことを，それぞれ指す。このうち，領海とは干潮時の海岸線から12海里（約22 km）までの範囲のことを指すが，干潮時の海岸線から（　②　）海里（約370 km）までの範囲のうち領海部分をのぞいた海域のことを（　③　）という。ここでは沿岸の国が魚などの水産資源，海底の鉱産《こうさん》資源を利用する権利を持っている。

④日本の領域のうち，北端・南端・東端・西端をそれぞれ見ると，日本の北端は択捉島（北海道），東端は南鳥島（東京都），南端は沖ノ鳥島（東京都），西端は与那国島（沖縄県）である。

日本の領域は国際法に基づいて定められてきた。しかし，⑤日本の領域には，領有をめぐって隣国《りんごく》との間で課題がある地域もある。

ある国と，それと隣り合う国を分けている地図上の境界線のことを⑥国境という。ヨーロッパやアジアでは山脈や河川《かせん》など，自然に存在するものを境界線としていることが比較的多いため曲線が多い。一方で，ヨーロッパの植民地《しょくみんち》となっていた国が多い（　⑦　）大陸の国々においては，直線であることが多い。これは，ヨーロッパ諸国がこの大陸を植民地にするとき，実際の山脈や河川ではなく，地図上で領地の分割《ぶんかつ》をおこなったことに由来する。

問１　空らん（　①　）にあてはまる語句を，漢字２字で答えなさい。

問２　空らん（　②　）にあてはまる数字を答えなさい。

問３　空らん（　③　）にあてはまる語句を，漢字７字で答えなさい。

問４　次の文章ＡとＢは，下線部④の中の□で囲った島のうち，それぞれどの島のことを説明しているか。１つずつ選び，島の名前を答えなさい。

Ａ

この島は周囲11 kmほどの小さな島であるが，この島のおかげで日本は国土（約38万 km²）を上まわる約40万 km²の利権《りけん》を有《ゆう》している。満潮《まんちょう》時には北小島《きたこじま》，東小島《ひがしこじま》の２つの島が海面上に残るのみとなってしまうので，浸食《しんしょく》・水没《すいぼつ》を防ぐため，1987年から護岸《ごがん》の設置等の保全《ほぜん》工事を実施した。

B

千島《ちしま》列島の南方に位置している。第二次世界大戦後にソビエト社会主義共和国連邦（ソ連）が占拠《せんきょ》し，一方的に自国領に編入《へんにゅう》した。それ以降，今日に至《いた》るまでソ連・ロシア連邦による実効《じっこう》支配が続いている。日本はロシアに対してこの島をふくむ周辺４島の返還を求めているが，現在のところ進展はない。

問５　下線部⑤について，このうち韓国が自国の領土であると主張する「竹島」は日本固有の領土であるが，この島は何県に属する島か。県名を答えなさい。またこの島の位置として正しいものを，次の地図中の**ア**～**エ**から１つ選び，記号で答えなさい。

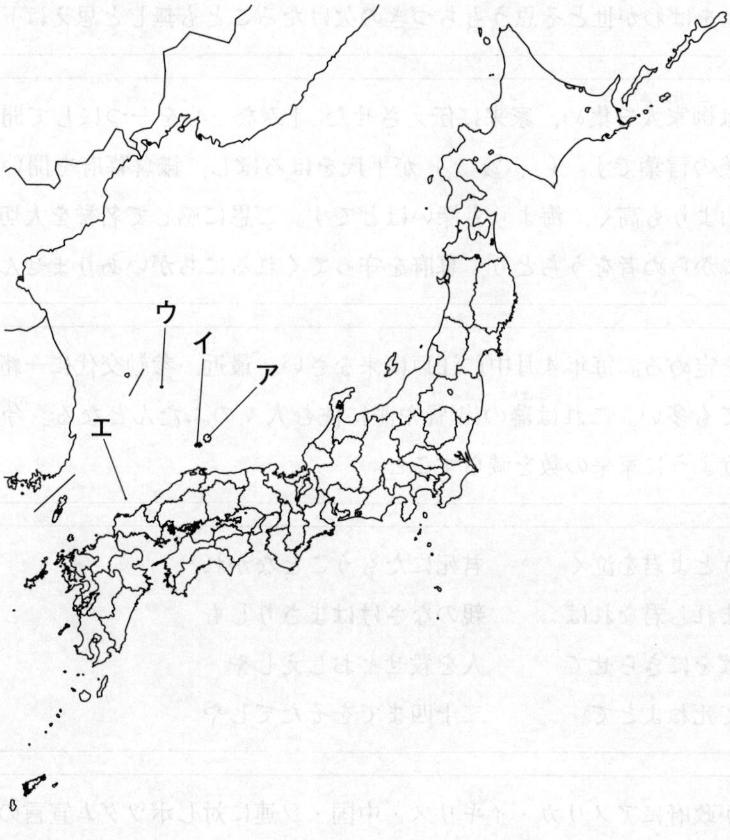

問６　下線部⑥に関連して，同じ二ヶ国間の境界線としては世界最長の国境（全長8,891 km）を持つ国は，どの国とどの国か。国名を２つ答えなさい。

問７　空らん（　⑦　）にあてはまる語句を，カタカナで答えなさい。

2 次のA～Fのカードの文章は，歴史上有名な史料である。これを見て，あとの問いに答えなさい。

A　和を重んじて，逆らうことのないようにせよ。
三宝《さんぼう》を深く敬え。三宝とは，仏と仏の教えと僧侶《そうりょ》である。
天皇の命令には必ずつつしんで従え。

B　今日，女御《にょうご》である藤原威子《いし》が皇后《こうごう》となった。1つの家から3人の皇后を出したのは，今までに例がない。（　①　）は私（この日記を書いた人）を呼んで，「和歌をよむから返歌《へんか》を」と言うので，「必ず返歌をよみましょう」と答えた。（　①　）は，（略）…「この世をばわが世とぞ思うもちづきの欠けたることも無しと思えば」とよんだ。

C　北条政子は御家人《ごけにん》を集め，家来に伝えさせた。「みな，心を一つにして聞きなさい。これが最後の言葉です。（　②　）が平氏をほろぼし，鎌倉幕府を開いてから，そのご恩は山よりも高く，海よりも深いほどです。ご恩に感じて名誉《めいよ》を大切にする武士ならば，よからぬ者をうちとり，幕府を守ってくれるにちがいありません。」

D　参勤交代《さんきんこうたい》を定める。毎年4月中に江戸に来なさい。最近，参勤交代に一緒に行く家来の数がとても多い。これは藩《はん》の出費《しゅっぴ》や藩に住む人々のふたんとなる。今後は自分の身分に合うように家来の数を減らすこと。

E　ああおとうとよ君を泣く　　君死にたもうことなかれ
すえに生まれし君なれば　　親のなさけはまさりしも
親はやいばをにぎらせて　　人を殺せとおしえしや
人を殺して死ねよとて　　二十四までをそだてしや

F　私は，わが政府にアメリカ・イギリス・中国・ソ連に対しポツダム宣言の受け入れを通告させた。戦争はすでに4年が過ぎ，陸・海軍の兵士は勇ましく戦い，役人は自分の仕事にはげみ，一億の国民もその身をささげ，それぞれが最善《さいぜん》をつくしたが，状況は必ずしも良くならない。世界の状況も日本に有利ではない。そればかりではなく，敵は③新たにざんぎゃくな爆弾《ばくだん》を使用して罪のない人々を殺し傷つけ，被害《ひがい》のおよぶ範囲《はんい》は，はかり知れない。

問１　Ａの史料の法令は，朝廷につかえる役人の心がまえを説いたものである。この史料の法令の名を答えなさい。

問２　Ｂの史料の空らん（　①　）にあてはまる人物の名を答えなさい。

問３　Ｃの史料の空らん（　②　）にあてはまる人物のおこなったこととして，正しいものを次の**ア**～**エ**から１つ選び，記号で答えなさい。

ア．上皇という立場で，院政をおこなった。
イ．諸国に守護《しゅご》と地頭《じとう》を設置した。
ウ．京都の東山に慈照寺《じしょうじ》銀閣を建てた。
エ．長篠《ながしの》の戦いで，大量の鉄砲を用いて戦った。

問４　Ｄの史料は，江戸時代の参勤交代について定めたものである。この参勤交代について，正しく説明したものを次の**ア**～**エ**から１つ選び，記号で答えなさい。

ア．３代将軍の徳川家光《いえみつ》が正式な制度として決めたものである。
イ．大名は原則として，江戸と自分の領地《りょうち》を３年交代で行き来することになっていた。
ウ．大名は江戸に毎年１月に来るように定められていた。
エ．幕府は大名に多額の出費をさせ，経済的に弱らせようとするねらいがあった。

問５　Ｅの史料は，日露《にちろ》戦争に反対するためによまれた歌である。この歌をよんだ人物の名を次の**ア**～**エ**から１つ選び，記号で答えなさい。

ア．津田梅子《つだうめこ》　　**イ**．平塚《ひらつか》らいちょう　　**ウ**．市川房枝《ふさえ》　　**エ**．与謝野晶子《よさのあきこ》

問６　Ｆの史料の下線部③でいう爆弾《ばくだん》とは，原子爆弾のことである。８月６日に原子爆弾が投下された都市の名を答えなさい。

3 次の文を読んで，後の問いに答えなさい。

わたしたちの身の回りには，衣・食・住すべてにわたって，①工業製品があふれている。工業製品が普及すると，生活が便利になったり，仕事の能率が上がったりと，今ではくらしや産業を高めるために工業はかかせない。しかし，工業化は②環境問題などを引き起こしてきた。工場で使う原料や動力となる資源の多くを，日本は輸入に頼《たよ》っているという課題もある。今後は，省エネ製品の開発などで資源を節約したり，私たち③生活者も資源を再利用したりすることで，安定的な資源の確保が課題となっている。

問1 下線部①について，日本の輸入品は主に工業原料・燃料である。日本のように，工業原料を輸入しそれを工場で加工して工業製品とし，外国に輸出して利益を得る貿易のしかたを何というか。漢字で答えなさい。

問2 下線部②について，地球環境問題に関連した次の文章を読み，以下の問いに答えなさい。

Ⅰ．石油や石炭などの化石燃料が燃えた時に，硫黄酸化物《いおうさんかぶつ》や窒素《ちっそ》がでる。これらが大気中で硫酸《りゅうさん》や硝酸《しょうさん》となり，雲の中に取りこまれ，雨となって降ってきたものが（　1　）である。

Ⅱ．地球はうすい大気の層につつまれている。この大気中に含まれている（　2　）が地球温暖化の大きな原因である。地球上の人口が増え，石炭・石油などの化石エネルギーを大量に使うようになって，大気中の（　2　）が増えている。

Ⅲ．地上の高さ20～25 kmを中心に，（　3　）という大気が厚さ約20 kmにわたり広がり，地球の空気の層を包みこんでいる。この（　3　）層を壊しているのがフロンガスであり，以前は冷蔵庫やエアコンの温度を下げるための材料やヘアスプレーに使われてきた。

(1) Ⅰ～Ⅲの文章は，地球環境問題についての説明である。空欄（　1　）～（　3　）に適する語句を，（　1　）は漢字3字，（　2　）は漢字5字で，（　3　）はカタカナ3字で答えなさい。

⑵　Ⅰ～Ⅲの文章で説明されている環境問題は，具体的にはどのような環境破壊を引き起こすか。Ⅰ～Ⅲそれぞれに適するものを，下の（A）～（C）から１つずつ選んだ組み合わせとして，適当なものを次の**ア**～**エ**から１つ選び，記号で答えなさい。

（A）　動植物に害をもたらす紫外線が吸収されなくなり，人の皮膚《ひふ》がんや白内障《はくないしょう》（眼の病気）などの病気が増える。また，海中のプランクトンが死んだり，植物の成長が異常になったりする。

（B）　大理石やビル，住宅など建造物を溶かしたり，もろくしたりする。湖や沼への影響は，湖底《こてい》の有害な金属を溶かすため，魚やプランクトン，植物などを死なせたりする「死の湖」となる。

（C）　地球の気候全体がくるい，動植物にも大きな影響が出ると言われている。また海面が上昇し，標高の低い島が水没《すいぼつ》してしまうことが心配されている。

ア．Ⅰ－（A）　Ⅱ－（B）　Ⅲ－（C）
イ．Ⅰ－（B）　Ⅱ－（C）　Ⅲ－（A）
ウ．Ⅰ－（B）　Ⅱ－（A）　Ⅲ－（C）
エ．Ⅰ－（A）　Ⅱ－（C）　Ⅲ－（B）

問３　下線部③について，環境問題には私たち国民も身近なことから取り組まなければならない。1993年に環境基本法が制定されると，地方自治体においても基本となる決まりを制定する動きが進んでいる。このように，その地方公共団体だけに適用するきまりを何というか。漢字で答えなさい。

問４　森林を保護するためには，２つの方法がある。１つは荒れた山に木を植え，育てる植林である。もう１つは，森林が開発される前にその土地を買い取って保護することである。この名称を次の**ア**～**エ**から１つ選び，記号で答えなさい。

ア．ナショナルトラスト運動
イ．環境アセスメント
ウ．循環《じゅんかん》型社会
エ．リデュース

【理　科】〈第１回試験〉（30分）〈満点：50点〉

1　次の特ちょう①～③は，身近に見られるこん虫**A**～**F**についての育ち方や体のつくりなどについて説明したものです。これらを読んで，以下の(1)～(4)に答えなさい。ただし，こん虫**A**～**F**はモンシロチョウ，セミ，カ，トンボ，アリ，ハエの６種類の中のいずれかです。

特ちょう①：こん虫**A**・**C**・**D**・**F**はふ化してから成虫になるまでにさなぎの時期がある。
特ちょう②：こん虫**D**・**B**の幼虫は水中で育つ。
特ちょう③：こん虫**F**の成虫は羽がなく，こん虫**A**・**B**・**E**の成虫ははねが４枚ある。

(1)　特ちょう①のように，さなぎの時期がある育ち方を何というか答えなさい。

(2)　こん虫**B**のはねはからだのどの部分についていますか。

(3)　卵から出てきたばかりのこん虫**A**の幼虫は何を食べるか答えなさい。

(4)　こん虫**A**～**F**のうち，セミとハエはどれですか。それぞれ記号で答えなさい。

2　東君は光や音の性質について調べました。以下の(1)～(4)に答えなさい。

(1)　鏡に光をいろいろな方向から当てました。次の実験からどのようなことが言えますか。次の**結論**の文章の□に当てはまる文章を下の**ア**～**ウ**から１つ選び，記号で答えなさい。

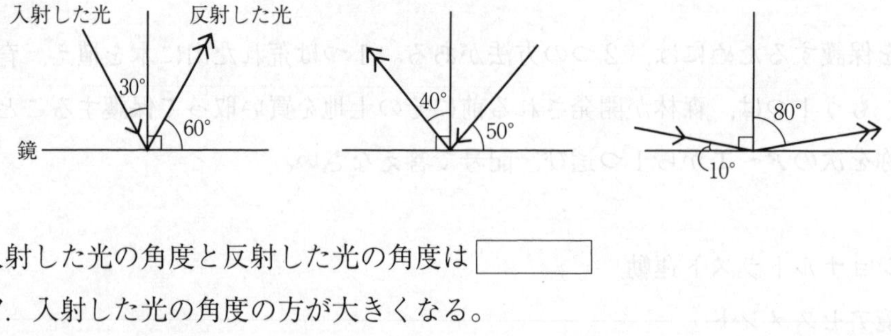

結論　入射した光の角度と反射した光の角度は□

ア．入射した光の角度の方が大きくなる。
イ．反射した光の角度の方が大きくなる。
ウ．いつも等しい。

⑵　東君は太陽の光を図のような装置を使って観察したところ，プリズムによって光が分散し，７色に見えました。この７色の光を上から順に①～⑦と番号をつけました。①，④，⑦は何色になりますか。当てはまる色の組み合わせとして最も適当なものを次の**ア**～**エ**から１つ選び，記号で答えなさい。

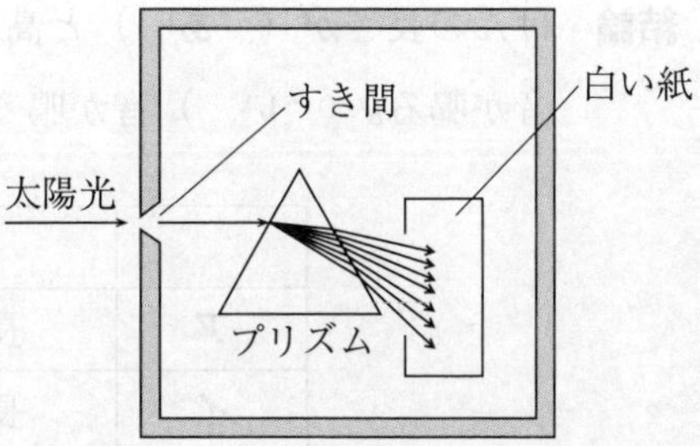

	①	④	⑦
ア	赤	紫《むらさき》	黄
イ	紫	赤	緑
ウ	赤	紫	緑
エ	赤	緑	紫

⑶　モノコードを自作し，音の性質について調べてみました。げんをはじくと音が鳴ります。ことじの位置を変えたり，げんのはじく強さを変えたりすることで音の高さや大きさを比べてみました。その結果を表にまとめました。この結果からどのようなことが言えますか。**結論**の（　**あ**　）～（　**う**　）に当てはまる語句の組み合わせとして最も適当なものを下の**ア**～**ク**から１つ選び，記号で答えなさい。

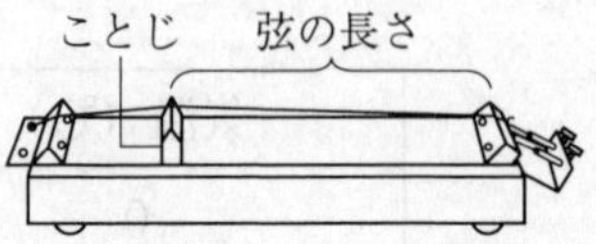

モノコード

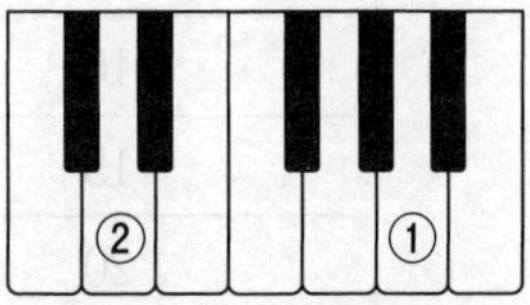

げんの長さ	はじく強さ	音の高さ	音の大きさ
短くする	弱くする	ラの音（図の①）	小さい
短くする	強くする	ラの音（図の①）	大きい
長くする	弱くする	レの音（図の②）	小さい
長くする	強くする	レの音（図の②）	大きい

結論　げんの長さが（　**あ**　）と高い音が鳴る。また，はじく強さを弱くすると（　**い**　）音が鳴る。（　**い**　）音が鳴るのは，げんが大きくしん動（　**う**　）ためである。

	あ	**い**	**う**
ア	長い	小さい	する
イ	長い	小さい	しない
ウ	長い	大きい	する
エ	長い	大きい	しない
オ	短い	小さい	する
カ	短い	小さい	しない
キ	短い	大きい	する
ク	短い	大きい	しない

(4)　空気中の音の速さは気温によって変わることがわかりました。次の実験結果から音の速さを示す方程式に当てはまる数値を答えなさい。

気温（℃）	音の速さ（m/秒）
0	331
5	334
10	337
15	340
20	343

音の速さ（m/秒）＝（　①　）＋ 気温（℃）×（　②　）

3 空気中には，水面や地面などから蒸発した水蒸気がふくまれています。決まった量の空気中にふくむことのできる水蒸気の量には限りがあり，１m^3 の空気がふくむことのできる最大の水蒸気の量を飽和《ほうわ》水蒸気量といいます。また，空気のしめりぐあいは「しつ度」によってあらわすことができます。下の**図１**は空気の温度と飽和《ほうわ》水蒸気量の関係と**A**～**E**の５つの部屋の室温と水蒸気量がどうなっているかを示したものであり，**図２**はしつ度を調べるための観測機器である乾湿《かんしつ》計を示したものです。これについて，以下の(1)～(5)に答えなさい。

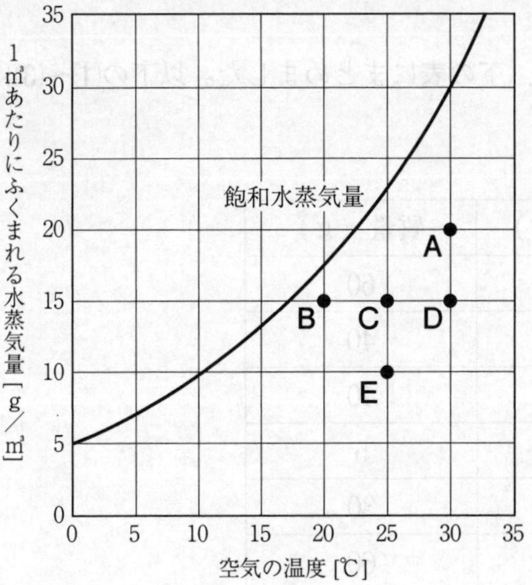

図１

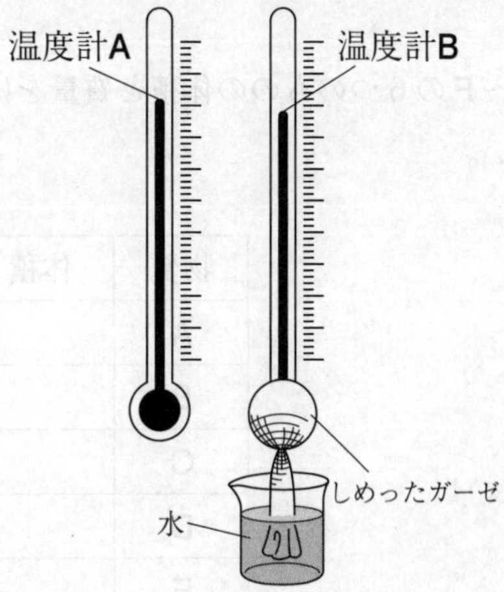

図２

(1) 部屋**A**～**E**の中で，しつ度が最も高い部屋はどれですか。**A**～**E**から１つ選び，記号で答えなさい。

(2) 部屋**A**の空気の温度を下げて，20℃にしたとき，しつ度は何％になりますか。整数で答えなさい。

(3) 空気を冷やしていくと，やがて水蒸気が飽和に達して水てきができはじめます。このときの温度を何といいますか。次の**ア**～**エ**から１つ選び，記号で答えなさい。

ア．露点《ろてん》　　**イ**．沸点《ふってん》　　**ウ**．最適温度　　**エ**．融点《ゆうてん》

(4)　部屋**A**の空気の温度を０℃まで下げたとき，１m^3あたり何ｇの水蒸気が水てきになりますか。整数で答えなさい。

(5)　**図２**の温度計**B**はガーゼの水の蒸発により熱がうばわれるため，温度計**A**よりも低い温度を示します。温度計**A**と温度計**B**の温度差が大きくなってくると，しつ度はどのようになると考えられますか。次の**ア**～**ウ**から１つ選び，記号で答えなさい。

ア．高くなる。　　**イ**．低くなる。　　**ウ**．変わらない。

4　**A**～**F**の６つのものの体積と質量をはかり，下の表にまとめました。以下の(1)～(3)に答えなさい。

物質	体積（cm^3）	質量（ｇ）
A	40	60
B	80	40
C	50	40
D	10	5
E	20	30
F	10	60

(1)　１cm^3あたりのものの質量を密度といい，g/cm^3という単位を使います。**A**と**B**の密度を求めなさい。

(2)　密度はものの種類によって決まっており，密度が違うものどうしは種類が違います。**A**～**F**のうち，同じ種類のものの組み合わせはいくつありますか。次の**ア**～**エ**から１つ選び，記号で答えなさい。

ア．１組　　**イ**．２組　　**ウ**．３組　　**エ**．ない

(3)　水の密度は１g/cm^3であり，水よりも密度が小さいものは水に浮きます。**A**～**F**のうち，水に浮くものはどれですか。**A**～**F**からすべて選び，記号で答えなさい。

問三　次の熟語について、（　）の指示にあてはまる言葉をあとの語群から選び、漢字に直して書きなさい。

①　傾向（類義語）

②　反抗（対義語）

ふうちょう　　ふうひょう　　ふくしゅう　　ふくじゅう　　ふんきゅう

問四　次の①・②の□に入る漢字は部首がすべて同じです。共通する部首の名前をそれぞれひらがなで書きなさい。

①　生徒会の□会長に立候補するつもりだ。
開店□から長蛇の□ができるほど人気だ。
新聞の休□日を調べておく。

②　□から太陽の光が差し込む。
理科の自由研□のテーマをしぼる。
ドラゴンやユニコーンは架□の動物だ。

問七 本文の表現についての説明として最も適切なものを、次の中から一つ選び記号で答えなさい。

ア 「ミヒロ」の視点で描《えが》かれており、隠していたやけどの傷跡を吉岡くんたちに打ち明ける「リサ」への気づかいが話し言葉で表現されている。

イ 「吉岡くんのおじいさん」は何でもはっきり発言する、遠慮《えんりょ》のない人物として描かれており、優しい吉岡くんとは対照的に表現されている。

ウ 物語は時間の流れに沿って描かれており、「リサ」がカプリパンツをはいてみようとした心情の変化を、前向きな会話により表現されている。

エ 「リサ」の視点で描かれており、隠していたやけどの傷跡が出るようなカプリパンツをはいて出かけていく気持ちの揺《ゆ》れが表現されている。

三

次の各問いに答えなさい。

問一 次の――線の漢字はひらがなで書き、カタカナは漢字に直して書きなさい。

① 祖父は気性の激しい人だ。

② 力士が土俵の上で勝負する。

③ 小学校の時のオンシに会う。

④ 試合にはゼッタイに負けない。

問二 次の意味になる四字熟語を、あとの語群の漢字を組み合わせて、それぞれ書きなさい。

① 一方にかたよらず平等で、私心や私欲をもたないこと。

② あれこれ言わず、だまってやるべきことをやること。

心	明	不	音	同	行	私	
実	公	視	平	有	晴	言	無

問二 ――線①「ああ、いけない」とありますが、このときのリサの気持ちとして適切なものを、次の中から一つ選び記号で答えなさい。

ア やけどは友人のあやかにわたすドーナツ作りが原因で、それさえなかったらよかったのに。
イ やけどは自分の不注意が原因で、だれも悪くないのだからいつまでも悩《なや》んでいてはダメだ。
ウ やけどは油の入った鍋を火にかけたまま話をしていたのが原因で、長電話はやはりダメだ。
エ やけどは自分の不注意が原因だと頭ではわかっていても、やっぱりだれかのせいにしたい。

問三 [あ] に入る言葉として適切なものを、次の中から一つ選び番号で答えなさい。

1 不機嫌《ふきげん》そうに
2 迷惑《めいわく》そうに
3 心配そうに
4 心細そうに

問四 ――線②「足がおもりをつけたみたいに重たい」とありますが、なぜですか。四十字以内で説明しなさい。

問五 ――線③「『おっ、めずらしいな、本間さんの……』」とありますが、この時の吉岡くんの気持ちを表す言葉としてふさわしくないものを、次の中からすべて選び記号で答えなさい。

ア 戸惑《とまど》い　**イ** 怒《いか》り　**ウ** 驚《おどろ》き　**エ** 心配　**オ** 冷やかし

問六 ――線④「その一つ一つを、長い時間をかけて、積み上げていく」とありますが、どういうことですか。五十字以内で説明しなさい。

「はい……きらい……です」

「うん、うちのばあさんも、ほっぺたのまん中にデカいあざがあってな、若いころはそりゃあ気にしてた」

吉岡くんのおじいさんは、耳たぶをもみながら言った。

「でかけるときは、いつも大きなマスクを手ばなさなかったよ。ところがだ、わしがばあさんにプロポーズするときに、そのあざもふくめた全部が好きだと言ったら、とたんに［3］気にしなくなっちまった。あとからきいたところ、わしに好きだと言われて、自分に自信ができたと言っとった。自分でも自分を好きになれたとな」

吉岡くんのおじいさんは、わたしの頭にふんわりと手をおいた。

「リサちゃんも、そんな傷に負けないくらい、ステキなおじょうさんだ。いや、その傷をもつようになったからこそ、リサちゃんは人の痛みがわかるようになったはずだ。そんな自分を好きになれないかい」

吉岡くんのおじいさんは、ギョロリとした目でわたしを見つめて、それから顔をシワシワにして笑った。

年をとった人たちって、いろんなことを経験して、うれしいとか、悲しいとか、くやしいとか、さまざまな気持ちを味わって、わたしたちが知らないことを、からだの中にいっぱい積み重ねてもっている。わたしたちは、ちゃんとしたおとなになるために、今から④その一つ一つを、長い時間をかけて、積みあげていくんだと思った。いつかわたしも、自分を好きになれる日がくるだろうか。

朝比奈　蓉子『わたしの苦手なあの子』（ポプラ社）による

*おじいさんとミヒロ……ミヒロは転校先で同じクラスになった少女。おじいさんは、ミヒロのおじいさん。

*カプリパンツ……ひざ下からふくらはぎ中ほどまでの丈《たけ》の短いズボン。

*あやか……転校する前の学校の友だち。

*吉岡くんや、吉岡くんのおじいさん……吉岡くんはリサとミヒロのクラスメイト。吉岡くんのおじいさんは、将棋仲間であるミヒロのおじいさんの家をよく訪れる。

問一 ［1］～［3］に入る言葉として適切なものを、次の中からそれぞれ一つずつ選び記号で答えなさい。

ア ケロッと　**イ** ぐらりと　**ウ** ネチネチと　**エ** ゆったりと　**オ** じろじろと

「リサ……そのかっこう」

[あ] まゆをよせている。

「うん、少しはまえに進まないとね」

そう言っても、わたしだってこわかった。この傷を、人まえにだすなんて、学校をうつってからはじめてだもの。

だけど、短いパンツは気持ちがよかった。暑さもすずしさも、今までの倍に感じた。それだけ自由になったような気がした。

わたしはおそるおそる、おじいさんちの裏木戸をおした。ガラス戸を通して、吉岡くんたちがいるのが見える。

ただふつうに、おはよう、と言えばいいんだ。そう思っても、②足がおもりをつけたみたいに重たい。

わたしに気がついた吉岡くんが、ガラス戸をあけて待っている。

③「お、めずらしいな、本間さんの……」

言いかけた吉岡くんの言葉が、途中《とちゅう》でとまった。きっと、ハイソックスからはみだした傷あとが、見えたのだろう。

「おはよう」

声が少しかすれていたけど、わたしはいつもどおり、ちゃんと言えたと思う。

「やあ、リサちゃん。今日はすずしそうだねえ。わしもひとつ、そういうのをはいてみるか」

わたしが中に入ると、吉岡くんのおじいさんが、扇子《せんす》で胸もとにバタバタと風を送りながら声をかけてきた。

「やめろよ、じいちゃん。毛ずねがキモイよ」

「なに、見慣れればどうってことないさ」

「わたし……」

大きく深呼吸して、お腹に力をこめた。

「このやけどのあとを見られたくなくて、ずっとかくしてたんです」

わたしは右足をもちあげて、よく見えるようにした。

「心臓がわるいってうそついて、プールの授業にもでなかったんです」

「おや、そうかい。ふんふん、なるほど」

吉岡くんのおじいさんは、わたしの足を [2] 、えんりょなく見た。

「もしかしたら、リサちゃんは、自分が好きじゃないだろう」

[二] 次の文章を読んで、あとの問いに答えなさい。（設問の都合上、一部手を加えてあります。）

自分の不注意から足にやけどを負ってしまった本間リサは、その傷跡《きずあと》をクラスメイトにからかわれたことから、もう誰《だれ》も信用できないと心を閉ざしていた。そのころ近くの公園でよく話すようになったおじいさんの家に、訪れるようになっていた。

いつのまにか、わたしはおじいさんの家になじんでいた。というより、＊おじいさんとミヒロがつくりだす、心地よさになじんでいた。
それにつれて、かたく固めたガードが、少しずつゆるんでいった。
とくにその日の午後は、気持ちが大きくなっていたのかもしれない。
去年、やけどをするまえに買った＊カプリパンツを、引っぱりだしてはいてみたのだ。黒地に、白い小さな花が散ったところが気に入っていたけど、まだ一度もはいてなかった。はくまえに、やけどをしたからだ。
あの日、ドーナツを揚《あ》げるつもりで、油の入った鍋《なべ》を火にかけたとき、電話が鳴った。＊あやかだった。翌日があやかの誕生日だったので、ドーナツは、プレゼントにそえてわたすつもりだった。
つい話がはずんで、気がつくと十分以上しゃべっていた。しまったと思って、あわてて台所にもどると、ふたをした鍋からけむりがでていた。すぐに火を消したあと、ふたを取ったほうが温度が下がると思い、ふきんでふたのつまみをにぎった。
だけど、熱さでふたを取り落とした。ふたが鍋のふちに当たり、[1]鍋がかたむいた。次の瞬間《しゅんかん》、天ぷら油がとびちった。
自分の不注意が招いたことだから、だれを責めるわけにもいかない。でも、このやけどのあとに、わたしはいつまでも苦しめられている。
①ああ、いけない。頭をふって、いそいで記憶《きおく》を追いだした。
鏡のまえで全身をじっくりと見る。
からだをひねってうしろからも見た。
そんなに悪くない気がした。
ハイソックスをはけば、傷あとはほとんどかくれそうだ。思いきって、このまま行ってみようか。
だけど、＊吉岡くんや、吉岡くんのおじいさんが、これを見たときのことを思うと、ドキドキしてくる。
わたしが、＊カプリパンツでかけるすがたを見たママは、あわててとんできた。

問一 ――線①「生態系は複雑」とありますが、なぜですか。解答用紙の「生態系を構成する生物は、」に続けて、四十五字以内で説明しなさい。

問二 [1]～[4] にあてはまる語を、次の中からそれぞれ一つずつ選び記号で答えなさい。

ア たとえば　**イ** ですから　**ウ** しかし　**エ** また

問三 ――線②「このような」とありますが、どのようなことですか。八字以内で説明しなさい。

問四 [あ] にあてはまる語を、本文中から漢字三字で書き抜《ぬ》きなさい。

問五 ――線③「休眠」とありますが、休眠するのは何のためですか。四十字以内で説明しなさい。

問六 [い] にあてはまる語を、次の中から一つ選び番号で答えなさい。

1 季節　2 時期　3 種　4 場所

問七 [う] に入れるのに適切なものを、次の中から一つ選び番号で答えなさい。

1 温暖化は必ず暑いところにいる昆虫に有利である
2 温暖化は必ずしも暑いところにいる昆虫に有利なわけではない
3 温暖化は必ずどこにすんでいる昆虫にも悪影響を及《およ》ぼす
4 温暖化は必ずしも残せる子孫の数に直接影響はしない

問八 本文中には次の一文が抜けています。本文のどこに入れるのがふさわしいですか。一文を入れたあとの五文字を書き抜きなさい。

　したがって、昆虫にとって温暖化は、ヒトの感覚で考える以上に深刻なものです。

問九 温暖化が昆虫に与える影響を、解答欄《らん》に合うように三つ答えなさい。

けを考えると分布域を変えることが可能であり、また生存のためには分布域の移動が必要ですが、樹木の方は同じ速さで分布域を変えることはできません。したがって、急速な温暖化によって樹木が環境に適さないことになって枯《か》れてしまう恐《おそ》れもあるし、もし樹木が生きのびても昆虫と樹木の分布域がずれてしまうことになります。温暖化が昆虫とその餌植物におよぼす影響についての、イギリスのデュワーとワットによる研究を紹介《しょうかい》しましょう。

　イギリスにいるナミスジフユナミシャクというガは、卵で③休眠《きゅうみん》に入って冬を越し、餌である針葉樹のシトカトウヒが春先に新芽を出す時期にあわせて一齢《れい》幼虫が孵《ふ》化します。休眠とは昆虫自身が生理的なしくみによって成長や生殖《せいしょく》を一時停止させるもので、休眠していない状態よりも低温や高温、乾燥《かんそう》など厳しい環境条件に耐えられるのがふつうです。温帯から寒帯にすむ多くの昆虫は休眠に入って冬を越しますが、休眠に入る発達段階は［い］によって決まっています。ナミスジフユナミシャクの一齢幼虫は軟《やわ》らかい新芽しか食べられません。このガの幼虫が孵化する時期を決めているしくみは、植物が新芽を出す時期を決めているしくみとは異なりますが、新芽がある時期に合わせて孵化するように長い年月をかけて進化してきたと考えられます。イギリスにおいて気温が二度暖かくなった場合を考えた場合、一齢幼虫の出現時期は二〇日早くなるのに対して新芽の出現時期にはさほど影響はなく、結果として一齢幼虫は新芽を食べられなくなるという計算結果が示されました。

　ふつうに考えると、冷涼な地域に分布する昆虫ほど温暖化の影響を強く受けそうですが、温暖化は年中温暖な熱帯地域に分布している昆虫には影響しないのでしょうか。温暖な地域が広くなるわけですから、このような昆虫に温暖化は有利なのでしょうか。アメリカ合衆国のドイチュらの研究グループが、熱帯と温帯にいる昆虫がどのような範囲《はんい》の温度に耐えられるか、温度と発育速度の関係などから、さまざまな温度のもとでどのくらい子孫を残せるかを計算しました。その結果、現在温帯にすんでいる昆虫は、耐えられる温度の範囲が広く、もっとも多く子孫を残せる最適温度は現在生息しているところの環境温度よりも高いことがわかりました。

　一方、現在熱帯にすんでいる昆虫は、耐えられる温度の範囲が狭く、現在生息しているところの環境温度が最適温度に近いことがわかりました。したがって、今後温暖化が進む中で、これらの昆虫の温度に対する性質が変化せず、また移動もないと仮定すると、温帯の昆虫はより多く子孫を残せるようになるのに対して、熱帯の昆虫の残せる子孫の数は減るという予測になりました。すなわち、［う］ことがわかりました。熱帯は温度変化が小さく、そこにすむ昆虫は限られた範囲の温度でのみうまく子孫を残せるように進化しているために、環境温度の変化に弱いのかも知れません。

沼田英治『クマゼミから温暖化を考える』（岩波ジュニア新書）による

＊稀有……めったにないこと。

昆虫は体温が環境温度とほぼ等しい変温動物で、温度が高いほど発育が速くなりますから、一般には温暖化は昆虫の増殖率を向上させますが、ある程度以上に高い温度になると逆に高温による障害も起こるので、温暖化は増殖率を高めるばかりとは限りません。さらに増殖率とも関係しますが、温暖化により年間世代数が多くなる場合もあります。その他、餌《えさ》となる植物や動物、天敵となる動物との関係、餌や場所をめぐる別の昆虫との競争という観点から見ると、季節ごとに他の生物と活動が同調しているかどうかが変化します。

過去にも地球は温暖化や寒冷化を繰《く》り返してきたので、先にも述べたようにその変化に応じて生物は分布域を変化させたり、あるいはより暖かいあるいは寒い気候に適したように自分の性質を進化させたりしながら新しい環境に適応してきたと考えられます。わたしたちは、いつも挨拶《あいさつ》のように「今日は特別暑いですね」とか「昨日の晩から急に冷えましたね」とか言いながら暮らしています。「今年の夏は去年よりも暑かった」とか、旅行をすると「ここはわたしの住む町よりも寒い」などとも言います。[1]温暖化の問題を考える時にも、ついついヒト（ホモ・サピエンス）という動物の感覚で考えがちです。[2]、わたしたちヒトはアフリカの温暖で安定した気候のところで進化したにもかかわらず、急速にさまざまな気候のところに分布を広げました。実際に世界中のヒトの遺伝子がどのくらい違《ちが》うのかを調べても、チンパンジーの中での違いよりも少ないそうです。ヒトが全世界に七〇億人以上いるのに対して、チンパンジーは今もアフリカに留まり、個体数も数十万程度であることからすると、ヒトの遺伝的変異の少なさは驚《おどろ》くべきことです。

すなわち、ヒトは遺伝子レベルで大きく性質を変えることなしに世界中のさまざまな気候のもとで生活できるようになった＊稀有《けう》な種と言えます。それには衣服を着るようになった、風雨を防ぎ暑さ寒さから守ってくれる住居を作るようになった、火を使用するようになったなど、たくさんの理由があると思います。昆虫も世界中に分布しますが、ヒトのように気候の異なる地域に同じ種が広く分布する例はありません。[3]、同じ種であっても気候の違うところのものは遺伝的に大きく異なるのがふつうです。

それぞれの土地の気候に適した昆虫が生息しているならば、温暖化が起こってもそれぞれの分布をより涼《すず》しい側、つまり高緯度側にずらすだけで維持できるようにも思えます。南から北へと緯度に沿った分布をしている昆虫ならば、そのようなこともあるでしょうが、[4]温暖な地域にある涼しい山の上にいるような昆虫はどうなるでしょうか。温暖化が起こる前の気候と近いような涼しい山は、暑い平地を隔《へだ》てたところにしかないので、よほど移動能力の高い昆虫以外は絶滅《ぜつめつ》するしかありません。

さらに、現在起こっている温暖化は過去にはないくらい急激なものです。②このような場合には、ゆっくりとした温暖化や寒冷化が起こった場合とは違う問題が生じます。昆虫は一年に何世代も繰り返し、ある程度移動能力が高いものが多いのですが、樹木は、一世代に要する時間が長くて移動できないため分布の変化に時間がかかります。ある気候に適した樹木とそれを餌とする昆虫、あるいはその花粉を媒介《ばいかい》する昆虫がいたとします。温暖化が進むと、この昆虫にとって好適な地域はより[あ]へとずれていきます。したがって昆虫だ

二〇二二年度 本庄東高等学校附属中学校

【国語】〈第一回試験〉（五〇分）〈満点：一〇〇点〉

一 次の文章を読んで、あとの各問いに答えなさい。（設問の都合上、一部手を加えてあります。）

温暖化が起こったらいったい何が困るのでしょうか。温度は生物にとって重要な環境《かんきょう》要因なので、温暖化は生息しているあらゆる生物に影響《えいきょう》し、それらから構成される生態系にも大きな影響がおよぶと考えられます。生態系とは、ある地域にすむすべての生物とその地域内の非生物的環境をひとまとめにしてとらえたもので、生産者（光合成によって有機物を生産する緑色植物）、消費者（生産者や他の消費者を食べて有機物を得る動物）、分解者（死んだ生物などの有機物を分解する菌類《きんるい》やバクテリア）、および生物以外の環境から構成されます。消費者はさらに一次消費者（草食動物）、二次消費者（肉食動物）などに分けられます。

生態系の中では、物質循環やエネルギーの流れが絶えず起こっており、通常は安定した系として存在しています。そして、生産者、消費者、分解者それぞれの中にさまざまな種《しゅ》が存在することが、全体の生産量を増加させたり、環境の変動に対して系を安定化させたりしています。わたしたちヒトも、昆虫《こんちゅう》も消費者として生態系の一員です。生態系を構成する生物は、それぞれ、どのくらい暑さや寒さに耐《た》えられるか、どのくらいの温度範囲で活動できるかなどが決まっており、自分に適した環境で生活しています。さらに、それらの生物と環境との関係だけではなく、生物同士の相互《そうご》作用も、バランスのとれた生態系が維持《いじ》されるために重要です。このように、①生態系は複雑なので、温暖化の生態系への影響は予測が難しいのです。

ここでは昆虫に絞《しぼ》って考えてみましょう。温暖化が昆虫に与《あた》える影響として以下のようなことが考えられます。まず地理的な分布の変化です。一般《いっぱん》的には、温暖化が進むと、より低緯度《ていいど》地方の（北半球では南の）昆虫が高緯度地方へ（北半球では北へ）と分布を変えていくと考えられます。

次に、温暖化によって冬の寒さで死ぬ昆虫が減ることです。季節変化のあるところでは、ふつうは冬に死ぬ昆虫がもっとも多いのです。冬の寒さが緩和《かんわ》されると冬を越《こ》すことができる割合が高くなり、結果として個体数の増加が期待されます。三番目に増殖《ぞうしょく》率が変化します。

2022年度

本庄東高等学校附属中学校 ▶解説と解答

算 数 ＜第１回試験＞（50分）＜満点：100点＞

解 答

$\boxed{1}$ ⑴ 62 ⑵ $2\frac{23}{24}$ ⑶ $1\frac{1}{6}$ ⑷ 4120cm $\boxed{2}$ ⑴ 12枚 ⑵ 225ｇ ⑶ 43 ⑷ 56度 ⑸ ② $\boxed{3}$ ⑴ 1280通り ⑵ 64通り ⑶ 48通り $\boxed{4}$ ⑴ 6 cm^2 ⑵ 9秒後 ⑶ 10.5cm^2 $\boxed{5}$ ⑴ 904.32cm^3 ⑵ 753.6cm^3 $\boxed{6}$ ⑴ 分速333.3m ⑵ 71 ⑶ 87

解 説

$\boxed{1}$ 四則計算，逆算，単位の計算

⑴ $2022\div(259+6\times13)+7\times(21-13)=2022\div(259+78)+7\times8=2022\div337+56=6+56=62$

⑵ $\left\{\frac{1}{4}\times(1-0.3)+0.2\right\}\div\frac{3}{5}+2\frac{1}{3}=\left(\frac{1}{4}\times0.7+0.2\right)\div\frac{3}{5}+2\frac{1}{3}=\left(\frac{1}{4}\times\frac{7}{10}+0.2\right)\div\frac{3}{5}+2\frac{1}{3}=\left(\frac{7}{40}+0.2\right)\div\frac{3}{5}+2\frac{1}{3}=\left(\frac{7}{40}+\frac{1}{5}\right)\div\frac{3}{5}+2\frac{1}{3}=\left(\frac{7}{40}+\frac{8}{40}\right)\div\frac{3}{5}+2\frac{1}{3}=\frac{15}{40}\div\frac{3}{5}+2\frac{1}{3}=\frac{3}{8}\times\frac{5}{3}+2\frac{1}{3}=\frac{5}{8}+2\frac{1}{3}=\frac{15}{24}+2\frac{8}{24}=2\frac{23}{24}$

⑶ $3\frac{1}{3}\times\left(1.2\times\square-\frac{3}{5}\right)-1\frac{1}{4}=1\frac{5}{12}$より，$3\frac{1}{3}\times\left(1.2\times\square-\frac{3}{5}\right)=1\frac{5}{12}+1\frac{1}{4}=1\frac{5}{12}+1\frac{3}{12}=2\frac{8}{12}=2\frac{2}{3}$，$1.2\times\square-\frac{3}{5}=2\frac{2}{3}\div3\frac{1}{3}=\frac{8}{3}\div\frac{10}{3}=\frac{8}{3}\times\frac{3}{10}=\frac{4}{5}$，$1.2\times\square=\frac{4}{5}+\frac{3}{5}=\frac{7}{5}$ よって，$\square=\frac{7}{5}\div1.2=\frac{7}{5}\div\frac{6}{5}=\frac{7}{5}\times\frac{5}{6}=\frac{7}{6}=1\frac{1}{6}$

⑷ 1km＝1000m，1m＝100cm，1cm＝10mmより，0.05km－12m＋3200mm＝(0.05×1000×100)cm－(12×100)cm＋(3200÷10)cm＝5000cm－1200cm＋320cm＝4120cm

$\boxed{2}$ 和差算，濃度《のうど》，数列，角度，体積

⑴ 80円切手の枚数の方が，50円切手の枚数より6枚多いので，80円切手の枚数を6枚減らすと，80円切手と50円切手の枚数は，50円切手の枚数にそろう。このときの切手の代金の合計は，2040－80×6＝1560(円)である。よって，50円切手は，1560÷(50＋80)＝12(枚)買った。

⑵ 90ｇの水に食塩を10ｇ混ぜて食塩水を作ると，食塩水全体に対する水の割合は，$90\div(90+10)=\frac{9}{10}$になるので，これと同じ濃度の食塩水を250ｇ作るのに，水は，$250\times\frac{9}{10}=225$(ｇ)必要になる。

⑶ 問題文中の数列は，先頭が1で，3ずつ増《ふ》えていく等差数列である。このとき，左から数えて15番目の数は，1＋3×(15－1)＝43となる。

⑷ 右の図で，三角形ABCは正三角形なので，▲の印をつけた角の大きさはすべて60度である。また，㋑の角度は，180－(68＋60)＝52(度)で，㋒の角度と㋓の角度は等しいから，大きさはそれぞれ，(180－52)÷2＝64(度)となる。よって，㋐の角度は，180－(60＋64)＝56(度)とわかる。

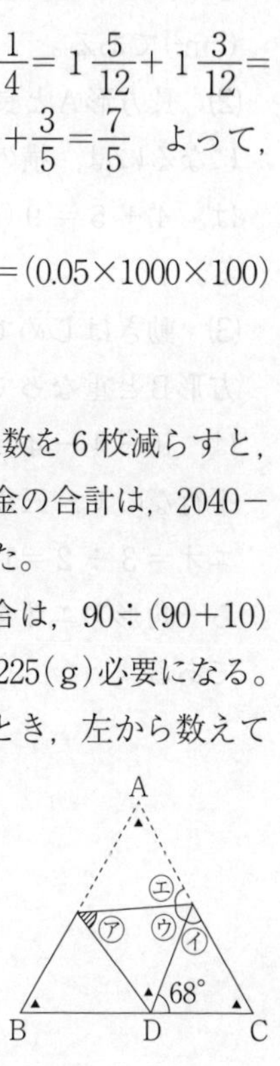

(5)　円すいの体積は，(底面積)×(高さ)×$\frac{1}{3}$で求められる。問題文中の①円すいの体積は，３×３×3.14×３×$\frac{1}{3}$＝９×3.14＝28.26(cm^3)，②立方体の体積は，３×３×３＝27(cm^3)，③円すいと円柱の組み合わせの体積は，３×３×3.14×１×$\frac{1}{3}$＋３×３×3.14×１＝３×3.14＋９×3.14＝(３＋９)×3.14＝12×3.14＝37.68(cm^3)だから，体積が最も小さいのは②である。

3　場合の数

(1)　Ａからぬることを考えると，Ａにぬる色は５色から選べる。そのとなりのＢは，Ａと同じ色にならないようにするので，４色から選べる。同様に，以降の文字も，その直前の文字の色と異なる色をぬれば，となりの文字どうしが同じ色にならない。つまり，Ｃ，Ｄ，Ｅにぬる色も，それぞれ４色から選べるので，ぬる方法は全部で，５×４×４×４×４＝1280(通り)ある。

(2)　ＢとＤの２つの文字を赤でぬると，それらととなりあうＡ，Ｃ，Ｅの３つの文字を赤でぬることはできない。逆に，これらの文字はとなりがＢまたはＤで，必ず赤でぬられているので，Ａ，Ｃ，Ｅの３つの文字を，赤以外の４色のいずれかでぬれば，となりの文字どうしが同じ色になることはない。このとき，Ａ，Ｃ，Ｅの３つの文字の中であれば同じ色になっても構わない。よって，ぬる方法は，４×４×４＝64(通り)ある。

(3)　(1)と同様に考えると，Ａにぬる色は３色から，その他の文字にぬる色は２色から選べるから，ぬる方法は全部で，３×２×２×２×２＝48(通り)ある。

4　平面図形―図形の移動，相似

(1)　動きはじめてから６秒後，長方形Ａは，１×６＝６(cm)動いて，下の図１のように，横の長さが，６－４＝２(cm)長方形Ｂと重なっている。図１より，重なった部分の面積は，３×２＝６(cm^2)である。

(2)　長方形Ａと長方形Ｂの重なる部分は，いつも縦《たて》が３cmの長方形になるので，この面積が15cm^{2}になるには，横の長さ(下の図２の□cm)が，15÷３＝５(cm)になればよく，図２から，長方形Ａは，４＋５＝９(cm)動く必要がある。これは，動きはじめてから，９÷１＝９(秒後)のことである。

(3)　動きはじめてから10秒後，二等辺三角形Ｃは，１×10＝10(cm)動いて，下の図３のように長方形Ｂと重なっている。下の図３で，辺アウと辺ウカの長さは，８÷２＝４(cm)，辺オウの長さは，10－４－４＝２(cm)，辺アオの長さは，４－２＝２(cm)である。すると，辺イウと辺エオが平行なので，三角形アイウと三角形アエオの相似より，イウ：エオ＝アウ：アオ＝４：２＝２：１，エオ＝３÷２＝1.5(cm)となる。長方形Ｂと二等辺三角形Ｃの重なった部分は，二等辺三角形Ｃから三角形アエオを除《のぞ》いたものだから，その面積は，８×３÷２－２×1.5÷２＝12－1.5＝10.5(cm^2)である。

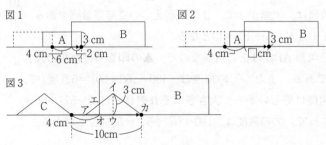

図１
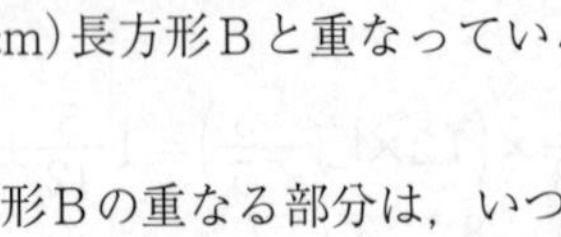

図２
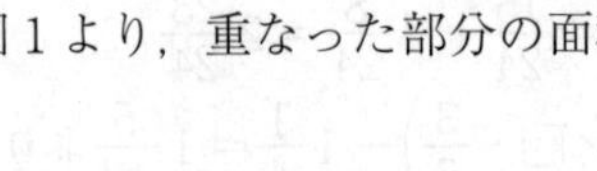

図３
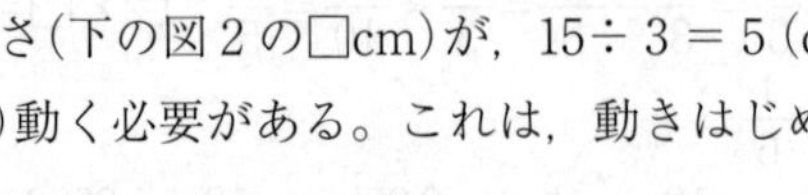

5 立体図形―体積

⑴ 問題文中の長方形ABCDを，辺ABを軸《じく》に回転させると，下の図１のような円柱ができる。この円柱の体積は，6×6×3.14×8＝288×3.14＝904.32(cm^3)である。

⑵ 問題文中の斜線《しゃせん》部分の図形を，辺ABを軸として回転させると，下の図２のような立体ができる。この立体は，図１の円柱から，下の図３のような，長方形EFGHを，辺ABを軸として回転させてできる，円柱から円柱をくり抜《ぬ》いた立体を除いたものである。図３の立体の体積は，(4×4×3.14－2×2×3.14)×4＝48×3.14(cm^3)なので，斜線部分を回転させてできる立体の体積は，288×3.14－48×3.14＝(288－48)×3.14＝240×3.14＝753.6(cm^3)となる。

図１
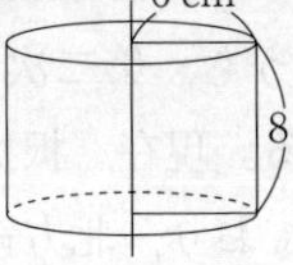

図２
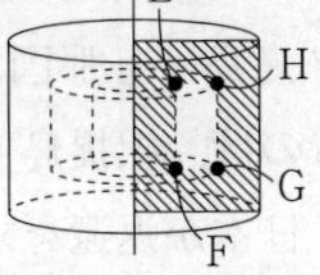

図３
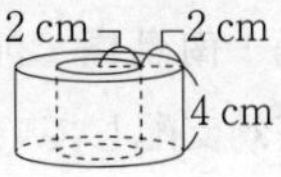

6 グラフ―速さ

⑴ 問題文中のグラフより，世界記録の選手は，マラソンに，出発して75分後から105分後までの，105－75＝30(分間)を使っている。マラソンの距離《きょり》は，2.5×1000×4＝10000(m)だから，この選手のマラソン区間における速さは，10000÷30＝333.33…より，分速333.3mである。

⑵ すなお君は，水泳が終わるのに，0.55×1000÷50＝11(分)，自転車が終わるのに，5×1000×6÷500＝60(分)かかったので，２種目が終わるまでにかかったタイムは，11＋60＝71(分)となり，問題文中のグラフのアには71が当てはまる。

⑶ 下のグラフで，辺BCと辺EDが平行なので，三角形ABCと三角形ADEの相似より，AB：AD＝BC：DE＝(75－71)：(111－105)＝２：３である。BからDまでは，111－71＝40(分)かかっているので，BからAまでは，$40\times\frac{2}{2+3}=16$(分)かかったことになる。よって，すなお君が世界記録に抜かれるのは，スタートしてから，71＋16＝87(分後)となり，イには87が当てはまる。

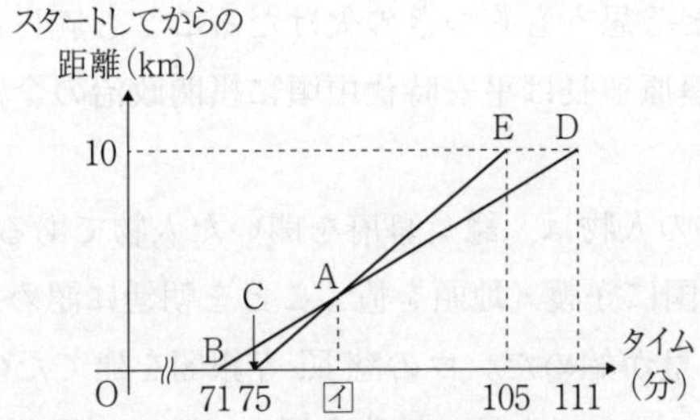

社 会 ＜第１回試験＞（30分）＜満点：50点＞

解 答

1 **問１** 領空 **問２** 200 **問３** 排他的経済水域 **問４** A 沖ノ鳥島 B 択捉島 **問５** 県名…島根(県)，記号…ウ **問６** アメリカ(合衆国)，カナダ **問７** アフリカ **2** **問１** 憲法十七条(十七条の憲法，十七条憲法) **問２** 藤原道長 **問３** イ **問４** ア **問５** エ **問６** 広島(市) **3** **問１** 加工貿易 **問２** ⑴ 1 酸性雨 2 二酸化炭素 3 オゾン ⑵ イ **問３** 条例 **問４** ア

解 説

1 領域を題材とした問題

問１　国家が持つ「領域」は，領土・領海・領空の３つから成る。領空は，領土と領海の上空部分のことである。

問２・問３　干潮時の海岸線から200海里(約370km)までの範囲のうち，領海部分をのぞいた海域を，排他的経済水域という。なお，１海里は約1.85kmであることから，370kmは約200海里となる。よって，②には200が，③には排他的経済水域があてはまる。

問４　**A**　択捉《えとろふ》島・南鳥《みなみとり》島・沖ノ鳥《おきのとり》島・与那国《よなぐに》島のうち，浸食《しんしょく》・水没《すいぼつ》を防ぐための護岸工事等が実施された島は，沖ノ鳥島である。沖ノ鳥島周辺で，日本は約40万km^2の排他的経済水域を有している。　**B**　択捉島・南鳥島・沖ノ鳥島・与那国島のうち，第二次世界大戦後にソ連が占拠《せんきょ》し，現在はロシア連邦が実効支配しているのは，択捉島である。現在，択捉島・国後島・色丹島・歯舞群島はロシア連邦が占拠しているが，日本が返還を求めており，北方領土(北方四島)と呼ばれている。

問５　「竹島」は島根県に属しており，隠岐《おき》諸島の北西に位置していることから，位置はウとわかる。なお，アは隠岐諸島の島後を，イは隠岐諸島の島前を示しており，エは見島《みしま》(山口県)を示している。

問６　同じ二ヶ国間の境界線として世界最長の国境を持つのは，北アメリカ大陸にあるアメリカ合衆国とカナダである。

問７　国境が直線になっていることが多い大陸は，かつてヨーロッパの植民地となっていた国が多いアフリカ大陸である。

2 史料を題材とした歴史の問題

問１　Ａの史料は，604年に聖徳太子が制定したとされる憲法十七条(十七条の憲法，十七条憲法)である。憲法十七条は朝廷につかえる役人の心がまえを説いている。

問２　「この世をばわが世とぞ思うもちづきの欠けたることも無しと思えば」という歌をよんだ人物は，藤原道長《ふじわらのみちなが》である。藤原道長は平安時代中頃に摂関《せっかん》政治の全盛期を担った人物で，1016年には摂政《せっしょう》となっている。

問３　Ｃの史料における②の人物は，鎌倉幕府を開いた人物であることから，源頼朝《みなもとのよりとも》があてはまる。源頼朝は1185年に諸国に守護・地頭を置くことを朝廷に認めさせたので，イが正しい。なお，アの院政は1086年に白河上皇が始めた。ウの慈照寺《じしょうじ》銀閣を建てたのは室町幕府８代将軍であった足利義政《あしかがよしまさ》である。エの長篠《ながしの》の戦いで大量の鉄砲を用いて戦い，甲斐《かい》の武田氏をやぶったのは，織田《おだ》信長《のぶなが》である。

問４　参勤交代は，江戸幕府３代将軍徳川家光が1635年に制度化しているので，アが正しい。参勤交代の制度は，大名が原則として江戸と領地を１年ごとに往復するものであり，大名は毎年１月に江戸に来なければならなかったわけではないので，イとウは誤り。参勤交代は結果として大名が多額の出費によって経済的に弱体化することになったが，江戸幕府が大名を経済的に弱らせる目的で始めたものではないと考えられているので，エは適当でない。参勤交代の目的としては，将軍と大名の間の主従関係を確認することが挙げられる。

問５　史料Ｅの「君死にたもうことなかれ」は，日露《にちろ》戦争の際にエの与謝野晶子が出征《しゅっせい》する弟をおもってよんだ歌である。なお，アの津田梅子は岩倉使節団に同行した最初の女子留学生の一人で，帰国後に女子英学塾（現在の津田塾大学）を設立している。イの平塚らいちょうとウの市川房枝は1920年に新婦人協会を設立して女性の政治活動の自由を求める運動などを行った。

問６　1945年８月６日に原子爆弾が投下された都市は，広島市である。なお，長崎市に原子爆弾が投下されたのは，1945年８月９日である。

3 工業を題材とした問題

問１　工業原料を輸入し，それを工場で加工して工業製品とし，外国に輸出して利益を得る貿易のしかたを，加工貿易という。

問２　(1)　**1**　硫黄《いおう》酸化物や窒素《ちっそ》酸化物などが大気中で硫酸《りゅうさん》や硝酸《しょうさん》となり，降水に溶け込んだものが酸性雨である。　**2**　石炭・石油などの化石エネルギーを大量に使うようになってから，大気中の二酸化炭素が増加している。大気中の二酸化炭素が増えていることは，地球温暖化の原因の一つと考えられている。　**3**　地上の高さ20～25kmを中心に広がる空気の層を，オゾン層という。フロンガスによってオゾン層が破壊されることで，有害な紫外線の地上に降り注ぐ量が増加するおそれがある。　(2)　Ⅰは酸性雨について述べており，酸性雨は湖や沼を酸性化することによって魚が死滅するなどの被害につながることがあると考えられるので，（B）の説明が適している。Ⅱは地球温暖化について述べており，地球の気候全体がくるうことや，海面が上昇することなどが心配されるため，（C）の説明が適している。Ⅲはオゾン層の破壊について述べており，有害な紫外線が増加するおそれがあるため，（A）の説明が適している。よって，イの組み合わせが適当。

問３　その地方公共団体だけに適用するきまりを，条例という。条例は，地方議会の議決によって制定されるものである。

問４　森林が開発される前にその土地を買い取って保護する活動は，ナショナルトラスト運動というので，アが適当。なお，イの環境アセスメントは，大規模な開発を行う際に，事前に環境への影響について調査することで，環境影響評価ともいう。ウの循環《じゅんかん》型社会は，資源をリサイクルなどで効率的に利用し循環させながら，将来にわたって持続的に使い続けることができる社会のことをいう。エのリデュースは，ごみなどの出る量を減らす（廃棄《はいき》物を削減《さくげん》する）ことをいう。

理科　＜第１回試験＞（30分）＜満点：50点＞

解答

1 (1)　完全変態　(2)　むね　(3)　卵のから　(4)　**セミ**…E，**ハエ**…C　2 (1)　ウ　(2)　エ　(3)　カ　(4)　①　331　②　0.6　3 (1)　B　(2)　100%　(3)　ア　(4)　15g　(5)　イ　4 (1)　**A**　1.5g/cm^3　**B**　0.5g/cm^3　(2)　イ　(3)　B，C，D

解説

1 こん虫の分類についての問題

(1)　さなぎの時期があり，卵→幼虫→さなぎ→成虫の順に育つ育ち方を完全変態という。なお，さなぎの時期がなく，卵→幼虫→成虫の順に育つ育ち方を不完全変態という。

(2)　こん虫のからだは，頭，むね，はらに分かれており，はねをもつこん虫のはねは，むねについている。なお，あしもむねについている。

(3)　特ちょう①～③をまとめると，下の表のようになる。表より，Ａはさなぎの時期があり，幼虫が陸上で育ち，はねが４枚なのでモンシロチョウである。モンシロチョウの卵から出てきたばかりの幼虫は，はじめに，自分の卵のからを食べ，しばらくしてから，キャベツやアブラナといったアブラナ科の植物の葉を食べる。

(4)　Ｂはさなぎの時期がなく，幼虫(ヤゴ)が水中で育ち，成虫のはねが４枚なのでトンボ，Ｃはさなぎの時期があり，幼虫が陸上で育ち，成虫のはねが４枚ではない(２枚である)のでハエ，Ｄはさなぎの時期があり，幼虫(ボウフラ)が水中で育ち，成虫のはねが２枚なのでカ，Ｅはさなぎの時期がなく，幼虫が陸上で育ち，成虫のはねが４枚なのでセミ，Ｆはさなぎの時期があり，幼虫が陸上で育ち，成虫のはねがないのでアリである。

		Ａ	Ｂ	Ｃ	Ｄ	Ｅ	Ｆ
特ちょう①	さなぎの時期	ある	ない	ある	ある	ない	ある
特ちょう②	幼虫	陸上で育つ	水中で育つ	陸上で育つ	水中で育つ	陸上で育つ	陸上で育つ
特ちょう③	成虫のはね	４枚	４枚	(２枚)	(２枚)	４枚	ない

2　光や音の性質についての問題

(1)　鏡《かがみ》に垂直な線と入射《しゃ》した光とのなす角を入射角，鏡に垂直な線と反射した光とのなす角を反射角という。問題文中の左の図の入射角と反射角はどちらも30°，中央の図の入射角と反射角はどちらも40°，右の図の入射角と反射角はどちらも80°となっており，入射した光の角度と反射した光の角度はいつも等しいことがわかる。

(2)　太陽の光にはさまざまな色の光がふくまれており，赤色の光は屈折《くっせつ》されにくく，紫《むらさき》色の光は屈折されやすい。よって，一番上にある①の光は，最も屈折されにくい赤色，一番下にある⑦の光は，最も屈折されやすい紫色の光である。

(3)　問題文中の表を，下の表のように，げんＡ～Ｄとして考える。げんＡとげんＣ(または，げんＢとげんＤ)を比べると，げんの長さを短くすると高い音が鳴ることがわかる。また，げんＡとげんＢ(または，げんＣとげんＤ)を比べると，はじく強さを弱くすると小さい音が鳴ることがわかる。このとき，音が小さくなるのは，げんのしん動が小さいためである。

げん	げんの長さ	はじく強さ	音の高さ	音の大きさ
Ａ	短くする	弱くする	ラの音(図の①)	小さい
Ｂ	短くする	強くする	ラの音(図の①)	大きい
Ｃ	長くする	弱くする	レの音(図の②)	小さい
Ｄ	長くする	強くする	レの音(図の②)	大きい

(4)　気温が０℃のとき，音の速さは331m/秒なので，与えられた式にあてはめると，331＝(　①　)＋０×(　②　)より，０×(　②　)＝０なので，①＝331となる。また，気温が５℃のとき，音の速さは334m/秒なので，与えられた式にあてはめると，334＝331＋５×(　②　)より，②＝(334－331)÷５＝0.6となる。

3　空気中の水蒸気《すいじょうき》としつ度についての問題

(1)　しつ度は，飽和《ほうわ》水蒸気量に対する，実際の空気１m^3あたりにふくまれる水蒸気量の割合で求められる。この割合が最も大きいのはＢで，空気の温度が20℃のときの飽和水蒸気量が約17.5g/

m^3，実際の空気１m^3あたりにふくまれる水蒸気量が15ｇなので，しつ度は，15÷17.5×100＝85.7…(％)である。なお，Ａのしつ度は，20÷30×100＝66.6…(％)，Ｃのしつ度は，15÷23×100＝65.2…(％)，Ｄのしつ度は，15÷30×100＝50(％)，Ｅのしつ度は，10÷23×100＝43.4…(％)である。

⑵，⑶　部屋Ａの空気１m^3にふくまれている水蒸気量は20ｇ，20℃の空気の飽和水蒸気量は17.5ｇなので，部屋Ａの空気の温度を下げて20℃にすると，空気中の水蒸気が飽和に達して水てきができる。よって，このときのしつ度は100％である。なお，空気中の水蒸気が飽和に達して水てきができはじめるときの温度を露点《ろてん》という。

⑷　部屋Ａの空気１m^3にふくまれている水蒸気量は20ｇ，０℃の空気の飽和水蒸気量は５ｇなので，水蒸気が水てきになる量は，空気１m^3あたり，20－５＝15(ｇ)である。

⑸　しつ度が低くなると，水が蒸発しやすくなる。このときに，温度計Ｂのまわりの熱がうばわれるので，温度計Ｂの温度がさらに下がり，温度計Ａと温度計Ｂの温度差が大きくなる。よって，温度計Ａと温度計Ｂの温度差が大きくなってくると，しつ度は低くなると考えられる。

４　物質の密度についての問題

⑴　物質の密度は，(質量)÷(体積)で求められる。Ａの密度は，60÷40＝1.5(g/cm^3)，Ｂの密度は，40÷80＝0.5(g/cm^3)である。

⑵　物質の密度が同じであれば，同じ物質であると考えられる。Ｃの密度は，40÷50＝0.8(g/cm^3)，Ｄの密度は，５÷10＝0.5(g/cm^3)，Ｅの密度は，30÷20＝1.5(g/cm^3)，Ｆの密度は，60÷10＝６(g/cm^3)である。よって，密度が同じであるＡとＥ，ＢとＤの２組は，それぞれ同じ物質である。

⑶　⑴，⑵で求めたＡ～Ｆのうち，密度が１g/cm^{3}よりも小さいＢ，Ｃ，Ｄは水に浮き，密度が１g/cm^{3}よりも大きいＡ，Ｅ，Ｆは水にしずむ。

国　語　＜第１回試験＞（50分）＜満点：100点＞

解　答

一　**問１**　(例)　(生態系を構成する生物は，)自分に適した環境で生活し，生物同士の相互作用のバランスも維持しなくてはならないため。　**問２**　**１**　イ　**２**　ウ　**３**　エ　**４**　ア　**問３**　(例)　急激な温暖化　**問４**　高緯度　**問５**　(例)　成長や生殖を一時停止させ，低温や高温，乾燥など厳しい環境条件に耐えるため。　**問６**　３　**問７**　２　**問８**　それぞれの　**問９**　地理的な分布の変化／冬の寒さで死ぬ昆虫が減ること／増殖率の変化　二　**問１**　**１**　イ　**２**　オ　**３**　ア　**問２**　イ　**問３**　３　**問４**　(例)　吉岡くんたちがやけどのあとを見たらどういう反応をするか心配で，気が進まないから。　**問５**　イ・オ　**問６**　(例)　いろいろな経験をして，うれしいとか，悲しいとか，くやしいとか，さまざまな気持ちを味わっていくこと。　**問７**　エ　三　**問１**　①　きしょう　②　どひょう　③，④　下記を参照のこと。　**問２**　①　公平無私　②　不言実行　**問３**　①　風潮　②　服従　**問４**　①　りっとう　②　あなかんむり

●漢字の書き取り

三　**問１**　③　恩師　④　絶対

解説

一　出典は沼田英治《ぬまたひではる》の『クマゼミから温暖化を考える』による。温暖化によって，昆虫《こんちゅう》がどのような影響《えいきょう》を受けるのかということについて，さまざまな面から説明されている。

問１　生態系を構成する生物は，耐《た》えられる「暑さや寒さ」の範囲《はんい》，活動できる「温度範囲」など，自分に適した環境《かんきょう》で生活しており，さらに環境だけではなく，「生物同士の相互《そうご》作用」も「バランスのとれた生態系が維持《いじ》されるため」には必要となるので，複雑といえる。

問２　**１**　人間は，いつも挨拶《あいさつ》のように「暑い」とか「寒い」という言葉を使うため，「温暖化の問題を考える時」も，「ついついヒト（ホモ・サピエンス）という動物の感覚」で考えてしまう，という文脈になる。前のことを理由・原因として，後にその結果をつなげるときに用いる「ですから」が入る。　**２**　前に，ヒトは旅行をすると「ここはわたしの住む町よりも寒い」などと言うとあり，後に，「ヒトはアフリカの温暖で安定した気候のところで進化したにもかかわらず，急速にさまざまな気候のところに分布を広げ」たと続いている。よって，前のことがらを受けて，それに反する内容を述べるときに用いる「しかし」が合う。　**３**　ヒトが広く分布しているのとは対照的なこととして，昆虫が「ヒトのように気候の異なる地域に同じ種が広く分布する例」はないということと，「同じ種であっても気候の違《ちが》うところのものは遺伝的《いでんてき》に大きく異なるのがふつう」であるということを並べている。あることがらに別のことがらをつけ加えるはたらきの「また」がよい。　**４**　温暖化が起こったとき，分布を「高緯度《こういど》側にずらすだけ」では生命を維持できない昆虫を考えるための例として，「温暖な地域にある涼《すず》しい山の上にいるような昆虫」があげられている。よって，具体的な例をあげるときに用いる「たとえば」があてはまる。

問３　直前の「現在起こっている温暖化」が「過去にはないくらい急激」であるということを指しているので，「急激な温暖化」などとまとめられる。

問４　三段落目に，「温暖化が進むと」昆虫は「高緯度地方」へと分布を変えると述べられている。

問５　昆虫は，「生理的なしくみによって成長や生殖《せいしょく》を一時停止」させる「休眠《きゅうみん》」によって，「休眠していない状態よりも低温や高温，乾燥《かんそう》など厳しい環境条件」に耐えられるようになると，直後で説明されている。

問６　ナミスジフユナミシャクは，「新芽がある時期に合わせて孵化《ふか》するように長い年月をかけて進化」してきたとある。つまり，休眠に入る段階は，時間や場所ではなく，昆虫の種によって決まっていると考えられる。

問７　熱帯にすんでいる昆虫は，「耐えられる温度の範囲が狭《せま》く，現在生息しているところの環境温度が最適温度に近い」ので，温暖化が進んでも昆虫の性質に変化がなかったり，移動もなかったりすると仮定すると，「熱帯の昆虫の残せる子孫の数は減る」と考えられる。つまり，温暖化は熱帯にすんでいる昆虫にとって必ずしも有利とはいえないことになるので，２の内容が合う。

問８　「それぞれの」で始まる段落の直前にもどすと，温暖化の問題を考えるとき，人間は「ヒト（ホモ・サピエンス）という動物の感覚」で考えてしまうが，「ヒトのように気候の異なる地域に同じ種が広く分布する例」はないし，「同じ種であっても気候の違うところのものは遺伝的に大きく異なるのがふつう」なので，「昆虫にとって温暖化は，ヒトの感覚で考える以上に深刻なもの」となるという文脈になり，合う。

問９　「温暖化が昆虫に与《あた》える影響」について述べられている三段落目と四段落目に着目する。一つ目に「地理的な分布の変化」があげられており，二つ目に「温暖化によって冬の寒さで死ぬ昆虫が減ること」があげられている。そして，三つ目に「増殖率が変化」することがあげられている。

二 **出典は朝比奈《あさひな》蓉子《ようこ》の『わたしの苦手なあの子』による。**自分の不注意から足にやけどを負って心を閉ざすようになったリサが，吉岡くんのおじいさんと話しているうちに，自分を好きになることの大切さについて気づいていく。

問１　**１**　「油の入った鍋《なべ》」がかたむいたようすなので，物が急に大きくかたむいたりゆれたりするようすを表す「ぐらりと」が入る。　**２**　直後に「えんりょなく見た」とあるので，ぶしつけに目を向けるようすを表す「じろじろと」が合う。　**３**　ばあさんが「気にしなくなっちまった」のだから，何もなかったかのように平然としているようすを表す「ケロッと」がよい。

問２　前の文の「自分の不注意が招いたことだから，だれを責めるわけにもいかない」に着目して考える。リサは，やけどをしたのは自分のせいだから，「やけどのあと」に「いつまでも苦しめられ」ていてはいけないと思い，記憶《きおく》を頭から追い出そうとしたのである。

問３　リサが，やけどをした後に一度もはいたことのないカプリパンツをはいて出かけようとしていたので，ママは，「まゆをよせ」るという心配そうな表情を見せたのだと考えられる。

問４　転校してから初めてやけどの傷あとを人に見せるのが「こわかった」リサは，「おそるおそる」裏木戸をおしている。吉岡くんたちが傷あとを見てどう反応するかが心配になり，最初の一歩をふみ出す勇気が出せずにいるため，足が重たいと感じているのである。

問５　吉岡くんは，リサの「ハイソックスからはみだした傷あと」を初めて見たので，戸惑《とまど》いや驚《おどろ》きを感じた後，リサのことが心配になったのだと考えられる。この後の吉岡くんの言動から，怒《いか》りや冷やかしの気持ちは読み取れない。

問６　「その一つ一つ」が具体的に書かれている前の文に着目して考える。リサは，吉岡くんのおじいさんを見て，年をとった人たちは，「いろんなことを経験」して，「うれしいとか，悲しいとか，くやしい」といった「さまざまな気持ち」を味わっていくのだと思ったのである。

問７　本文は，リサの視点から自分の心情やできごとが語られているので，アは誤り。また，吉岡くんのおじいさんは，リサの気持ちを気づかい，自分の家族にあったことを打ち明け，自分を好きになることの大切さを話しているのでイも選べない。また，本文とちゅうにリサがやけどをした「あの日」のことがはさまれているので，「時間の流れに沿って」とあるウも正しくない。本文は，リサの視点で心情やできごとが語られており，カプリパンツをはいていこうとしたときの揺《ゆ》れ動いている気持ちが描《えが》かれているので，エの内容が合う。

三 **漢字の読みと書き取り，四字熟語の完成，類義語・対義語の知識，漢字の部首**

問１　①　生まれつきの気持ちの性質。　②　土を盛ってつくった，相撲《すもう》をとる場所。　③　教えを受けた恩のある先生。　④　後に打ち消しの意味をもつ語をともなうと，決して〜ないという意味になる。

問２　①　「公平無私」は，どちらかにかたよることなく公平で個人的な感情や私的な利益を交えないこと。　②　「不言実行」は，不満や理屈《りくつ》を言わずにだまって自分のやるべきことを実行すること。

問３　①　「傾向《けいこう》」は，物事の大勢や態度が特定の方向にかたむくこと。類義語は，時代の移り変わりにともなって変化する世の中のありさまを表す「風潮」。　②　「反抗《はんこう》」は，従おうとせずに逆らうこと。対義語は，命令のとおりに素直に従うことを表す「服従」。

問４　①　最初の文は「副会長」，次の文は「開店前」と「長《ちょう》蛇《だ》の列」，最後の文は「休刊日」となる。共通する部首は「刂」の部分で，「りっとう」。　②　最初の文は「窓」，次の文は「自由研究」，最後の文は「架空」となる。共通する部首は「⺳」の部分で，「あなかんむり」。

2022年度　本庄東高等学校附属中学校

〔電　話〕　0495(27)6711
〔所在地〕　〒367－0025　埼玉県本庄市西五十子大塚318
〔交　通〕　JR高崎線「岡部駅」南口よりスクールバス８分

【算　数】〈第２回試験〉（50分）〈満点：100点〉

1

次の□にあてはまる数を求めなさい。

(1)　$\{64-(21-6)\div 5\}\times 4=$ □

(2)　$1-\left(0.3\times\frac{1}{3}-0.25\div 3\frac{1}{2}\right)\times\frac{1}{4}=$ □

(3)　$9.3-\left(\square+\frac{2}{3}\right)\div\frac{1}{6}=\frac{4}{5}$

(4)　$0.02\,\mathrm{t}-5\,\mathrm{kg}+30000\,\mathrm{mg}=$ □ g

2

次の問いに答えなさい。

(1)　Ａさんは９時に家を出発し，３km離《はな》れた公園に向かいました。最初は分速150ｍで走り，途《と》中から分速60ｍで歩いたところ，公園には９時32分に到《とう》着しました。走った道のりを求めなさい。

(2)　15％の食塩水300ｇから75ｇを蒸発させると，何％の食塩水になりますか。

(3)　５つのサッカーチームで試合をします。総当たり戦で全試合１回ずつ試合を行うとき，全部で何試合ありますか。

(4) 右の図は正方形と円を組み合わせたものです。正方形に円は接しています。円の半径が７cmのとき，斜《しゃ》線部分の面積を求めなさい。
ただし，円周率は3.14とします。

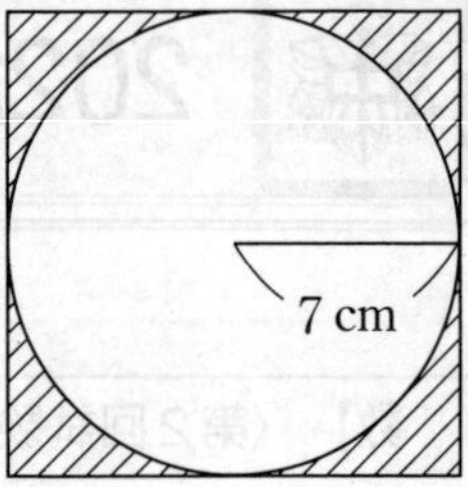

(5) 次の立方体の展開図の中に１つだけまちがっているものがあります。それはどれですか。
①～⑥のうちから番号で答えなさい。

①

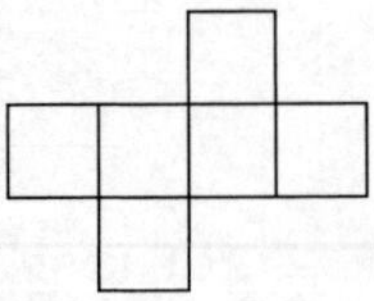

②

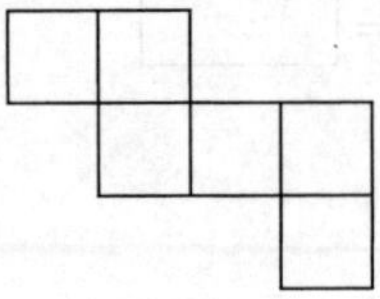

③

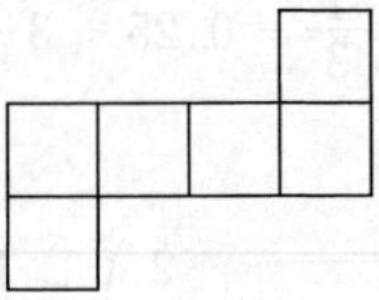

④

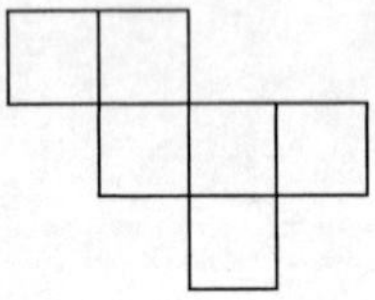

⑤

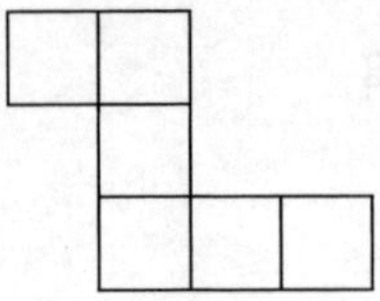

⑥

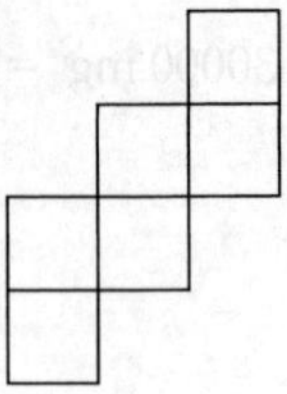

3 男子２人，女子４人が横一列に並ぶとき，次の問いに答えなさい。

(1) ６人の並び方は全部で何通りありますか。

(2) 両端《たん》が男子となる並び方は何通りありますか。

(3) 男子２人がとなり合わない並び方は何通りありますか。

4 右の四角形ＡＢＣＤは台形です。

また，角㋐は90度です。次の問いに答えなさい。

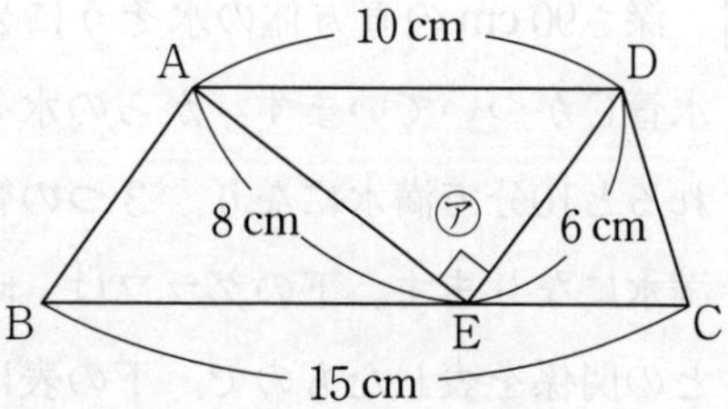

⑴ 三角形ＡＥＤの面積を求めなさい。

⑵ 台形ＡＢＣＤの面積を求めなさい。

5 図のように１辺が４cmの立方体があり，辺ＡＤ，ＣＤの中点をそれぞれＰ，Ｍとします。このとき，次の問いに答えなさい。ただし，特殊《しゅ》な多角形を答える場合はその正式な名前で答えること。

（例：解答がひし形のとき，○「ひし形」 ×「四角形」）

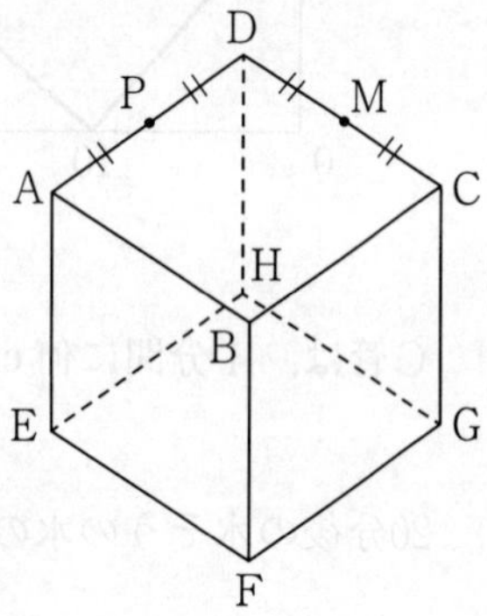

⑴ ３点Ｐ，Ｍ，Ｈを通る平面でこの立方体を切ったとき，切り口の図形はどのような形になりますか。

⑵ ３点Ｐ，Ｍ，Ｆを通る平面でこの立方体を切ったとき，切り口の図形はどのような形になりますか。

⑶ ⑴の手順で立方体を２つに切り分けたとき，頂点Ｂを含む立体の体積を求めなさい。

6　深さ90 cmの直方体の水そうに２本の給水管A，Bと排《はい》水管Cがついています。からの水そうにA管だけで水を入れると10分で満水になり，３つの管を同時に開くと９分で満水になります。下のグラフは，時間と水そうの水の深さとの関係を表したもので，下の表はそのときの各管の開閉の様子を表しています。次の問いに答えなさい。

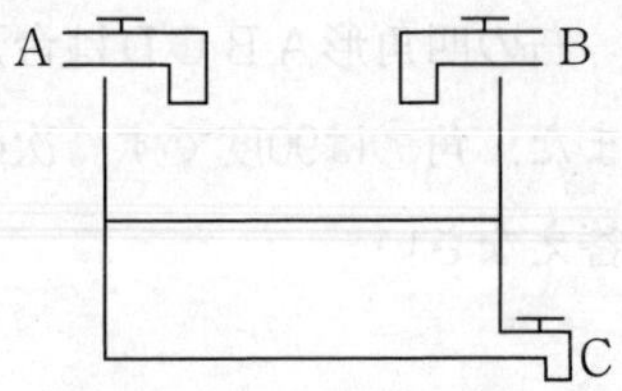

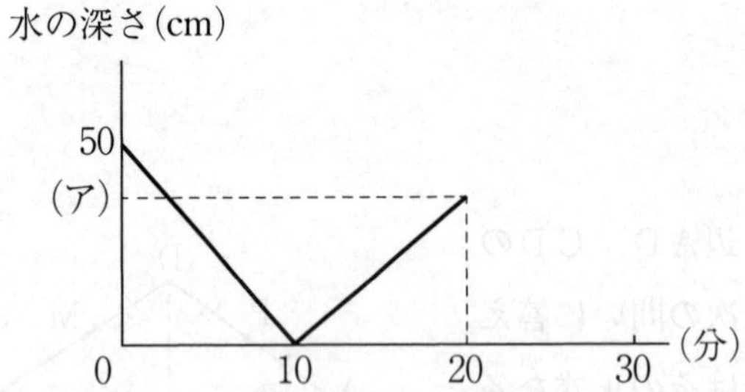

管＼分	0～10	10～20	20～30
A	×	○	○
B	×	×	○
C	○	○	×

○…開いている　×…閉じている

(1)　C管は，１分間に何 cmの高さの水を排《はい》水しますか。

(2)　20分後の水そうの水の深さは何 cmですか。グラフの（ア）にあてはまる数を求めなさい。

(3)　水そうが満水になるのは，はじめから何分何秒後ですか。

【社　会】〈第２回試験〉（30分）〈満点：50点〉

1　次の文章を読んで，あとの問いに答えなさい。

日本の気候は北海道の気候・日本海側の気候・太平洋側の気候・中央高地の気候・瀬戸内《せとうち》の気候・南西諸島の気候，という大きく６つの気候区に分けることができる。それぞれの特徴を表にすると，以下のようになる。

①北海道の気候	冷帯（亜寒帯）の気候であり，梅雨が少ないのが特徴である。夏は寒流の（　②　）の影響で涼《すず》しいが，冷害《れいがい》がおこることもある。
日本海側の気候	冬は北西の湿った季節風のため（　③　）が非常に多く，気温は低い。夏は④山地からふきおりる南東の季節風が高温で乾燥した風となって，気温が異常に上がることがある。
太平洋側の気候	夏は湿《しめ》った空気をふくんだ南東の季節風の影響で，（　③　）が多くて蒸し暑い日が続き，冬は⑤乾燥した北西の季節風がふき，晴天の日が多いのが特徴である。
中央高地の気候	季節風の影響が少なく，一年間の（　③　）は比較的少ない。また夏と冬，昼と夜の寒暖《かんだん》差《さ》が大きい。
⑥瀬戸内の気候	南北の山地にはさまれた場所のため，季節風の影響が少なく，年間を通じて（　③　）が少ない。
南西諸島の気候	亜熱帯の気候である。年間の（　③　）が多く，気温も高い。特に夏の（　③　）が多いが，これは（　⑦　）の被害を受けやすい地域だからである。

問１　下の雨温図は，札幌・東京・上越《じょうえつ》・那覇《なは》・松本のものである。このうち，東京にあたるものはどれか。前ページの表を参考に，次の**ア**～**オ**から１つ選び，記号で答えなさい。

ア.

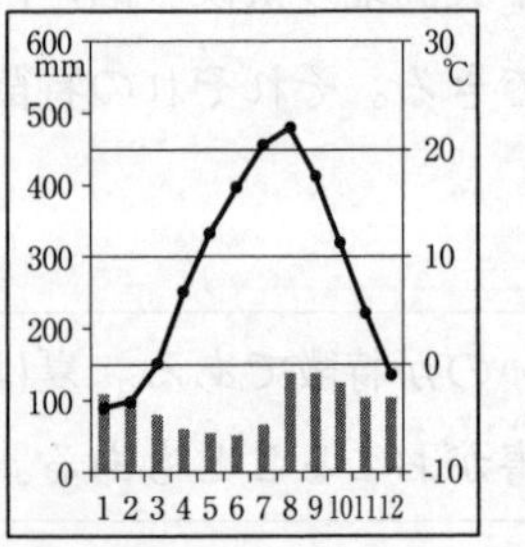

イ.

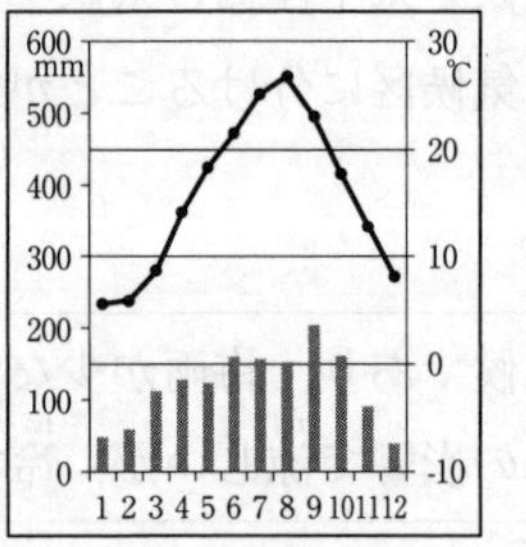

ウ.

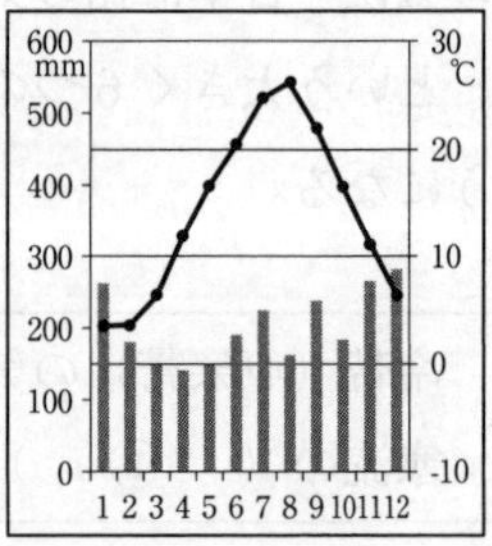

エ.

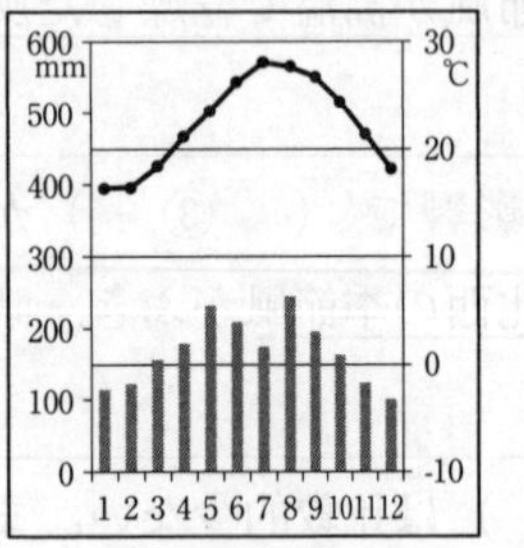

オ.

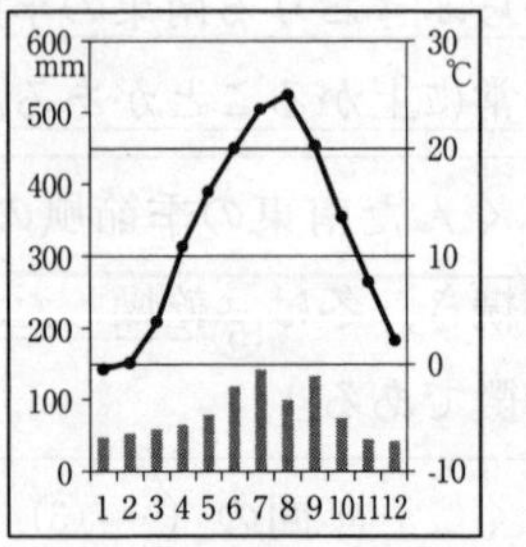

問２　下線部①について，北海道では表に示した気候の特徴と広大な土地を生かし，さまざまな農作物が栽培されている。次に示《しめ》した農作物のうち，北海道の生産量が全国１位の組み合わせを次の**ア**～**エ**から１つ選び，記号で答えなさい。

ア．てんさい・こんにゃくいも　　**イ**．茶・さとうきび

ウ．大豆・らっかせい　　**エ**．じゃがいも・小麦

問３　空らん（　②　）にあてはまる海流の名称を，漢字で答えなさい。

問４　表中の空らん（　③　）には共通の語句が入る。あてはまる語句を答えなさい。

問５　下線部④について，この現象を何というか。解答らんに合うように答えなさい。

問６　下線部⑤について，この季節風のことを一般に何というか。

問7　下線部⑥について，香川県北部の讃岐《さぬき》平野は，瀬戸内の気候の特徴に加えて大きな河川が流れていないため，夏に干ばつがおこりやすい。この干ばつへの対策として，香川県地方でよくみられる，雨水をたくわえて農業に利用するための貯水池が利用されているが，これを何というか。

問8　空らん（　⑦　）にあてはまる語句を，漢字２字で答えなさい。

2　下の年表を見て，あとの問いに答えなさい。

【年表】

年	主なできごと
1912	日本が初めてのオリンピック（ストックホルム大会）に参加する。
1914	第一次世界大戦が始まる。　…①
1920	オリンピック（アントワープ大会）で日本人選手が初めてメダルを獲得する。…②
1928	オリンピック（アムステルダム大会）で日本人選手が初めて金メダルを獲得する。…③
1940	〈　A　〉のため，東京で行う予定だった大会を他の国で行う。
1952	戦後初のオリンピックに参加する。　…④
1956	個人の所得が戦前と同じ程度に回復する。　…⑤
1964	日本で初めての夏季オリンピックを東京で行う。　…⑥
1972	日本で初めての冬季オリンピックを札幌で行う。　…⑦
2021	日本で２度目の夏季オリンピックを東京で行う。

問1　①の第一次世界大戦について説明した文としてあやまっているものを次の**ア**～**エ**から１つ選び，記号で答えなさい。

ア．日英同盟《にちえいどうめい》を理由に，日本は戦争に加わり，戦勝国《せんしょうこく》となった。

イ．戦争に参加する他の国に武器を多く輸出したため，戦争中は景気が悪くなった。

ウ．戦争中に，日本国内では米の値段《ねだん》が上がり，人々は米の安売りを求めて米屋に押しかけた。

エ．戦争中や戦争後に，労働条件の改善《かいぜん》を求める運動が盛り上がった。

問２　②と③の間に起こったできごととして正しいものを次の**ア**～**エ**から１つ選び，記号で答えなさい。

ア．日本に対する領《りょう》事《じ》裁判権《さいばんけん》をなくした。
イ．日本の関税《かんぜい》自《じ》主権《しゅけん》を認めさせた。
ウ．関東大震災《かんとうだいしんさい》が起こった。
エ．国《こっ》家《か》総動員法《そうどういんほう》が出された。

問３　年表中の空らん〈　A　〉に最もふさわしいできごとを次の**ア**～**エ**から１つ選び，記号で答えなさい。

ア．日清戦争　　イ．日露戦争　　ウ．日中戦争　　エ．太平洋戦争

問４　④にあるように，戦後初のオリンピックに復帰できたのは，この前の年に日本は第二次世界大戦の戦勝国との間に条約を結んだからである。この条約の名を答えなさい。

問５　⑤のような日本の状況を象徴《しょうちょう》する言葉として，正しいものを次の**ア**～**エ**から１つ選び，記号で答えなさい。

ア．欲しがりません勝つまでは
イ．もはや戦後ではない
ウ．記憶にございません
エ．２位じゃだめなんですか

問６　⑥のできごとに合わせてつくられた公共交通《こうきょうこうつう》機《き》関《かん》として正しいものを次の**ア**～**エ**から１つ選び，記号で答えなさい。

ア．路線バス　　イ．飛行機　　ウ．フェリー　　エ．新幹線

問７　⑦のできごとと同じ年には，第二次世界大戦の終了後からアメリカに占領《せんりょう》されていた地域が日本に返還《へんかん》された。その地域の名前を記しなさい。

3 下の文章を読んで，後の問いに答えなさい。

世界を巻き込んだ２度にわたる悲惨《ひさん》な戦争の反省をいかし，1945年に世界平和と安全を守り，国際問題を解決していくという目的で，　国際連合はつくられた。国際連合は，最高機関である総会を中心に①たくさんの機関があり，いろいろな活動をしている。国際平和の維持《いじ》にあたる安全保障理事会は，アメリカ・ロシア・イギリス・フランス・中国からなる（　１　）が重大な決定権を持っている。国際連合は，地球環境や資源・食料など②１つの国だけでは解決できない世界的な問題について，国際会議を開いたり，人びとに行動を呼びかけたりしている。こうした取り組みにおいて，国境を越えて連帯《れんたい》し活動する，③政府以外の組織の活動も，重要な役割を担っている。

問１　193ヶ国が加盟する（2021年８月現在）国際連合の本部がある，アメリカの都市を答えなさい。

問２　文章中の空らん（　１　）に適当な語句を，漢字５字で答えなさい。

問３　下線部①について，下のⅠ～Ⅲの文章は，国連の専門機関や特別機関を説明している。

Ⅰ　この機関は，戦争や人種・宗教などの違いから迫害を受けて外国へ逃れてきた難民の保護と難民問題の解決を目的としている。日本の（　　　　）さんが，1991年から2000年まで高等弁務官《こうとうべんむかん》をつとめていた。

Ⅱ　教育・化学・文化を通して国際理解を深め，世界の平和と人々の幸福のためにつくすことを目的としている。文化財保護のために，世界遺産の登録も行っている。

Ⅲ　原子力の平和利用を促進し，軍事的に使われないように保障措置《そち》の実施をする国際機関である。「核の番人」ともいわれる。

⑴　文章Ⅰ～Ⅲが説明している機関は，それぞれ下の**ア**～**ウ**のうちのどれか。適するものを１つずつ選び，記号で答えなさい。

ア．国際原子力機関（ＩＡＥＡ）
イ．国連教育科学文化機関（ＵＮＥＳＣＯ）
ウ．国連難民高等弁務官事務所（ＵＮＨＣＲ）

(2)　文章Ⅰ中の空らんの人物の名前として正しいものを次の**ア〜ウ**から１つ選び，記号で答えなさい。

ア．緒方貞子《おがたさだこ》　　**イ**．松浦晃一郎《まつうらこういちろう》　　**ウ**．天野之弥《あまのゆきや》

問４　下線部②について，以下の文章の空らんにあてはまる語句を答えなさい。

2015年には，国連の総会で「（　Ａ　）に関するサミット」が開かれ，17の「（　Ａ　）目標（　Ｂ　）」が採択《さいたく》されました。17の目標を実現するために，自分たちにできることを考えてみましょう。

(1)　空らん（　Ａ　）にあてはまる言葉を７文字で答えなさい。

(2)　空らん（　Ｂ　）にあてはまる略称《りゃくしょう》をアルファベットで答えなさい。

問５　下線部③については，国際赤十字，国境なき医師団，アムネスティ・インターナショナルなど多くの非政府組織が重要な役割をになっている。非政府組織の略称《りゃくしょう》を次の**ア〜エ**から１つ選び，記号で答えなさい。

ア．ＮＧＯ　　**イ**．ＰＫＯ　　**ウ**．ＯＤＡ　　**エ**．ＩＬＯ

【理　科】〈第２回試験〉(30分)〈満点：50点〉

1　下図の**A**と**B**はヘチマの花のつくりを表しています。以下の(1)～(4)に答えなさい。

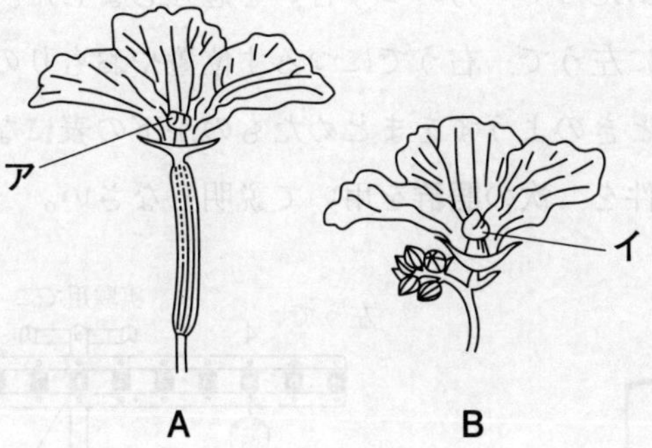

(1)　図の**B**は，め花とお花どちらですか。

(2)　図中の**ア**と**イ**の部分は何といいますか。名前を答えなさい。

(3)　花のつくりには，ヘチマのように(2)の**ア**と**イ**が別々の花についているものがあります。このような花を何といいますか。名前を答えなさい。

(4)　ヘチマは虫によって花粉が運ばれる虫ばい花に分けられます。この虫ばい花が持つ花粉の特ちょうを「虫に運ばれる」という点に着目して簡単に説明しなさい。

2 東君はモビールを作ろうと考えています。以下の(1)，(2)に答えなさい。

(1) モビールを作成するにあたって，力のつり合いを勉強しました。**図２**のようなてこ実験器を使って，下の表のように左うで，右うでにつるす位置やおもりの数を変えて，つり合う状態を確認しました。そのときのようすをまとめたものが下の表になります。この実験結果から考えられるつり合う条件を，次の**語群**を用いて説明しなさい。

図１　モビール

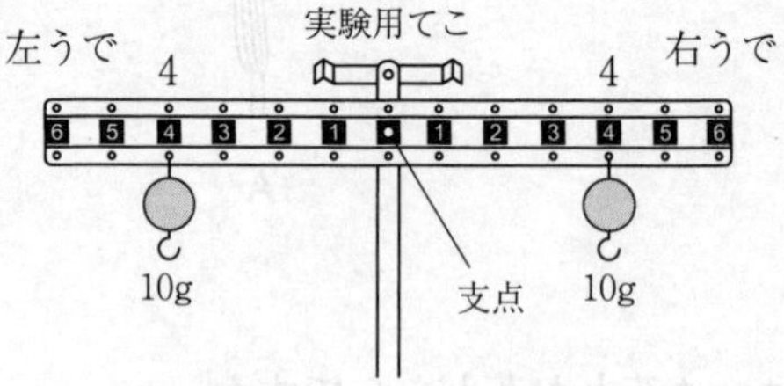

図２　てこ実験器

語群　支点　　距離　　おもり　　数

左うで		右うで		つり合い
おもりの数	位置	おもりの数	位置	
2	2	1	1	左にかたむく
2	2	1	2	左にかたむく
2	2	1	3	左にかたむく
2	2	1	4	つり合う
2	2	1	5	右にかたむく

左うで		右うで		つり合い
おもりの数	位置	おもりの数	位置	
2	2	1	1	左にかたむく
2	2	2	1	左にかたむく
2	2	3	1	左にかたむく
2	2	4	1	つり合う
2	2	5	1	右にかたむく

(2) **図３**のようにモビールの軸《じく》を作りました。モビールの軸が水平になるように，①～③の位置に**図４**の魚の模型をつけます。位置①～③にどの魚をつけるとよいか，それぞれ記号で答えなさい。

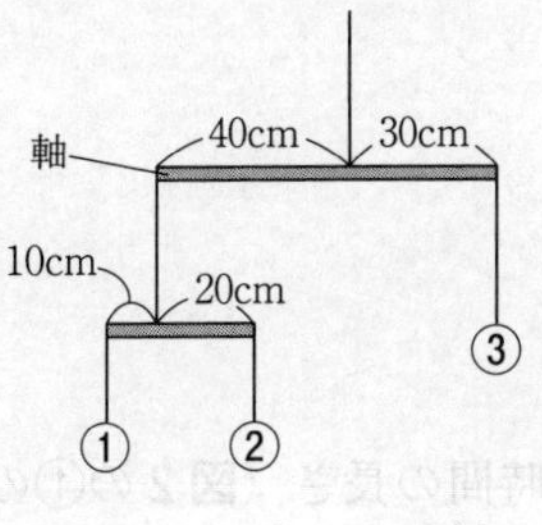

図３　モビールの軸

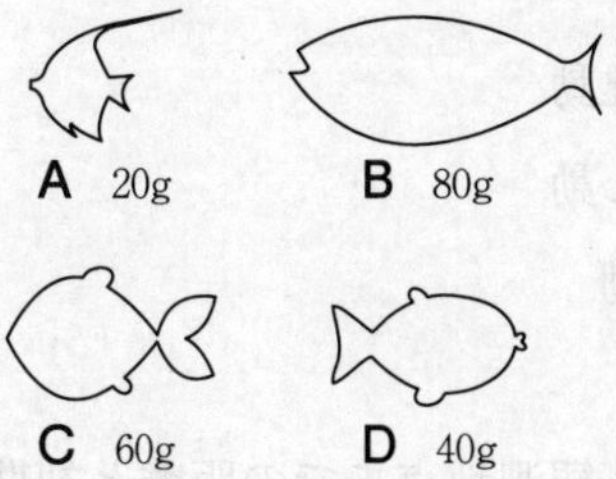

図４　魚の模型

3　地しんが発生したところをしん源といい，しん源のゆれは「Ｐ波」と「Ｓ波」という波によってまわりに伝えられます。Ｐ波とＳ波は同時に発せられますが，Ｐ波のほうが伝わるのが速いため，しん源からはなれたところではＳ波よりもＰ波のほうが先に到着《とうちゃく》します。下の**図１**は，地しんのゆれを記録するための地しん計を，**図２**はある場所のゆれの記録を示したものです。これについて以下の(1)～(5)に答えなさい。

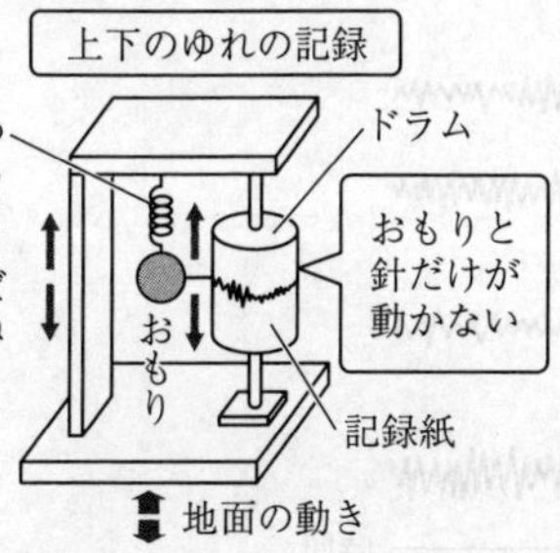

図１

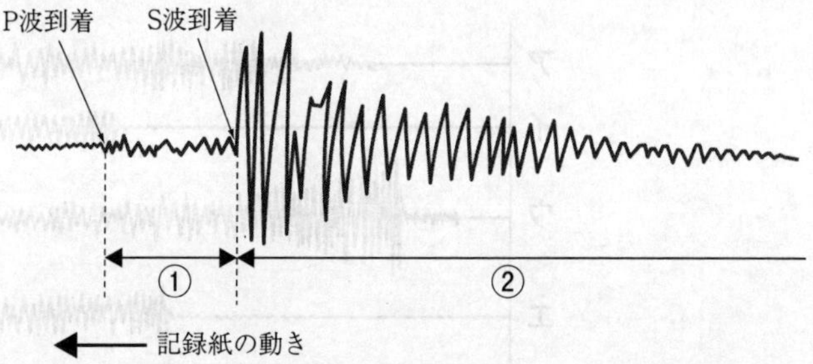

図２

(1) 地しん速報などで目や耳にする「マグニチュード」ということばは何を意味していますか。次の**ア**～**オ**から１つ選び，記号で答えなさい。

ア．地しんのゆれの大きさを表す。

イ．地しんの規模の大きさを表す。

ウ．地しんのゆれが続いた時間を表す。

エ．地しんの被害《ひがい》の大きさを表す。

オ．世界のどの地域で地しんが起きたかを表す。

(2) **図2**の①のようなＰ波によって起こる小さなゆれを初期微動《しょきびどう》といいます。それに対して，②のようなＳ波によって起こる大きなゆれを何といいますか。次の**ア**～**エ**から１つ選び，記号で答えなさい。

ア．主要動

イ．よう動運動

ウ．中期しん動

エ．後期大動

(3) しん源から観測地点までの距離《きょり》と初期微動が続く時間の長さ（**図2**の①の長さ）にはどのような関係がありますか。次の**ア**～**ウ**から１つ選び，記号で答えなさい。

ア．しん源から観測地点までの距離が遠いほど，初期微動が続く時間は長くなる。

イ．しん源から観測地点までの距離が遠いほど，初期微動が続く時間は短くなる。

ウ．しん源から観測地点までの距離が遠くても近くても初期微動が続く時間には関係がない。

(4) ある日に発生した地しんについて，４つの観測地点**ア**～**エ**の記録紙を下のようにならべて比べてみました。４つの観測地点をしん源からの距離が近い順にならべるとどのような順番になりますか。**ア**～**エ**の記号で答えなさい。

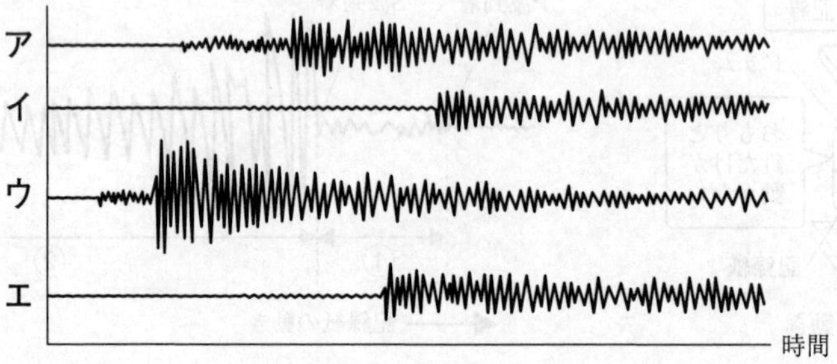

(5) Ｐ波の速さが８km/秒，Ｓ波の速さが４km/秒であるとき，しん源から80kmはなれた観測地点において，初期微動が続く時間は何秒になりますか。

4 ろうそくを燃やし続ける方法を調べるために行った実験とその結果について以下の(1)～(5)に答えなさい。

【実験】

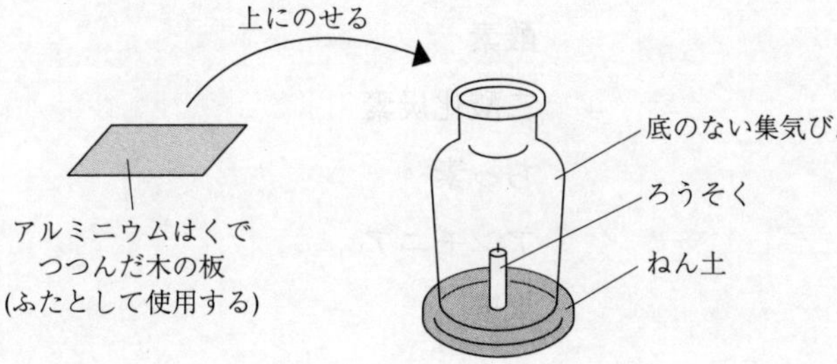

① 上図のような上と下を開けられるように工夫した集気びんを用意し，下表の**A**～**D**の条件で中のろうそくに火をつけ，燃え続けるかどうかを観察した。
② 集気びんの口や底のすき間に線香《せんこう》を近づけて，けむりの動きを調べた。

	A	B	C	D
条件	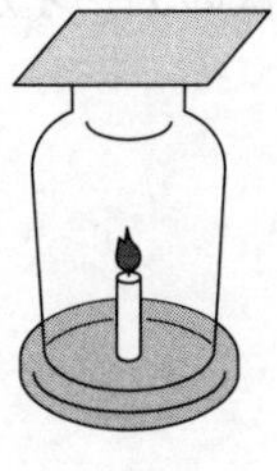 ふたあり 底にすきまなし	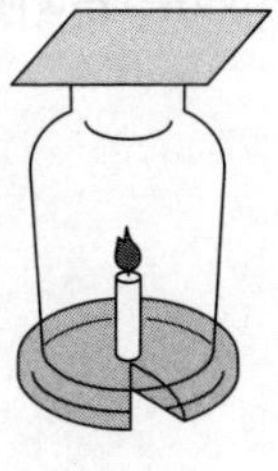 ふたあり 底にすきまあり	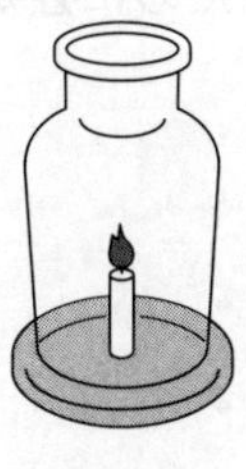 ふたなし 底にすきまなし	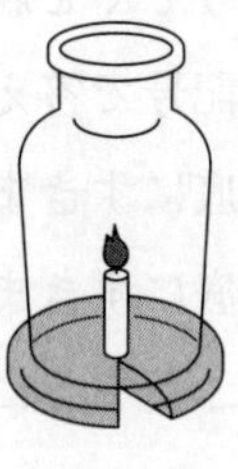 ふたなし 底にすきまあり
けむりの動き	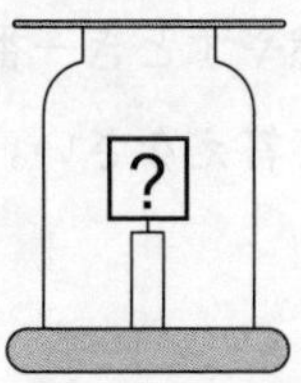 びんの口がふさがれており，底にすきまもないため線香は近づけることはできなかった。	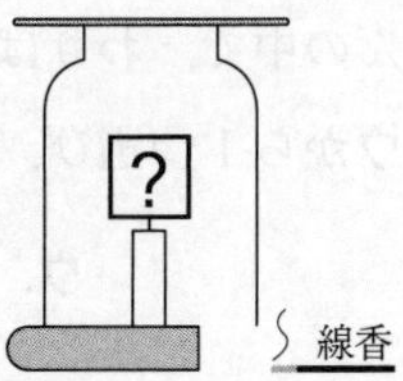 けむりは，びんの中に流れこまなかった。	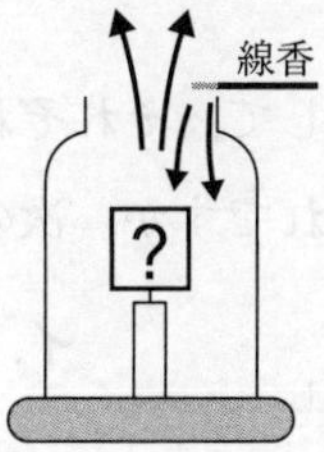 けむりは，びんの中に流れこみ，上から出ていった。	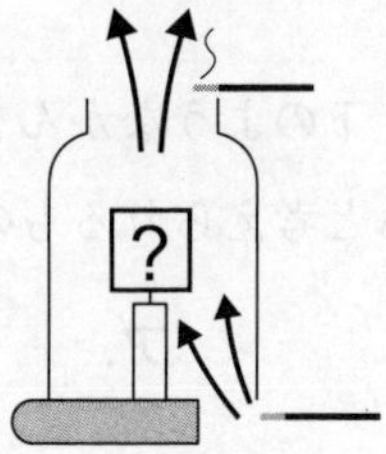 けむりは，下からびんの中に流れこみ，上から出ていった。

(1)　ろうそくが燃えるときに使われる気体と燃えたあとに増える気体は何ですか。次の**ア**～**オ**から組み合わせとして正しいものを１つ選び，記号で答えなさい。

	燃えるときに使われる気体	燃えたあとに増える気体
ア．	水素	酸素
イ．	酸素	二酸化炭素
ウ．	二酸化炭素	ちっ素
エ．	ちっ素	アンモニア
オ．	アンモニア	水素

(2)　【実験】の②において，線香のけむりの動きを調べることでわかることは何ですか。

(3)　【実験】の条件**A**～**D**のうち，ろうそくが燃え続けると考えられるものはどれですか。２つ選び，記号で答えなさい。

(4)　ろうそくを燃やし続けるために必要な集気びんの条件は何ですか。次の**ア**～**オ**から１つ選び，記号で答えなさい。

ア．底にすきまがあること。

イ．底にすきまがないこと。

ウ．ふたを上にのせること。

エ．ふたを上にのせないこと。

オ．ふたや底の条件は特に関係がない。

(5)　下のようなかんを準備して，それぞれのかんの中で，わりばしを燃やすとき一番よく燃えると考えられるものはどれですか。次の**ア**～**ウ**から１つ選び，記号で答えなさい。

ア．　　**イ**．　　**ウ**．

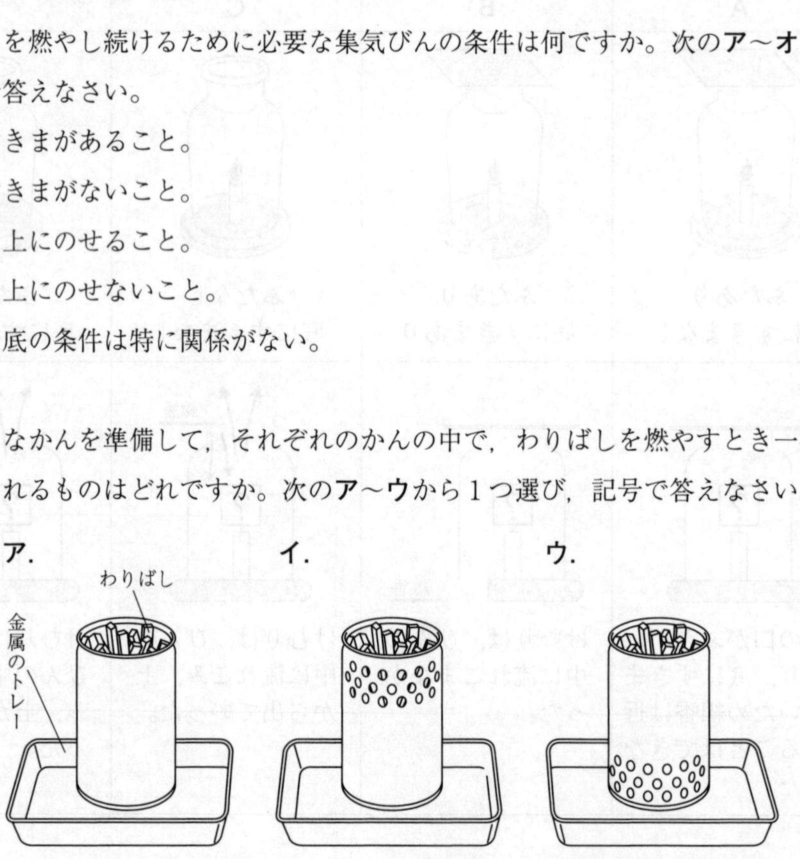

あなを開けない　　上にあなを開ける　　下にあなを開ける

三　次の各問いに答えなさい。

問一　次の――線の漢字はひらがなで書き、カタカナは漢字に直して書きなさい。

①　潮時を見はからって船を出す。

②　我が身を省みるひまがない。

③　シキュウご返事ください。

④　大きな音で目がサめた。

問二　次の意味になる四字熟語を、あとの語群の漢字を組み合わせて、それぞれ書きなさい。

①　人の言うことに耳をかさず聞き流すこと。

②　おこないがきちんとしていて正しいこと。

一　正　千　鬼　耳　牛　風　馬
飲　品　日　西　東　行　方　食

問三　次の熟語について、（　）の指示にあてはまる言葉をあとの語群から選び、漢字に直して書きなさい。

①　案外（類義語）

②　公用（対義語）

げんかい　そがい　いがい　さよう　しよう　あいよう

問四　次の意味を持つことわざを、□の中にひらがなを一字ずつ入れて答えなさい。

①　平凡な人間でも集まって相談すればよい知恵が出る　→　三人寄れば□□□□の知恵

②　名人でも、ときには失敗する。　→　弘法《こうぼう》にも□□の誤り

問六 本文中には次の一文が抜けています。本文のどこに入れるのがふさわしいですか。一文を入れたあとの五文字を書き抜きなさい。

案の定、佳乃ちゃんはある種《しゅ》の使命感さえ帯びた表情になって、ぐっと小柴さんに詰《つ》め寄った。

問七 次に示すのは、この文章を読んだ生徒たちの感想です。本文の内容や表現についての意見として適切なものを、次の中から一つ選び記号で答えなさい。

ア：最初に小柴さんにつっかかっていったのは小見川さんなのに、その後「あたし、下ーりたっと。タッチ交代。あとは部長の仕事ね」と言って帰ってしまったので、小見川さんはいい加減な人間だと思いました。

イ：百木さんは自分の言葉を届けようと必死だった。「わたしがあこがれたお姉さんなら、こんなとき、なにを言う？」と、お姉さんになりきって考えながら、自分の経験を語っているのが印象的だった。

ウ：門野くんは場の空気を変えるのに一役買っていると思います。特に「小柴って関西出身なん？」と門野くんが話をふってくれたおかげで、小柴さんは本来の自分を取りもどし、関西弁で話せています。

エ：九十九くんは、百木さんのアイコンタクトに反応したり、百木さんと同じタイミングで門野くんを気にかけたりしていた。この場面では一回も発言がないけれど、百木さんと通じ合っている感じがした。

みうらかれん『おなやみ相談部』（講談社）による

と、なんとなく苦笑いを交わした。

問一　[1]～[4]に入る言葉として適切なものを、次の中からそれぞれ一つずつ選び記号で答えなさい。

ア　ぎゅっと　**イ**　すっと　**ウ**　むっと　**エ**　やっと

問二　――線①「小柴さんの目の色が変わった」とありますが、なぜですか。七十字以内で説明しなさい。

問三　――線②「そういう人間になりたかったよ」とありますが、小柴さんの理想とする人間について次のようにまとめました。（　　）にあてはまる言葉を、本文中から二十字以内で書き抜きなさい。

（　　　　　）生き方をする人間。

問四　――線③「門野くんが雷に打たれたような顔をして、すっかりショックを受けている」とありますが、その理由の説明として適切なものを、次の中から一つ選び記号で答えなさい。

ア〈真の関西人〉である小柴さんから関西弁を教わり、自分も〈真の関西人〉に近づけたと感じたから。

イ〈真の関西人〉の小柴さんの話を聞いて、関西についての勉強がまだまだ足りないとバカにされたから。

ウ〈真の関西人〉になれば個性を得られると思っていたのに、実際はそうではないと気づかされたから。

エ〈真の関西人〉であるはずの小柴さんの話がつまらなくて、関西に対するあこがれがなくなったから。

問五　――線④「佳乃ちゃんの本音」とは、どのような気持ちですか。六十字以内で説明しなさい。

続ける。

「わたしがいくら話しかけても遊びに誘《さそ》っても、いっつも素っ気ないの。なんか、一人のほうが楽なんだって。だから、もう話しかけてくるなって。ひとりぼっちがさびしくない人だっているんだから、あんたの理屈で勝手なこと言うなって、そう言ったんだよ。しかもね、そのとき、まだ十歳《さい》くらいだったのに。信じられる？」

苦笑いでそう言うと、小柴さんの瞳《ひとみ》が揺れた。彼女は口をつぐんだまま、小さく唇《くちびる》をかんでいる。

「でもね、その子、それを泣きそうな顔で言うの。すっごくさびしそうに。おかしいよね。わたし、思わず笑いそうになった」

笑いそうになったのに、気づいたら、泣いていたのだけど。

「今、その人は……？」

「さぁ、どうかなあ。でも、今はきっと、なんだかんだで友達と仲良くやってるんじゃないかなぁ」

ね？

そう言って、わたしは視線を横に向けた。視線の先のひねくれ者は、不満げにふんと鼻を鳴らす。小柴さんもなにかに気づいたのか、瞬きをしながら彼女を見つめている。九十九くんと門野くんも、つられて彼女に視線を送る。

「……うぜー。マジで」

わたしに対する口癖《くちぐせ》をこぼしながら、バツが悪そうに視線をそらした佳乃ちゃんは、一瞬だけ小柴さんに目を向けて、素っ気なく言った。

「つーか、本の世界で生きられたら、マジ幸せよね。あたしだって、そのほうがずっといいわ。でも、結局はいつか、本を閉じて生きなきゃいけないんだってさ。面倒《めんどう》だけど」

佳乃ちゃんはまるで他人事みたいにそう言って、本に添《そ》えられていた小柴さんの手を、ぺしっとはたいた。

「残念だけどさ、一人で平気なんてのは、しょせん、ガキの逃《に》げ口上《こうじょう》みたいなもん。妥協《だきょう》したりぶつかったりして、疲れ切って、でもなんつーか、それでも誰《だれ》かとうまくやっていけるのが、本当の大人ってやつなんじゃねーの？　それともなに？　小柴はそんだけ大量の本読んできたわりに、頭も心もガキのままなの？　だったら本なんか読む意味ないし、捨てちゃえば？」

佳乃ちゃんはものすごい早口で一気にまくし立てて、最後に半笑いで言った。

「小柴はたぶん、そんなにアホじゃないでしょう。……ま、知らねーけど」

あいかわらず素直じゃない。でも、突き放すような言葉の奥に、④佳乃ちゃんの本音を見た気がする。となりに立っていた九十九くん

「だって、わたしたち、勝手なことばっかり言ってるから。本当に、ごめんなさい」

「小柴さんからしたら、本当にいい迷惑だ。いきなり押《お》しかけてきたと思ったら、勝手な理屈《りくつ》で文句を言われて。わたしたちは何様なんだ、って話。

「だけどね、高峰さんは、わたしたちとは違うよ。きっと、ぜんぜん違う。高峰さんは、小柴さんと友達になりたいって、本当に、ただそれだけなの」

小柴さんがどんな言葉遣《づか》いをしたって、どれだけ趣味《しゅみ》が合わなくたって、きっと高峰さんにはこれっぽっちも関係ない。

「だって、そもそも小柴さんと友達になりたい理由が、『ただかわいいから』だもん。なんていうか、高峰さんは、本当の本当に、そういう人だよ」

もしかしたら、小柴さんもわかっていたのかもしれない。だからこそ、近づいてほしくなかったのかもしれない。高峰さんのように、難しいことは全部抜《ぬ》きにして、他人の目とか言葉なんてまるで気にしないで、ただ自分の行きたい道をまっすぐに突《つ》っ走るというのは、きっと小柴さんがあこがれていた生き方だから。

「高峰さんは……たしかにいい人かもしれないけど、でも、どうせ話したって、すぐにつまらなくなって離《はな》れていくよ。だったら、最初から一人のほうが楽」

小柴さんはそう言って、[4]本を抱《かか》えこんだ。

あと少しの距離《きょり》が、埋《う》まらない。わたしの言葉は、どうすれば彼女に届くんだろう。人の心に軽やかに触れることは、なんて難しいんだろう。

わたしがあこがれたお姉さんなら、こんなとき、なにを言う？

考えてみたけど、なにも浮《う》かばない。

あたりまえだ。だって、わたしは、お姉さんじゃない。わたしなんだから。わたしでしかないんだから。

でも、伝えなきゃ。わたしの、わたしなりの、言葉で。

そう考えた瞬間、頭の中に懐《なつ》かしい景色がよみがえった。小柴さんの姿が、記憶《きおく》の中の小さな女の子と重なる。

あぁ、そうか。彼女はわたしがよく知っているあの子にどこか似ている。

「昔ね、わたしに、ひとりぼっちが平気だって言った人がいたんだ」

わたしが急にそんなことを言い出したので、小柴さんが驚《おどろ》いたように顔を上げた。その表情の微妙な変化を見ながら、わたしは言葉を

「え、えーと、そら、あれや。関西弁って、なんかこう、個性的やし」

「バカバカしい。なにが個性なの」

小柴さんはキッと眉をつり上げて、門野くんをにらみつけた。そして、さっきよりも大きな声でいらだったように言い放つ。

「関西いうても県とか地域もいっぱいあるし。場所によって、ぜんぜん違うし。どこもかしこも関西ってだけで、いっしょにせんといて」

「お、おぉ……」

「だいたい、関西みんなが同じなわけないやろ、ドアホ！　うちはおもろいことなんか一個も言われへんのに、ノリツッコミが下手なだけでがっかりされても困るわ！」

そして、小柴さんは目線を落として、力なくつぶやいた。

「周りから勝手につけられた個性なんか、迷惑なだけに決まってるよ。関西弁だって、本が好きなことだって、わたしは……、わたしは、好きでこんな個性を持ってるんじゃない。もっと明るく友達としゃべったり、運動ができてクラスの中心になれたり……、わたしだって、②そういう人間になりたかったよ。なれなかったけど、なりたかったよ。ずっと、ずっと」

③門野くんが雷《かみなり》に打たれたような顔をして、すっかりショックを受けている。こっちはこっちでフォローしないとと思っていたら、九十九くんが静かに彼《かれ》の肩《かた》に手を置いた。

没《ぼっ》個性的な自分がいやで個性を求めた門野くんと、押しつけられた個性に嫌気《いやけ》がさした小柴さん。正反対なようだけど、よく似ているような気もする。

もはや半泣きになっている小柴さんを見下ろして、佳乃ちゃんが疲《つか》れたように息をついた。一歩下がって、わたしの肩を叩《たた》き、一言。

「あたし、下ーりたっと。タッチ交代。あとは部長の仕事ね」

「え、ちょ――」

待ってよ、と言おうとしたら、肩に触《ふ》れた佳乃ちゃんの手に、一瞬だけ力がこめられた。その瞬間、なんだか重大なことを任されたような気がして、思わず反論の続きをのみこんだ。

「……わかった。任せといて。わたし、部長さんだもんね。

わたしはうなだれている小柴さんの前に立って、つばを飲みこみ――思いっきり頭を下げた。

「ごめんなさいっ！」

「えっ!?　な、なんで急に……」

あまりにも尊大な態度と冷ややかな口調に、①小柴さんの目の色が変わった。

「いいかげんにしてくださ――」

「先に言っとくけど、あたしはべつにあんたが根暗で友達がいないさびしい人間だろうが、どうでもいい」

「ちょ、ちょっと佳乃ちゃん！　わたしたちはべつに小柴さんを責めにきたわけじゃないんだから！」

「八枝は黙《だま》ってて。依頼とか関係なく、あたしが個人的にいらついてんの」

「よ、佳乃ちゃんってば……」

だめだ、どんどん空気が悪くなっている。

おろおろとうろたえるわたしをよそに、佳乃ちゃんと小柴さんは、無言のまま静かににらみあっている。

「なぁ」

一触即発《いっしょくそくはつ》のいやな沈黙《ちんもく》を破ったのは、微妙《びみょう》に空気を読まない門野くんの一言。

「小柴って関西出身なん？」

不意に門野くんが言ったその言葉で、また場の空気が変わった。さっきまで不快そうにとがっていた小柴さんの目が、一瞬《いっしゅん》で丸くなる。

そして、不安げに揺《ゆ》れた。

「え、な、なんでわかったん……？」

小柴さんの口から力なく出てきたのはたった一言だったけど、それはまちがいなく、耳慣れた言葉の調子とは違《ちが》っていた。その言葉のしっぽを捕《つか》まえるように、門野くんが嬉々《きき》として叫《さけ》ぶ。

「やっぱりそうなんや！　うぉおお！　生《なま》関西人や！　こんな身近におったなんて知らんかった！　ええなぁ！」

小柴さんは目を見開いて、それから思いっきり顔をしかめた。でも、すっかり舞《ま》い上がっている門野くんは、その表情の変化に気づいていない。

「本場の人からしたら、俺の関西弁って、なんかちゃうやろ？　よかったら、俺《おれ》に本場の関西弁を――」

「バカじゃないの？」

吐き捨てるような言葉に、[3]門野くんが凍《こお》った空気に気がついた。

「関西弁のなにがいいの？」

門野くんは半歩下がって、言葉を選びながら慎重《しんちょう》に答える。

二　次の文章を読んで、あとの問いに答えなさい。（設問の都合上、一部手を加えてあります。）

中学一年生の「わたし」（百木《ももき》八枝）は人の役に立ちたいという思いから、校内のあらゆる悩《なや》みの解決を手伝う「環境部《かんきょうぶ》」を復活させた。ある時、隣《となり》のクラスの高峰《たかみね》さんから「小柴《こしば》さんと仲良くなりたい」という依頼《いらい》を受ける。毒舌すぎる親友小見川佳乃《おみがわよしの》、やわらかい雰囲気《ふんいき》をまとう九十九孝明《つくもたかあき》、〈真の関西人〉を目指す門野数文《かどのかずふみ》とともに小柴さんがいる図書室に向かった。

「貸し出しですか、返却《へんきゃく》ですか」

「いえ。そうではなくて、環境部の――」

そこまで言っただけで、小柴さんは［1］したように眉《まゆ》をひそめた。そして、手早く本に栞《しおり》を挟《はさ》んでこちらをにらみつける。

「最近、同じクラスの高峰さんがやけに話しかけてくるんですけど、高峰さんをけしかけたの、あなたたちですか。迷惑《めいわく》です。やめてください」

それだけ言うと、彼女《かのじょ》はまた本を開いて読書に戻ってしまった。

ダメだ。小柴さんはすっかりわたしたちを敵だと思っているらしい。関西弁のことを切り出すどころじゃなさそうだ。

聞く耳も持たない小柴さんの様子に、「いったん出直そっか」とみんなにアイコンタクトをとる。門野くんが残念そうにうなずき、九十九くんが数回瞬《まばた》きをする。

でも、佳乃ちゃんだけ、目を合わせてもくれない。佳乃ちゃんは、哀《あわ》れみと怒《いか》りを足して二で割って、隠《かく》し味《あじ》にさびしさを加えたみたいな、なんとも言えない目をしていた。そして、ちらりとだけわたしの顔《かお》を見て、小さく息をついた。

あぁ、佳乃ちゃんのこの表情は、よく知っている。仕方ないなぁ、あたしがなんとかするか、って顔。

そして、彼女の視界を遮《さえぎ》るように、［2］彼女が読んでいた本の上に手を差し入れる。

「……なにするんですか」

「そのへんにしといたら？　ガキっぽい言動は」

弾《はじ》かれたように顔を上げた小柴さんを、氷のような目で見つめながら、佳乃ちゃんは吐《は》き捨てるようにそう言った。

「よ、佳乃ちゃん、そんな言い方はさすがに……」

「悪いけどあたし、八枝みたいに偽善《ぎぜん》者じゃないぶん、優しくもないから。ごめんあそばせ」

問六 [あ] にあてはまる語として適切なものを、次の中から一つ選び番号で答えなさい。

1 主観的　2 肯定《こうてい》的　3 否定的　4 一方的

問七 ――線⑤「他者によって認められたり、他者から注目されたり、ほめられたりすることは、ものすごく活動の励みになりますし、嬉しいことなのです」とありますが、なぜですか。四十字以内で説明しなさい。

問八 本文中には次の一文が抜けています。本文のどこに入れるのがふさわしいですか。一文を入れたあとの五文字を書き抜きなさい。

それほど大げさなものでなくても、まわりの人から認められるということは、生きることの大きな支えになります。

問九 本文の内容に合っているものを、次の中から一つ選び記号で答えなさい。

ア 他者との関係は、どんなに仲が良かったとしても、配慮した言動を心がけても、誤解やうまくいかなくなることがあるものだ。

イ 関係がこじれたときに、相手に悪意があるときには対処が非常にやっかいで、関係の修復はたいへんむずかしくなるものだ。

ウ 親のような身近な他者には何気ない一言で傷つけられることはあっても、すぐに忘れて何もなかったようにできるものだ。

エ 親友ならば「自分の気持ちはすべてわかってくれるはずだ」と考えるからこそ、本当の関係や親しさが生まれるものだ。

問一 ――線①「他者は、『他人』という言葉で置き換えてもOKな場合が多い」とありますが、筆者が考える「他者」とはどういう人ですか。適切なものを、次の中から一つ選び記号で答えなさい。

ア 夫婦や恋人、親友のように血縁関係にないが、自分に近い人。
イ 親のように血縁関係があっても、そのつながりを否定する人。
ウ 自分とは違う考え方や感じ方をする、自分以外のすべての人。
エ 自分と親しい関係であるからこそ、自分と違うとつきはなす人。

問二 [1]～[3]にあてはまる語を、次の中からそれぞれ一つずつ選び記号で答えなさい。

ア あるいは　**イ** おそらく　**ウ** たとえば　**エ** しかし

問三 ――線②「異質性」とありますが、どういうことですか。四十五字以内で説明しなさい。

問四 ――線③「ストーカー」になってしまうのは、なぜですか。適切なものを、次の中から一つ選び記号で答えなさい。

ア 「自分とは違うんだ」という前提で、相手の気持ちをマイナスの方向に考えてしまうから。
イ 「自分とは違うんだ」という考えが、相手を冷たくつきはなそうと考えていることになるから。
ウ 「自分とは違うんだ」という考えができず、相手も自分の気持ちと同じだと考えてしまうから。
エ 「自分とは違うんだ」という考えができず、相手を「見知らぬ他者」として考えてしまうから。

問五 ――線④「二重の本質的な性格」について、説明した次の文章の[(1)]・[(2)]にあてはまる言葉を、指定の字数に合わせて本文中より書き抜《ぬ》きなさい。

ひとつは、他者というのは、[(1) 五字]であるということです。私にとって他者は何をされるかわからない「怖い存在」です。また、他者は[(2) 十三字]存在でもあります。

ています。エロスというのは少し難しい概念《がいねん》ですので、私はそれを「生のあじわい」というふうに言い換えています。生きてきて、「ああ、よかったな」とか、「素敵だな」「うれしいな」などという、［あ］な感情の総体を、私は「生のあじわい」というキーワードで表わしています。生きていることがうれしくて、わくわくと高揚《こうよう》した気分になるような感じです。他者は、そういう喜びをもたらしてくれるもの、「生のあじわいの源泉」にもなるのです。

だから、⑤他者によって認められたり、他者から注目されたり、ほめられたりすることは、ものすごく活動の励《はげ》みになりますし、嬉《うれ》しいことなのです。

［3］、百メートルをどんなに速く走っても、他者から承認されなければ満足感は得られないでしょう。誰《だれ》も知らないところで「俺《おれ》は九秒七で走れるんだ」と言っても、やはりむなしい。それが「公認記録」という形で残ったり、あるいは観衆の前で出した記録ならば、「あの人はあのときこんなに速く走ったんだ」と言われ、歴史にも残ります。

私たちにとって「他者」という存在がややこしいのは、「脅威の源泉」であると同時に、「生のあじわい（あるいはエロス）の源泉」にもなるという二重性にあるのです。人は、他者のもつこの二重性に、常に振《ふ》り回されるものだといってもいいかもしれません。

これがどちらか一方ならラクですよね。もし他者が脅威の源泉でしかないのなら、世間とは一切交わりを絶って、引きこもって自分の趣味《しゅみ》だけに没頭《ぼっとう》していれば、それはそれで楽しいのかもしれません。でも、どう考えても「引きこもり」は苦しい。それはなぜかというと、他者の脅威もないかわりに、他者がくれる生のあじわいを得るチャンスもないからです。

逆に、人とつながることが楽しいだけだったら、最初からこんな本は必要はないわけですね。「みんな仲良く」というプラスの方向だけを考えていれば済むのですから。

でも、そうはいかないのが他者との関係なのです。

どんなに仲良くしていても、どんなに相手や周囲に配慮した言動を心がけていたとしても、何かしら誤解しあったり、うまくいかなくなることがあるのが他者との関係です。しかも関係がこじれたときに、相手に意図的な悪意があるほうがまだ対処もしやすいくらいなのです。本当に厄介《やっかい》なのは、相手が別にこちらを傷つけようという意図がなく相手の何げない言動でこちらが傷つくことがあったり、相手は相手でこちらの無意識の言動によって知らないうちに傷ついたりしている場合なのですね。

菅野仁『友だち幻想』（ちくまプリマー新書）による

けど、他者なのである」という、この言葉のニュアンスをちょっと大事に考えてほしいと思います。

いくら親しい人間であっても、自分が知らないことがあるし、自分とは違う性質を持っているということに着目してみましょう。これを「②異質性」といいます。どんなに気の合う、信頼《らい》できる、心を許せる人間でも、やはり自分とは違う価値観や感じ方を持っている、「異質性を持った他者なのである」ということは、すべての人間関係を考えるときに、基本的な大前提となると私は考えます。

「異質性――自分とは違うんだ、ということを前提に考える」というと、なんだかマイナスの方向に考えるようなイメージをもたれるかもしれませんが、そうではありません。

逆に、親友なら、親子なら、「自分の気持ちをすべてわかってくれるはずだ」「私たち、心は一つだよね」と考えてしまうほうが、下手をすると自分しか見えていない、他者の存在を無視した傲慢《ごうまん》な考えである可能性もあるのです。極端《きょくたん》な例が、③ストーカーですね。彼《かれ》（あるいは彼女）たちは、相手の他者性（＝他者であるという本質的な性質）を理解せず、自分の気持ちを投影《とうえい》する道具としてしか見ていないわけです。

相手を他者として意識するところから、本当の関係や親しさというものは生まれるものなのです。

他者とは自分以外のすべての人間であるということを説明してきました。

では他者とはどんな存在なのでしょう。

じつは、他者には④二重の本質的な性格があります。他者ということを考えるには、そのことを押《お》さえておかなくてはなりません。

ひとつは、「他者というのは、脅威《きょうい》の源泉である」ということです。

これは哲学者《てつがく》の竹田青嗣《せいじ》さんの言い方なのですが、とにかく何か私にとって「脅《おびや》かしを感じる存在」「怖《こわ》い存在」としての他者というものがあります。

たとえば次のような状況《じょうきょう》。夜道を一人で歩いているところに、後ろからコツコツと足音が近づいてくると（帰り道が同じだけなのでしょうが）、何をされるかわからない恐怖《きょうふ》感を覚えることがあります。

[2] たとえ身近な他者でも、思わぬ一言で傷つけられることがあります。相手にそういう意図はなくても、友だちの何気ない一言がグサッとくることもあるし、親から「お姉ちゃんに比べてあなたはダメね」などと言われると、そんなに深い気持ちで言ったわけではなかったとしても、非常に傷つけられたりします。そういうことがあると、たとえ身近な人であっても、脅威の源泉になることがあります。

もうひとつは、他者は生のよろこびを与えてくれる存在でもあるということです。竹田青嗣さんは「エロスの源泉」という言い方をし

二〇二二年度 本庄東高等学校附属中学校

【国語】〈第二回試験〉（五〇分）〈満点：一〇〇点〉

一 次の文章を読んで、あとの問いに答えなさい。（設問の都合上、一部手を加えてあります。）

ふつう日常では、「おれと君は他者だな」なんて言ったりしませんよね。

①他者は、「他人」という言葉で置き換《か》えてもOKな場合が多いのですが、それではちょっとニュアンスが違う場合もあります。

たとえば、自分の親のことを「他人」と言う人はあまりいないと思います。「親だろうが、しょせん他人だ」と言ったりするのは、かなり激しい親子げんかのあとぐらいではないでしょうか。

親子と違《ちが》って血縁《えん》関係にない夫婦や恋人同士、親友同士に、「俺《おれ》とお前は他人だ」と言うのも、たしかにそのとおりなのだけれど、なんとなく冷たい感じで、関係を否定的にとらえているようで言いにくい気がしますね。

[1]、私がここで「他者」という場合、なにも人とのつながりを冷たくつきはなすこと自体が目的なのではありません。どんなに近い存在であろうと、自分以外はすべて「他者」、つまり自分とは違う考え方や感じ方をする他の人間である、と考えてみようということなのです。やや大雑把《おおざっぱ》な定義になりますが、「他者とは自分以外のすべての人間」と考えてみよう、その方が人とのつながりをめぐるややこしい問題が案外うまく解きほぐせるかもしれない、ということを提案しているのです。

じつは親しい関係であれば親しい関係だからこそ、この「他者」であるという認識は重要になってきます。

そして、この「他者」という認識をしっかり持っていないと、「自分」という存在も明確にならないのです。

さて、この「他者」ですが、大きく二種類に分けることができます。

ひとつは「見知らぬ他者」。これはほとんど「他人」という言葉に置き換えられます。見知らぬ他者のことをわれわれは他人といっているのです。

もうひとつは、「身近な他者」という考え方です。これもますます日常では使いませんが、重要なキーワードです。「すごく身近なのだ

2022年度

本庄東高等学校附属中学校　▶解説と解答

算　数　＜第２回試験＞（50分）＜満点：100点＞

解　答

1 (1)　244　(2)　$\frac{139}{140}$　(3)　$\frac{3}{4}$　(4)　15030 g　**2** (1)　1.8km　(2)　20%　(3)　10試合　(4)　42.14cm²　(5)　⑤　**3** (1)　720通り　(2)　48通り　(3)　480通り　**4** (1)　24cm²　(2)　60cm²　**5** (1)　二等辺三角形　(2)　五角形　(3)　$61\frac{1}{3}$cm³　**6** (1)　5 cm　(2)　40　(3)　23分20秒後

解　説

1 **四則計算，逆算，単位の計算**

(1)　$\{64-(21-6)\div 5\}\times 4=(64-15\div 5)\times 4=(64-3)\times 4=61\times 4=244$

(2)　$1-\left(0.3\times\frac{1}{3}-0.25\div 3\frac{1}{2}\right)\times\frac{1}{4}=1-\left(\frac{3}{10}\times\frac{1}{3}-\frac{1}{4}\div\frac{7}{2}\right)\times\frac{1}{4}=1-\left(\frac{1}{10}-\frac{1}{4}\times\frac{2}{7}\right)\times\frac{1}{4}=1-\left(\frac{1}{10}-\frac{1}{14}\right)\times\frac{1}{4}=1-\left(\frac{7}{70}-\frac{5}{70}\right)\times\frac{1}{4}=1-\frac{1}{35}\times\frac{1}{4}=1-\frac{1}{140}=\frac{139}{140}$

(3)　$9.3-\left(\square+\frac{2}{3}\right)\div\frac{1}{6}=\frac{4}{5}$より，$\left(\square+\frac{2}{3}\right)\div\frac{1}{6}=9.3-\frac{4}{5}=9\frac{3}{10}-\frac{4}{5}=9\frac{3}{10}-\frac{8}{10}=8\frac{1}{2}$，$\square+\frac{2}{3}=8\frac{1}{2}\times\frac{1}{6}=\frac{17}{2}\times\frac{1}{6}=\frac{17}{12}$　よって，$\square=\frac{17}{12}-\frac{2}{3}=\frac{17}{12}-\frac{8}{12}=\frac{9}{12}=\frac{3}{4}$

(4)　1 t＝1000kg，1 kg＝1000 g，1 g＝1000mgより，0.02t－5 kg＋30000mg＝(0.02×1000×1000) g－(5×1000) g＋(30000÷1000) g＝20000 g－5000 g＋30 g＝15030 g

2 **速さ，つるかめ算，濃度《のうど》，場合の数，面積，展開図**

(1)　Aさんは，家から公園まで，9時から9時32分までの32分間で進んだ。この32分間すべてを分速60mで歩いたとすると，進んだ距離《きょり》は，60×32＝1920(m)になるが，これは実際に進んだ3 km＝3000mよりも，3000－1920＝1080(m)短い。分速60mで1分間歩くのを，分速150mで1分間走るのに置きかえるごとに，進んだ距離が，150－60＝90(m)長くなるので，走った時間は，1080÷90＝12(分間)とわかる。よって，Aさんが走った道のりは，150×12÷1000＝1.8(km)である。

(2)　15%の食塩水300 gには，300×0.15＝45(g)の食塩が含《ふく》まれていて，これは食塩水から水を蒸《じょう》発《はつ》させても変わらないので，この食塩水から水を75 g蒸発させると，濃度は，45÷(300－75)×100＝20(%)になる。

(3)　5つのサッカーチームの中から2チームを選ぶと，1試合することができるから，総当たり戦で全試合1回ずつ試合を行うとき，試合は全部で，$\frac{5\times 4}{2\times 1}$＝10(試合)行われる。

(4)　問題文中の図の斜線《しゃせん》部分は，正方形から円を除《のぞ》いた部分である。円の直径は，7×2＝14(cm)で，正方形の1辺の長さは円の直径と等しい14cmなので，斜線部分の面積は，14×14－7×7×3.14＝196－153.86＝42.14(cm²)となる。

(5)　問題文中の⑤の展開図は，例えば下の図1の斜線をつけた面を底面として組み立てようとすると，下の図2のように，×印をつけた面が重なってしまい，うまく組み立てられない。よって，まちがっている展開図は⑤である。

図１

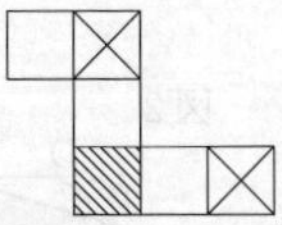

図２

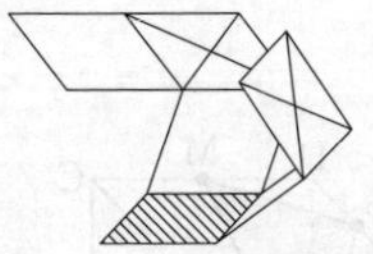

3 場合の数

(1)　６人を横一列に並べるとき，１人目は６人から，２人目は５人から，３人目は４人から，…と，選べる人は１人ずつ少なくなっていくので，並び方は全部で，６×５×４×３×２×１＝720(通り)ある。

(2)　両端《りょうたん》が男子となるということは，必ず「男女女女女男」という並びになるということである。このとき，女子４人の並び方は，４×３×２×１＝24(通り)ある。仮に２人の男子をア，イとすると，６人の並びは「ア女女女女イ」と「イ女女女女ア」のどちらかだから，両端が男子となる並び方は，24×２＝48(通り)ある。

(3)　(2)と同様に，２人の男子をアとイ，４人の女子をA，B，C，Dとする。まず男子２人がとなり合う並び方を考える。このとき，「アイ」「A」「B」「C」「D」の５つのものを並べると考えれば，男子は必ずとなり合う。この並べ方は，５×４×３×２×１＝120(通り)あって，男子の並びは「イア」でもよいので，男子２人がとなり合う並び方は，120×２＝240(通り)ある。６人の並び方は，男子２人がとなり合う並び方か，男子２人がとなり合わない並び方しかないから，(1)もふまえると，男子２人がとなり合わない並び方は，720−240＝480(通り)となる。

4 平面図形―面積

(1)　三角形AEDは直角三角形で，例えばAEを底辺とみれば，それと垂直なDEが高さにあたるので，面積は，８×６÷２＝24(cm²)である。

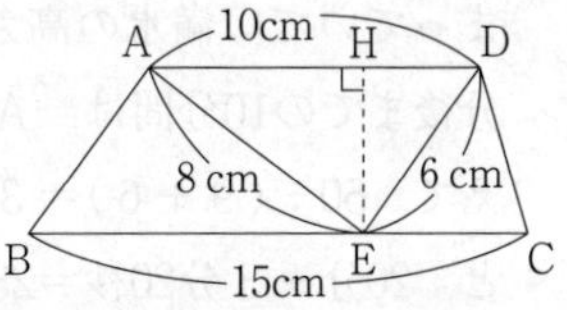

(2)　右の図のように，頂点《ちょうてん》Eから辺ADに垂直な線を引き，辺ADとの交点をHとする。このとき，EHは，三角形AEDの底辺をADとみたときの高さにあたる。(1)より，辺EHの長さは，24×２÷10＝4.8(cm)である。このEHは，台形ABCDの，ADを上底，BCを下底とみたときの高さでもあるから，台形ABCDの面積は，(10＋15)×4.8÷２＝60(cm²)となる。

5 立体図形―分割，体積

(1)　３点P，M，Hを通る平面で立方体を切ると，下の図１のようになる。切り口は，色をつけて示した三角形PMHである。三角形DPHと三角形DHMは合同な直角三角形で，PHとMHが等しい長さであることから，この切り口は二等辺三角形となる。

(2)　３点P，M，Fを通る平面で立方体を切ると，下の図２のようになる。この切り口を考えるにあたっては，PMの両端を伸《の》ばし，BC，BAを延長《えんちょう》した線と交わった点をそれぞれS，Tとして，３点P，M，Fを通る大きな三角形SFTを考えたうえで，立方体にふくまれる部分についてを考えるとよい。すると，切り口は，図２に色をつけて示した五角形PMQFRとなる。

(3)　図１で，頂点Bを含む立体以外，つまり，頂点Dを含む立体は，三角すいH－DPMである。

三角すいH－DPMは，三角形DPMを底面とすると，高さがDHの三角すいで，その体積は，$(2\times2\div2)\times4\times\frac{1}{3}=2\frac{2}{3}$(cm³)だから，頂点Bを含む立体の体積は，$4\times4\times4-2\frac{2}{3}=61\frac{1}{3}$(cm³)と求められる。

図１

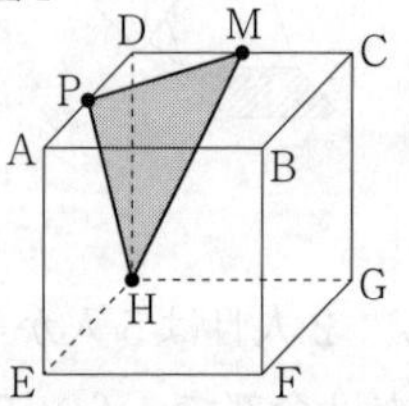

図２

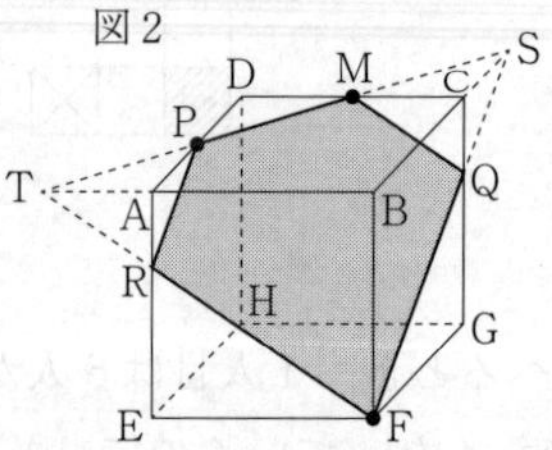

6 表とグラフ―水の深さと体積

⑴　問題文中の表より，０分後から10分後まではＣ管だけを開いている。問題文中のグラフより，０分後から10分後までの10分間で，50cmの高さだった水が０cmになっているから，Ｃ管は，１分間に，50÷10＝５(cm)の高さの水を排《はい》水する。

⑵　からの水そうに，Ａ管だけで水を入れると，10分で，深さ90cmの水そうが満水になることから，Ａ管は，１分間に，90÷10＝９(cm)の高さの水を給水する。問題文中の表より，10分後から20分後までの10分間は，Ａ管とＣ管を開いている。この間，水そうの水は，１分間に，９－５＝４(cm)ずつ増《ふ》えていくはずだから，20分後に水そうの水の高さは，４×10＝40(cm)になったと考えられ，問題文中のグラフの(ア)には40があてはまる。

⑶　３つの管を同時に開くと，９分で水そうが満水になることから，１分間に，90÷９＝10(cm)の高さの水が増えることになる。⑴，⑵より，Ｂ管だけで水を入れると，１分間に，10－９＋５＝６(cm)の高さの水を入れられることがわかる。⑵より，20分後，水そうには40cmの高さの水がたまっていて，満水の高さまではあと，90－40＝50(cm)である。問題文中の表より，20分後から30分後までの10分間は，Ａ管とＢ管を開いている。よって，水そうが満水になるのは，20分後から考えて，$50\div(9+6)=3\frac{1}{3}$(分後)，つまり，$60\times\frac{1}{3}=20$より，３分20秒後のことで，はじめからだと，20分＋３分20秒＝23分20秒後のことである。

社　会　＜第２回試験＞（30分）＜満点：50点＞

解　答

1 **問１**　イ　**問２**　エ　**問３**　千島海流(親潮)　**問４**　降水量　**問５**　フェーン(現象)　**問６**　からっ風　**問７**　ため池　**問８**　台風　**2** **問１**　イ　**問２**　ウ　**問３**　ウ　**問４**　サンフランシスコ平和(条約)　**問５**　イ　**問６**　エ　**問７**　沖縄(県)　**3** **問１**　ニューヨーク　**問２**　常任理事国　**問３**　⑴　Ⅰ　ウ　Ⅱ　イ　Ⅲ　ア　⑵　ア　**問４**　⑴　持続可能な開発　⑵　SDGs　**問５**　ア

解　説

1 日本の気候を題材とした地理の問題

問１　東京は太平洋側に位置しており，夏に降水量が多くなる太平洋側の気候がみられることから，イと判断できる。なお，アは冬の平均気温がマイナス５℃前後まで下がっていることから北海道の気候がみられる札幌，ウは冬の降水量が多くなっていることから日本海側の気候とわかるので上越，エは冬でも平均気温が15℃以上あることから南西諸島の気候と考えられるので那覇《なは》，オは１年間の降水量が比較的少なく夏と冬の気温差が大きいことなどから中央高地の気候と考えられ松本と判断できる。

問２　北海道の生産量が全国１位の組み合わせとしては，じゃがいもと小麦の組み合わせであるエが適当。北海道の生産量が全国１位の農産物としては，ア～エに示されている農産物の中ではてんさい，大豆，じゃがいも，小麦があてはまる。なお，こんにゃくいもは群馬県が，茶は静岡県が，さとうきびは沖縄県が，らっかせいは千葉県が全国１位の生産量となっている。統計資料は『日本国勢図会2021／22』による。

問３　北海道では，夏には寒流の千島海流（親潮）の影響で太平洋側の気温が下がり，濃霧の発生などにより冷害がおこることもある。

問４　日本海側の気候では冬に降水量が多く，太平洋側の気候では夏に降水量が多くなる。また，中央高地の気候や瀬戸内の気候では年間の降水量は比較的少ない。よって，③には降水量があてはまる。

問５　山地から吹《ふ》きおりる風が高温で乾燥《かんそう》した風となって，気温が異常に上がる現象を，フェーン現象という。

問６　関東地方などでは，冬の北西の季節風が日本海側から山を越えて吹き付ける乾燥した冷たい風となることから，からっ風と呼ばれている。

問７　香川県などでみられる，干ばつへの対策として雨水をたくわえ，農業に利用するための貯水池を，ため池という。

問８　南西諸島の気候がみられる地域では台風の被害を受けやすいことから，夏の降水量が多くなっている。

2　オリンピックを題材とした歴史の問題

問１　第一次世界大戦中，日本は連合国やアジアなどへの工業製品の輸出が大幅に増えたことなどから大戦景気と呼ばれる好景気となっていたので，イがあやまっている。なお，日本は日英同盟を理由に連合国側で参戦し，戦勝国となったので，アは正しい。第一次世界大戦中の1918年に日本では米騒動《こめそうどう》が起こっているので，ウは正しい。第一次世界大戦中から大戦後にかけて，労働条件の改善を求める運動が盛り上がり，労働争議なども多く起こるようになっており，エは正しい。

問２　アの日本に対する領事裁判権の撤廃《てっぱい》は1894年，イの日本の関税自主権の回復は1911年，ウの関東大震災は1923年，エの国家総動員法の制定は1938年である。②（1920年）と③（1928年）の間のできごととしては，ウが正しい。

問３　アの日清戦争は1894年に勃発《ぼっぱつ》し1895年に終結している。イの日露《にちろ》戦争は1904年に勃発し，1905年に終結している。ウの日中戦争は1937年に勃発し，エの太平洋戦争は1941年に勃発しており，いずれも1945年に終結していることから，1940年のオリンピックを東京から他の国に変更した理由としてはウの日中戦争が適当と判断できる。

問４　1951年に日本が第二次世界大戦の戦勝国との間に結んだ条約は，サンフランシスコ平和条約である。なお，サンフランシスコ平和条約と同日に結ばれた日米安全保障条約は，日本にアメリカ軍が駐留《ちゅうりゅう》することを認める内容となっている。

問５　1956年に個人の所得が戦前と同じ程度に回復したことによって，イの「もはや戦後ではない」と言われた。アの「欲しがりません勝つまでは」は太平洋戦争中の標語。ウの「記憶にございません」は1976年に発覚した，ロッキード事件に関係して国会で証人喚問《かんもん》を受けた人物が証言の際に口にしたとされる言葉。エの「２位じゃだめなんですか」は2010年に民主党政権が行った「事業仕分け」の場における当時の与党《よとう》議員の発言。

問６　1964年に開通した公共交通機関は東海道新幹線なので，エが正しい。

問７　1972年にアメリカから日本に返還されたのは，沖縄である。

3 国際連合を題材とした問題

問１　国際連合の本部は，アメリカのニューヨークにある。なお，国際連盟の本部はスイスのジュネーブにあった。

問２　国際連合の安全保障理事会は，アメリカ・ロシア・イギリス・フランス・中国の５か国の常任理事国と，任期２年の非常任理事国10か国で構成されている。なお，常任理事国には拒否《きょひ》権が与《あた》えられている。

問３　(1)　Ⅰ　難民の保護や難民問題の解決を目的としている国際機関は，ウの国連難民高等弁務官事務所(UNHCR)である。Ⅱ　教育・科学・文化を通して国際理解を深めることなどを目的とし，世界遺産の登録も行っているのは，イの国連教育科学文化機関(UNESCO，ユネスコ)である。Ⅲ　原子力の平和利用を促進《そくしん》する国際機関は，アの国際原子力機関(IAEA)である。

(2)　1991年から2000年まで国連難民高等弁務官事務所(UNHCR)の高等弁務官をつとめた日本人は，アの緒方貞子《おがたさだこ》である。なお，イの松浦晃一郎《まつうらこういちろう》は1999年から2009年にかけて国連教育科学文化機関(UNESCO)の事務局長をつとめた日本人。ウの天野之弥《あまのゆきや》は2009年から2019年にかけて国際原子力機関(IAEA)の事務局長をつとめた日本人。

問４　(1)　2015年に国連の総会で開かれたのは，「国連持続可能な開発サミット」である。(2)「国連持続可能な開発サミット」では，17の目標からなる「持続可能な開発目標(SDGs)」が採択された。

問５　非政府組織の略称《りゃくしょう》は，アのNGOである。なお，イのPKOは国連平和維持《いじ》活動の略称。ウのODAは政府開発援助の略称。エのILOは国際労働機関の略称。

理　科　＜第２回試験＞（30分）＜満点：50点＞

解　答

1 (1)　お花　(2)　ア　めしべ　イ　おしべ　(3)　単性花　(4)　(例)　虫のからだにつきやすいよう，毛やねばりけがある。　2 (1)　(例)　支点からの距離とつるしたおもりの数の積が左右で等しい。　(2)　①　D　②　A　③　B　3 (1)　イ　(2)　ア　(3)　ア　(4)　ウ→ア→エ→イ　(5)　10秒　4 (1)　イ　(2)　(例)　空気の流れ。　(3)　CとD　(4)　エ　(5)　ウ

解　説

1　ヘチマの花のつくりについての問題

(1)　Ｂの花にはがくの下のふくらみがなく，いくつかのつぼみがかたまってついているので，お花である。

(2)　Ａの花は，がくの下に細長いふくらみがあるのでめ花であり，め花にあるアはめしべである。一方，お花であるＢについているイはおしべである。

(3)　ヘチマのように，めしべだけを持つめ花とおしべだけを持つお花の２種類の花をつけるものを単性花という。なお，１つの花の中にめしべとおしべがそろっているものを両性花という。

(4)　虫に運ばれる虫ばい花の花粉は，虫のからだにくっつきやすくする必要があるため，花粉にとげや毛がついていたり，花粉にねばりけがあってベトベトしていたりする。

2　てこのつり合いについての問題

(1)　てこがつり合うためには，支点を中心に時計回りに回転させる力と反時計回りに回転させる力が等しくなっている必要がある。このてこを回転させる力は，支点からの距離《きょり》とてこにかかる力の積で表される。

(2)　支点を中心に40cmと30cmに分かれている軸《じく》では，①と②の重さの和と③の重さの比が３：４になるとつり合うので，①と②の和は60ｇで③は80ｇであると考えられる。次に，10cmと20cmに分けられた軸では，①の重さと②の重さの比が２：１になるとつり合い，①と②の重さの和が60ｇであることから，①は40(ｇ)で，②は20(ｇ)である。よって，①にＤ，②にＡ，③にＢをつけるとモビールはつり合う。

3　地しんについての問題

(1)　マグニチュードは地しんそのものの規模《きぼ》の大きさを示している。また，しん度は地しんのゆれの大きさを表す。

(2)　Ｐ波によって伝えられる小さなゆれを初期微動《しょきびどう》というが，Ｐ波に遅《おく》れて伝わるＳ波による大きなゆれを主要動という。

(3)　しん源から観測地点までの距離と初期微動が続く時間の長さの間には正比例の関係があり，しん源から遠くなるほど初期微動が続く時間は長くなる。

(4)　ゆれが大きくなる主要動に注目して，この主要動がはじまる順に並べるとウ→ア→エ→イの順になる。この順がしん源からの距離が近い順である。

(5)　しん源から80kmはなれた観測地点にＰ波が伝わるのは，80÷８＝10(秒後)であり，Ｓ波が伝わるのが，80÷４＝20(秒後)である。よって，初期微動が続く時間は，20－10＝10(秒)である。

4　ものの燃え方についての問題

(1)　ろうそくだけでなく，ものが燃えるためには酸素が必要である。また，ろうは炭素や水素などからできているので，燃えると炭素が酸素と反応して二酸化炭素ができ，水素が酸素と反応して水ができる。

(2)　火のついた線香をろうそくの火に近づけると，線香のけむりが下から上に動くのが観察できる。これは，ろうそくの火によってあたためられて軽くなった空気が下から上に流れ，周囲から新しい空気がろうそくの火に向かって流れてくる対流が起こっているためである。

(3)　ろうそくの火によってあたためられた空気がびんから外に出て，新しい空気がびんの中に入ってこられればよいので，ＣとＤが燃え続けると考えられる。

(4)　燃え続けるＣとＤに共通しているのが，びんにふたをしていないことである。このことによって，ろうそくの火にあたためられて軽くなった空気がびんから外に出て，外から新しい空気がびんの中に入ってくることができるようになり，ろうそくの火が燃え続けるための酸素が供給される。

(5)　かんの下にあなを開けることで，かんの下から燃えているわりばしに向かって，新しい空気が流れこむことで酸素が供給されるので，わりばしは一番よく燃える。

国　語　＜第２回試験＞（50分）＜満点：100点＞

解　答

一　**問１**　ウ　　**問２**　**１**　エ　　**２**　ア　　**３**　ウ　　**問３**　（例）　親しい人間でも自分の知らないことがあるし，自分とは違う性質を持っているということ。　**問４**　ウ　　**問５**　(1)　脅威の源泉　(2)　生のよろこびを与えてくれる　**問６**　２　**問７**　（例）　他者は，うれしさや喜びをもたらしてくれる，「生のあじわいの源泉」になるから。　**問８**　私たちにと　**問９**　ア　二　**問１**　**１**　ウ　**２**　イ　**３**　エ　**４**　ア　**問２**　（例）　高峰さんに話しかけられるようになった原因を作った環境部が，突然おしかけてきたうえに，やたらえらそうな態度で話しかけてきて不快に思ったから。　**問３**　(ただ)自分の行きたい道をまっすぐに突っ走る　**問４**　ウ　**問５**　（例）　いつかは本の世界から出て，周りの人たちと関わらなければいけないから，小柴さんにも早く気づいて変わってほしいという気持ち。　**問６**　そして，彼　**問７**　エ　三　**問１**　①　しおどき　②　かえり　③，④　下記を参照のこと。　**問２**　①　馬耳東風　②　品行方正　**問３**　①　意外　②　私用　**問４**　①　もんじゅ　②　ふで

●漢字の書き取り

三　**問１**　③　至急　④　覚

解　説

一　**出典は菅野《かんの》 仁《ひとし》『友だち幻想《げんそう》』による。**他者とは自分以外のすべての人間であることを説明し，他者とはどのような存在なのかについて説明している。

問１　「他者」とは，「自分とは違《ちが》う考え方や感じ方をする他の人間」のことであり，「自分以外のすべての人間」のことだと述べられている。

問２　**１**　前で，「俺《おれ》とお前は他人だ」と言うのは，「なんとなく冷たい感じで，関係を否定的にとらえているよう」だと述べられている。後には，「私がここで『他者』という場合，なにも人とのつながりを冷たくつきはなすこと自体が目的なのでは」ないとある。前の内容に反する内容が後に続くことを示す「しかし」が入る。　**２**　他者が「脅《おびや》かしを感じる存在」であることの例として，「夜道を一人で歩いているところに，後ろからコツコツと足音が近づいてくる」と，「何をされるかわからない恐怖感《きょうふかん》を覚えること」があるということと，「身近な他者でも，思わぬ一言で傷つけられること」もあるという二つの内容を並べているので，同類のことがらとしてさまざまな場合があることを意味する「あるいは」が合う。　**３**　「他者によって認められたり，他者から注目

されたり，ほめられたりすることは，ものすごく活動の励《はげ》みに」なるし，「嬉《うれ》しいこと」であることの逆の例として，「百メートルをどんなに速く走っても，他者から承認されなければ満足感は得られない」ことがあげられているのだから，具体的な例をあげるときに使う「たとえば」がよい。

問３　直前に着目する。「いくら親しい人間であっても，自分が知らないことがあるし，自分とは違う性質を持っているということ」が，「異質性」である。

問４　「心を許せる人間」でも，「異質性を持った他者なのである」と考えることが，「すべての人間関係を考えるときに，基本的な大前提」だと筆者はとらえている。「自分とは違うんだ，ということを前提に考える」べきなのに，ストーカーは，「相手の他者性（＝他者であるという本質的な性質）を理解せず，自分の気持ちを投影《とうえい》する道具としてしか見ていない」のだから，ウが合う。

問５　他者の「二重の本質的な性格」については，直後の段落から説明されている。ひとつは，「他者というのは，脅威の源泉である」ということで，もうひとつは，「他者は生のよろこびを与えてくれる存在でもある」ということだとある。

問６　「生きてきて，『ああ，よかったな』とか，『素敵だな』『うれしいな』など」という，「生きていることがうれしくて，わくわくと高揚《こうよう》した気分になる」感情を表す言葉なのだから，「肯定《こうてい》的」が合う。

問７　他者は，生きていることがうれしくて，楽しくなるような喜びをもたらしてくれるという，「生のあじわいの源泉」であるので，「他者によって認められたり，他者から注目されたり，ほめられたりすることは，ものすごく活動の励み」になり，「嬉しいこと」なのである。

問８　「まわりの人から認められるということは，生きることの大きな支えにな」ることの具体例があげられているのが，「百メートル走」について述べている最後から六段落目。その後にもどすと，「それほど大げさなもの」でなくても「公認記録」になったり「歴史にも残」ったりすることにあたり，文脈に合う。

問９　最後の段落に，「どんなに仲良くしていても，どんなに相手や周囲に配慮《はいりょ》した言動を心がけていたとしても，何かしら誤解しあったり，うまくいかなくなることがあるのが他者との関係」であるとあり，この内容とアが合う。

二　**出典はみうらかれん『おなやみ相談部』による。**環境《かんきょう》部の部員たちは，図書室にいる小柴《こしば》さんのところへ行き，本の世界に閉じこもっている彼女を現実の世界に引っ張り出そうとする。

問１　**１**　「眉《まゆ》をひそめる」は，不快に思って顔をしかめることなので，不ゆかいな気持ちを表情に表すようすの「むっと」が合う。　**２**　佳乃《よしの》ちゃんが小柴さんの視界を遮《さえぎ》るように，「彼女が読んでいた本の上に手を差し入れる」ようすに合うのは，すばやく行動するさまを表す「すっと」である。　**３**　門野《かどの》くんは，小柴さんが関西人だとわかり喜んでいて，小柴さんが「思いっきり顔をしかめた」ことに「気づいていない」。しかし，小柴さんに「バカじゃないの？」と言われ，「凍《こお》った空気に気がついた」のだから，ようやくという意味の「やっと」がよい。　**４**　「本を抱《かか》えこんだ」ようすを表すので，力を入れてにぎったりするようすを意味する「ぎゅっと」が入る。

問２　小柴さんは，最近，「同じクラスの高峰《たかみね》さんがやけに話しかけてくる」のは，環境部がけしかけたせいだと思って，もともと環境部に反感を持っていた。その環境部が，図書室におしかけてきて，「尊大な態度」で，自分を批判してきたので，腹を立てたのである。

問３　少し後で，「わたし」は，高峰さんのように，「他人の目とか言葉なんてまるで気にしないで，ただ自分の行きたい道をまっすぐに突《つ》っ走る」ような生き方にきっと小柴さんがあこがれているのだろうと想像している。

問４　門野くんは，「没《ぼつ》個性的な自分がいやで個性を求め」ており，〈真の関西人〉になれば個性的になれると信じていた。しかし，本物の関西人である小柴さんが，関西人とは「勝手につけられた個性」と言ったので，門野くんはショックを受けたのである。

問５　今の小柴さんは，「本の世界」に閉じこもっているが，「結局はいつか，本を閉じて生きなきゃいけない」のである。佳乃ちゃんは，「たぶん，そんなにアホじゃない」と言うことで，小柴さんも，そのことに気づいているに違いないとほのめかし，「本の世界」に閉じこもるような生活は早くやめて，現実の世界で，人と交わって生きる努力をするべきだ，と言おうとしたのである。佳乃ちゃんは，突き放すような言葉を使っているが，「本音」では，小柴さんのことを気にかけているのである。

問６　もどす文にある「ある種の使命感さえ帯びた表情」とは，「仕方ないなぁ，あたしがなんとかするか，って顔」のことなので，その直後にあてはまる。

問７　九十九《つくも》くんは，「わたし」のアイコンタクトに瞬《まばた》きを返したり，「わたし」が門野くんを心配していると，門野くんの肩《かた》に手を置いたりしており，言葉を交わさなくても「わたし」と気持ちが通じ合っているように感じられるので，エが選べる。

三　漢字の読みと書き取り，四字熟語の完成，類義語・対義語の知識，ことわざ

問１　①　潮の満ち引きが起こる時刻。転じて，物事をするのに一番よいとき。　②　音読みは「セイ」，「ショウ」で，「反省」「省略」などの熟語がある。③　非常に急ぐこと。　④　音読みは「カク」で，「自覚」などの熟語がある。

問２　①「馬耳東風」は，他人の意見や批評を全く気にせず，聞き流すという意味。　②「品行方正」は，道徳的に見て，行いがきちんとしていて正しい，ということ。

問３　①「案外」も「意外」も，予想と違っている，思いのほかであるという意味。　②「公用」は，国家や公共団体の職務上の用事という意味。対義語は，個人的な用事を意味する「私用」。

問４　①「三人寄ればもんじゅの知恵《ちえ》」は，凡人《ぼんじん》でも三人も集まれば，よい知恵が生まれるものであるというたとえ。　②「弘法《こうほう》にも筆の誤り」は，書道の名人と言われた弘法大師でも，たまには書き損じることもあるように，その道にすぐれている人にも失敗はあるものだという意味。

Memo

Memo

2025年度用
中学スーパー過去問

■編集人 声の教育社・編集部
■発行所 株式会社 声の教育社
〒162-0814 東京都新宿区新小川町8-15
☎03-5261-5061(代) FAX03-5261-5062
https://www.koenokyoikusha.co.jp

※本書の内容についての一切の責任は当社にあります。内容・解説・解答・その他は当社ホームページよりお問い合わせ下さい。

ストリーミング配信による入試問題の解説動画

2025年度用web過去問　ラインナップ

■ 男子・女子・共学（全動画）見放題
36,080円（税込）

■ 男子・共学 見放題
29,480円（税込）

■ 女子・共学 見放題
28,490円（税込）

● 中学受験「声教web過去問（過去問プラス・過去問ライブ）」（算数・社会・理科・国語）

3〜5年間 24校

過去問プラス

麻布中学校	桜蔭中学校	開成中学校	慶應義塾中等部	渋谷教育学園渋谷中学校
女子学院中学校	筑波大学附属駒場中学校	豊島岡女子学園中学校	広尾学園中学校	三田国際学園中学校
早稲田中学校	浅野中学校	慶應義塾普通部	聖光学院中学校	市川中学校
渋谷教育学園幕張中学校	栄東中学校			

過去問ライブ

栄光学園中学校	サレジオ学院中学校	中央大学附属横浜中学校	桐蔭学園中等教育学校	東京都市大学付属中学校
フェリス女学院中学校	法政大学第二中学校			

● 中学受験「オンライン過去問塾」（算数・社会・理科）

3〜5年間 50校以上

東京	青山学院中等部	東京	国学院大学久我山中学校	東京	明治大学付属明治中学校	千葉	芝浦工業大学柏中学校	埼玉	栄東中学校
	麻布中学校		渋谷教育学園渋谷中学校		早稲田中学校		渋谷教育学園幕張中学校		淑徳与野中学校
	跡見学園中学校		城北中学校		都立中高一貫校 共同作成問題		昭和学院秀英中学校		西武学園文理中学校
	江戸川女子中学校		女子学院中学校		都立大泉高校附属中学校		専修大学松戸中学校		獨協埼玉中学校
	桜蔭中学校		巣鴨中学校		都立白鷗高校附属中学校		東邦大学付属東邦中学校		立教新座中学校
	鷗友学園女子中学校		桐朋中学校		都立両国高校附属中学校		千葉日本大学第一中学校	茨城	江戸川学園取手中学校
	大妻中学校		豊島岡女子学園中学校	神奈川	神奈川大学附属中学校		東海大学付属浦安中等部		土浦日本大学中等教育学校
	海城中学校		日本大学第三中学校		桐光学園中学校		麗澤中学校		茗渓学園中学校
	開成中学校		雙葉中学校		県立相模原・平塚中等教育学校		県立千葉・東葛飾中学校		
	開智日本橋中学校		本郷中学校		市立南高校附属中学校		市立稲毛国際中等教育学校		
	吉祥女子中学校		三輪田学園中学校	千葉	市川中学校	埼玉	浦和明の星女子中学校		
	共立女子中学校		武蔵中学校		国府台女子学院中学部		開智中学校		

web過去問 Q&A

過去問が動画化！
声の教育社の編集者や中高受験のプロ講師など、
過去問を知りつくしたスタッフが動画で解説します。

Q **どこで購入できますか？**

A 声の教育社のHPでお買い求めいただけます。

Q **受講にあたり、テキストは必要ですか？**

A 基本的には過去問題集がお手元にあることを前提としたコンテンツとなっております。

Q **全問解説ですか？**

A 「オンライン過去問塾」シリーズは基本的に全問解説ですが、国語の解説はございません。「声教web過去問」シリーズは合格のカギとなる問題をピックアップして解説するもので、全問解説ではございません。なお、「声教web過去問」と「オンライン過去問塾」のいずれでも取り上げられている学校がありますが、授業は別の講師によるもので、同一のコンテンツではございません。

Q **動画はいつまで視聴できますか？**

A ご購入年度２月末までご視聴いただけます。
複数年視聴するためには年度が変わるたびに購入が必要となります。

よくある解答用紙のご質問

01

実物のサイズにできない

拡大率にしたがってコピーすると，「解答欄」が実物大になります。配点などを含むため，用紙は実物よりも大きくなることがあります。

02

A3用紙に収まらない

拡大率164％以上の解答用紙は実物のサイズ（「出題傾向＆対策」をご覧ください）が大きいために，A 3に収まらない場合があります。

03

拡大率が書かれていない

複数ページにわたる解答用紙は，いずれかのページに拡大率を記載しています。どこにも表記がない場合は，正確な拡大率が不明です。

04

1ページに2つある

1ページに2つ解答用紙が掲載されている場合は，正確な拡大率が不明です。ほかの試験回の同じ教科をご参考になさってください。

本庄東高等学校附属中学校

【別冊】入試問題解答用紙編

禁無断転載

解答用紙は本体からていねいに抜きとり、別冊としてご使用ください。

※　実際の解答欄の大きさで練習するには、指定の倍率で拡大コピーしてください。なお、ページの上下に小社作成の見出しや配点を記載しているため、コピー後の用紙サイズが実物の解答用紙と異なる場合があります。

●入試結果表

年度	回	項目	国語	算数	社会	理科	２科合計	４科合計	２科合格	４科合格
2024	第１回	配点(満点)	100	100	50	50	200	300	最高点	最高点
		合格者平均点	62	53	23	26	115	164	185	242
		受験者平均点	59	51	22	25	110	157	最低点	最低点
		キミの得点							男 97 女 87	男 121 女 134
	回	項目	国語	算数	社会	理科	２科合計	４科合計	２科合格	４科合格
	第２回	配点(満点)	100	100	50	50	200	300	最高点	最高点
		合格者平均点	58	58	32	26	116	174	158	255
		受験者平均点	54	56	31	25	110	166	最低点	最低点
		キミの得点							男 54 女 96	男 127 女 110
年度	回	項目	国語	算数	社会	理科	２科合計	４科合計	２科合格	４科合格
2023	第１回	配点(満点)	100	100	50	50	200	300	最高点	最高点
		合格者平均点	58.5	41.4	21.0	25.8	99.9	146.7	157	239
		受験者平均点	53.5	38.3	20.2	25.1	91.8	137.1	最低点	最低点
		キミの得点							男 82 女 70	男 107 女 108
	回	項目	国語	算数	社会	理科	２科合計	４科合計	２科合格	４科合格
	第２回	配点(満点)	100	100	50	50	200	300	最高点	最高点
		合格者平均点	59.6	43.3	25.5	30.4	102.9	158.8	177	234
		受験者平均点	57.1	40.9	24.6	29.6	98.0	152.2	最低点	最低点
		キミの得点							男 60 女 60	男 100 女 102
年度	回	項目	国語	算数	社会	理科	２科合計	４科合計	２科合格	４科合格
2022	第１回	配点(満点)	100	100	50	50	200	300	最高点	最高点
		合格者平均点	59.2	62.0	33.8	28.4	121.2	183.4	170	248
		受験者平均点	56.8	57.7	33.8	28.4	114.5	176.7	最低点	最低点
		キミの得点							男 81 女 82	男 120 女 163
	回	項目	国語	算数	社会	理科	２科合計	４科合計	２科合格	４科合格
	第２回	配点(満点)	100	100	50	50	200	300	最高点	最高点
		合格者平均点	62.0	61.4	32.4	34.4	123.4	190.2	177	252
		受験者平均点	60.3	58.8	31.1	32.9	119.1	183.1	最低点	最低点
		キミの得点							男 90 女 88	男 143 女 153

※　表中のデータは学校公表のものです。ただし、２科合計・４科合計は各教科の平均点を合計したものなので、目安としてご覧ください。

声の教育社

2024年度　本庄東高等学校附属中学校

算数解答用紙　第１回

番号		氏名		評点	／100

1

(1)	(2)
(3)	**(4)**

2

(1)	(2)	(3)
cm	%	通り
(4)	**(5)**	
度	cm^2	

3

(1)	(2)	(3)
通り	通り	通り

4

(1)	(2)	(3)
倍	cm	倍

5

(1)	(2)	(3)
本	cm^2	cm^3

6

(1)	(2)
午前　　時　　分	倍

（注）この解答用紙は実物を縮小してあります。Ａ４用紙に115％拡大コピーすると、ほぼ実物大で使用できます。（タイトルと配点表は含みません）

〔算　数〕100点(推定配点)

1～6　各５点×20

2024年度　本庄東高等学校附属中学校

社会解答用紙　第１回

番号		氏名		評点	／50

1

問１				問２
静岡県		山梨県		

問３	問４	

問５

問６	問７	問８
現象		

2

問１	問２	問３
	天皇	

問４	問５	問６

問７	問８

3

問１	問２
法規	

問３	問４	問５

問６
10
20　30

問７	問８

（注）この解答用紙は実物を縮小してあります。Ｂ４用紙に123％拡大コピーすると、ほぼ実物大で使用できます。（タイトルと配点表は含みません）

〔社　会〕50点（推定配点）

1～3　各２点×25

2024年度　本庄東高等学校附属中学校

理科解答用紙　第１回

番号		氏名		評点	／50

1

(1)	(2)
(3)	(4)
	→ → →

2

(1)	(2)
	cm

(3)				(4)
P		Q		

3

(1)				(2)
名前		記号		

(3)	(4)

4

(1)	(2)
(3)	(4)

(注) この解答用紙は実物を縮小してあります。Ａ４用紙に112％拡大コピーすると、ほぼ実物大で使用できます。(タイトルと配点表は含みません)

〔理　科〕50点(推定配点)

1　各３点×４　2　(1), (2)　各３点×２　(3)　各２点×２　(4)　３点　3　(1)　各２点×２　(2)～(4)　各３点×３
4　各３点×４

二〇二四年度　本庄東高等学校附属中学校

国語解答用紙　第一回

番号		氏名		評点	／100

一

問一　1　2　3　4

問二

問三　ようになること。

問四

問五

問六

問七

問八

問九

二

問一　1　2　3

問二

問三

問四

問五　弦楽器や吹奏楽器は、

問六

問七

三

問一　①　②　③　④

問二　①　②

問三　①　②

問四　①　②

（注）この解答用紙は実物を縮小してあります。A３用紙に163%拡大コピーすると、ほぼ実物大で使用できます。（タイトルと配点表は含みません）

〔国　語〕100点（推定配点）

一　問１　各２点×４　問２　４点　問３　７点　問４　６点　問５～問９　各４点×５　二　問１　各２点×３　問２～問４　各４点×３　問５　７点　問６　６点　問７　４点　三　各２点×10

2024年度　本庄東高等学校附属中学校

算数解答用紙　第２回

番号		氏名		評点	／100

1

(1)	(2)
(3)	(4)

2

(1)	(2)	(3)
枚	：	
(4)	(5)	
cm^2	cm^2	

3

(1)	(2)	(3)
通り	通り	通り

4

(1)	(2)	(3)
cm	cm^2	倍

5

(1)	(2)	(3)
cm^3	cm^2	cm^2

6

(1)	(2)
L毎分	L

(注) この解答用紙は実物を縮小してあります。Ａ４用紙に115％拡大コピーすると、ほぼ実物大で使用できます。（タイトルと配点表は含みません）

〔算　数〕100点（推定配点）

1～6　各５点×20

2024年度　本庄東高等学校附属中学校

社会解答用紙　第２回

番号		氏名		評点	／50

1

問１				問２
X		場所		

問３	問４	問５
	条約	

問６

問７

問８

2

問１	問２	問３
問４	問５	問６
問７	問８	問９

3

問１	問２	問３
		保険
問４	問５	問６

問７
10　20　30　40

（注）この解答用紙は実物を縮小してあります。Ｂ４用紙に125％拡大コピーすると、ほぼ実物大で使用できます。（タイトルと配点表は含みません）

〔社　会〕50点（推定配点）

1～3　各２点×25

2024年度　本庄東高等学校附属中学校

理科解答用紙　第２回

番号		氏名		評点	／50

1

(1)	(2)
倍	
(3)	(4)

2

(1)	(2)

(3)			
P		Q	

(4)			
方位		理由	

3

(1)	(2)
(3)	(4)
	m

4

(1)				(2)
気体		記号		g

(3)	(4)
g	g

（注）この解答用紙は実物を縮小してあります。Ａ４用紙に113％拡大コピーすると、ほぼ実物大で使用できます。（タイトルと配点表は含みません）

〔理　科〕50点（推定配点）

1　各３点×４　2　(1)～(3)　各２点×４　(4)　方位…２点，理由…３点　3　各３点×４　4　(1)　各２点×２　(2)～(4)　各３点×３

二〇二四年度　本庄東高等学校附属中学校

国語解答用紙　第一回

番号　　氏名　　評点　／100

一

問一　理由をさがすこと。

問二　1　2　3

問三

問四

問五

問六

問七

問八

問九

二

問一

問二　1　2　3　4

問三

問四　(1)　(2)

問五

問六

問七

三

問一　①　②　③　④

問二　①　②

問三　①　②

問四　①　②

（注）この解答用紙は実物を縮小してあります。Ａ３用紙に163％拡大コピーすると、ほぼ実物大で使用できます。（タイトルと配点表は含みません）

〔国　語〕100点（推定配点）

一　問１　4点　問２　各２点×３　問３，問４　各４点×２　問５，問６　各６点×２　問７～問９　各４点×３

二　問１　5点　問２　各２点×４　問３　9点　問４　各２点×２　問５～問７　各４点×３　三　各２点×10

2023年度　本庄東高等学校附属中学校

算数解答用紙　第１回

番号		氏名		評点	／100

1

(1)	(2)
(3)	**(4)**

2

(1)	(2)	(3)
題	g	番目
(4)	**(5)**	
個	度	

3

(1)	(2)	(3)
通り	通り	通り

4

(1)	(2)	(3)
cm	cm^2	:

5

(1)	(2)
cm	cm^3

6

(1)	(2)	(3)
:	分後	分後

（注）この解答用紙は実物を縮小してあります。Ａ４用紙に111％拡大コピーすると、ほぼ実物大で使用できます。（タイトルと配点表は含みません）

〔算　数〕100点（推定配点）

1～6　各５点×20

2023年度　本庄東高等学校附属中学校

社会解答用紙　第１回

番号		氏名		評点	／50

1

問１				問２
成田国際空港		名古屋港		

問３

問４	問５	問６

問７	問８

2

問１	問２	問３
問４	問５	問６
問７	問８	問９

3

問１	問２

問３

問４	問５	問６

問７

（注）この解答用紙は実物を縮小してあります。Ａ４用紙に113％拡大コピーすると、ほぼ実物大で使用できます。（タイトルと配点表は含みません）

〔社　会〕50点（推定配点）

1～3　各２点×25

2023年度　本庄東高等学校附属中学校

理科解答用紙　第１回

番号		氏名		評点	／50

1

(1)				(2)
記号		名前		

(3)	(4)

2

(1)	(2)

(3)	(4)

3

(1)				(2)
名前		記号		

(3)	(4)

4

(1)	(2)				(3)
g	水溶液		色		

(4)					
B		D		E	

（注）この解答用紙は実物を縮小してあります。Ａ４用紙に113％拡大コピーすると、ほぼ実物大で使用できます。（タイトルと配点表は含みません）

〔理　科〕50点（推定配点）

1 (1), (2)　各２点×３　(3)　３点　(4)　３点＜完答＞　**2** (1)　２点　(2)〜(4)　各３点×３　**3** (1), (2)　各２点×３　(3), (4)　各３点×２　**4** (1)　３点　(2)〜(4)　各２点×６

二〇二三年度　本庄東高等学校附属中学校

国語解答用紙　第一回

番号		氏名		評点	/100

一

問一　1　2　3　4

問二

問三

問四　の具体例。

問五　マヤの人々が、

問六

問七

問八

問九

二

問一

問二　1　2　3

問三

問四

問五

問六

問七

三

問一　①　②　③　④

問二　①　②

問三　①　②

問四　①　②

（注）この解答用紙は実物を縮小してあります。Ａ３用紙に163％拡大コピーすると、ほぼ実物大で使用できます。（タイトルと配点表は含みません）

〔国　語〕100点(推定配点)

一　問1　各2点×4　問2～問4　各4点×3　問5　7点　問6　4点　問7　7点　問8，問9　各4点×2　二　問1　2点<完答>　問2　各2点×3　問3，問4　各4点×2　問5，問6　各7点×2　問7　4点

三　各2点×10

2023年度　本庄東高等学校附属中学校

算数解答用紙　第2回

番号		氏名		評点	／100

1

(1)	(2)
(3)	**(4)**

2

(1)	(2)	(3)
円	g	行目　列目
(4)	**(5)**	
cm^2	cm^3	

3

(1)	(2)
通り	通り

4

(1)	(2)	(3)
秒速　cm		秒後

5

(1)	(2)	(3)
個	個	cm^2

6

(1)	(2)	(3)
m	m	秒

（注）この解答用紙は実物を縮小してあります。A４用紙に111％拡大コピーすると、ほぼ実物大で使用できます。（タイトルと配点表は含みません）

〔算　数〕100点（推定配点）

1～6　各５点×20

2023年度　本庄東高等学校附属中学校

社会解答用紙　第２回

番号		氏名	

評点	／50

1

問１				問２
信濃川	平野	最上川	平野	

問３

問４	問５	問６
		台地

問７	問８

2

問１	問２	問３
問４	問５	問６
問７	問８	問９

3

問１	問２	問３
問４	問５	問６

問７

（注）この解答用紙は実物を縮小してあります。Ａ４用紙に113％拡大コピーすると、ほぼ実物大で使用できます。（タイトルと配点表は含みません）

〔社　会〕50点（推定配点）

1～3　各２点×25

2023年度　　本庄東高等学校附属中学校

理科解答用紙　第２回

番号		氏名		評点	／50

1

⑴	⑵

⑶

⑷

2

⑴	⑵

⑶				⑷
P		Q		g

3

⑴

⑵
マグマの広がり方が，

⑶	⑷

4

⑴	⑵

⑶	⑷

（注）この解答用紙は実物を縮小してあります。Ａ４用紙に113％拡大コピーすると、ほぼ実物大で使用できます。（タイトルと配点表は含みません）

〔理　科〕50点（推定配点）

1　各３点×４　2　各３点×５　3　⑴　２点　⑵～⑷　各３点×３　4　各３点×４

二〇二三年度　本庄東高等学校附属中学校

国語解答用紙　第二回

番号		氏名		評点	/100

一

問一

問二

問三

問四　1　2　3

問五

問六

問七

問八

問九

二

問一　1　2　3　4

問二

問三　(1)　(2)

問四

問五

問六

問七

三

問一　①　②　③　④

問二　①　②

問三　①　②

問四　①　②

(注) この解答用紙は実物を縮小してあります。A３用紙に163%拡大コピーすると、ほぼ実物大で使用できます。(タイトルと配点表は含みません)

〔国　語〕100点(推定配点)

一　問１，問２　各４点×２　問３　５点　問４　各２点×３　問５　５点　問６　６点　問７～問９　各４点×３

二　問１　各２点×４　問２　６点　問３　各３点×２　問４　６点　問５～問７　各４点×３　三　各２点×10

2022年度　本庄東高等学校附属中学校

算数解答用紙　第１回

番号		氏名		評点	／100

1

(1)	(2)
(3)	**(4)**
	cm

2

(1)	(2)	(3)
枚	g	
(4)	**(5)**	
度		

3

(1)	(2)	(3)
通り	通り	通り

4

(1)	(2)	(3)
cm^2	秒後	cm^2

5

(1)	(2)
cm^3	cm^3

6

(1)	(2)	(3)
分速　m		

(注) この解答用紙は実物を縮小してあります。B４用紙に119％拡大コピーすると、ほぼ実物大で使用できます。(タイトルと配点表は含みません)

〔算　数〕100点(推定配点)

1〜6　各５点×20

2022年度　　本庄東高等学校附属中学校

社会解答用紙　第１回

番号		氏名		評点	／50

1

問１	問２	問３

問４	
A	B

問５	
県名	記号

問６	
国名	国名

問７

2

問１	問２	問３

問４	問５	問６

3

問１

問２			
(1)	1	2	3
(2)			

問３	問４

(注)　この解答用紙は実物を縮小してあります。Ａ４用紙に115%拡大コピーすると、ほぼ実物大で使用できます。(タイトルと配点表は含みません)

〔社　会〕50点(推定配点)

1　各２点×10　**2**　問１～問５　各２点×５　問６　３点　**3**　問１　２点　問２(1)　各２点×３　問２(2)　３点　問３，問４　各３点×２

2022年度　本庄東高等学校附属中学校

理科解答用紙　第１回

番号		氏名		評点	／50

1

(1)	(2)	(3)

(4)			
セミ		ハエ	

2

(1)	(2)	(3)

(4)			
①		②	

3

(1)	(2)	(3)	(4)	(5)
	%		g	

4

(1)				(2)
A	g/cm^3	B	g/cm^3	

(3)

（注）この解答用紙は実物を縮小してあります。Ａ４用紙に109％拡大コピーすると、ほぼ実物大で使用できます。（タイトルと配点表は含みません）

〔理　科〕50点（推定配点）

1　各２点×５　2　⑴，⑵　各２点×２　⑶，⑷　各３点×３　3　各３点×５　4　各３点×４　＜4　⑶は完答＞

二〇二二年度　本庄東高等学校附属中学校

国語解答用紙　第一回

番号		氏名		評点	／100

一

問一	生態系を構成する生物は、
問二	1 / 2 / 3 / 4
問三	
問四	
問五	
問六	
問七	
問八	
問九	1つ目 / 2つ目 / 3つ目

二

問一	1 / 2 / 3
問二	
問三	
問四	
問五	
問六	
問七	

三

問一	① / ② / ③ / ④
問二	① / ②
問三	① / ②
問四	① / ②

（注）この解答用紙は実物を縮小してあります。172%拡大コピーすると、ほぼ実物大で使用できます。（タイトルと配点表は含みません）

〔国　語〕100点(推定配点)

一　問1　5点　問2　各3点×4　問3，問4　各4点×2　問5　5点　問6，問7　各3点×2　問8　4点　問9　各3点×3　二　問1～問3　各3点×5　問4　5点　問5　3点　問6　5点　問7　3点　三　各2点×10　<二　問5は完答>

2022年度　本庄東高等学校附属中学校

算数解答用紙　第２回

番号		氏名		評点	／100

1

(1)	(2)
(3)	**(4)**
	g

2

(1)	(2)	(3)
km	%	試合
(4)	**(5)**	
cm^2		

3

(1)	(2)	(3)
通り	通り	通り

4

(1)	(2)
cm^2	cm^2

5

(1)	(2)	(3)
		cm^3

6

(1)	(2)	(3)
cm		分　　秒後

（注）この解答用紙は実物を縮小してあります。Ｂ４用紙に119％拡大コピーすると、ほぼ実物大で使用できます。（タイトルと配点表は含みません）

〔算　数〕100点（推定配点）

1～6　各５点×20

社会解答用紙　第2回

番号		氏名		評点	／50

1

問1	問2	問3

問4	問5	問6
	現象	

問7	問8	

2

問1	問2	問3	問4
			条約

問5	問6	問7

3

問1	問2				

問3

(1)	Ⅰ	Ⅱ	Ⅲ	(2)	

問4

(1)								(2)	

問5

(注) この解答用紙は実物を縮小してあります。A４用紙に107%拡大コピーすると、ほぼ実物大で使用できます。(タイトルと配点表は含みません)

〔社　会〕50点(推定配点)

1 各２点×８　2 各２点×７　3 問１～問３　各２点×６　問４　各３点×２　問５　２点

2022年度　本庄東高等学校附属中学校

理科解答用紙　第2回

番号		氏名		評点	／50

1

(1)	(2)			
	ア		イ	

(3)

(4)

2

(1)

(2)					
①		②		③	

3

(1)	(2)	(3)	(4)
			→ → →

(5)
秒

4

(1)	(2)

(3)	(4)	(5)
と		

(注) この解答用紙は実物を縮小してあります。A４用紙に109%拡大コピーすると、ほぼ実物大で使用できます。(タイトルと配点表は含みません)

〔理　科〕50点(推定配点)

1 (1)〜(3) 各２点×４　(4) ３点　2 (1) ３点　(2) 各２点×３　3 各３点×５　4 各３点×５

二〇二三年度　本庄東高等学校附属中学校

国語解答用紙　第二回

番号　　氏名　　評点　／100

一

問一

問二　1　2　3

問三　10　20　30　40　45

問四

問五　(1)　(2)

問六

問七　10　20　30　40

問八

問九

二

問一　1　2　3　4

問二　10　20　30　40　50　60　70

問三

問四

問五　10　20　30　40　50　60

問六

問七

三

問一　①　②　③　④

問二　①　②

問三　①　②

問四　①　②

(注)この解答用紙は実物を縮小してあります。185%拡大コピーすると、ほぼ実物大で使用できます。(タイトルと配点表は含みません)

〔国　語〕100点(推定配点)

一　問1，問2　各3点×4　問3　5点　問4　3点　問5　各4点×2　問6　3点　問7　5点　問8　4点　問9　3点　二　問1　各3点×4　問2，問3　各5点×2　問4　3点　問5　5点　問6　4点　問7　3点　三　各2点×10

Memo

Memo

Memo

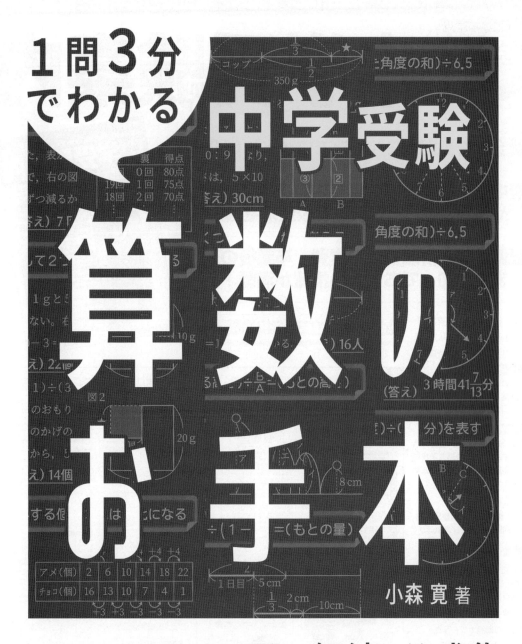